Karlheinz Deschner

Der gefälschte Glaube

Karlheinz Deschner
Der gefälschte Glaube

Eine kritische Betrachtung
kirchlicher Lehren und ihrer
historischen Hintergründe

KNESEBECK

Bibliografische Information Der Deutschen Bibliothek
Die Deutsche Bibliothek verzeichnet diese Publikation in der
Deutschen Nationalbibliografie; detaillierte bibliografische Daten
sind im Internet über http://dnb.ddb.de abrufbar.

Umschlaggestaltung: Fabian Arnet

Druck: Pustet, Regensburg
Printed in Germany

ISBN 978-3-89660-228-2

www.knesebeck-verlag.de

Inhalt

Anhang

So viel ist ausgemacht, die christliche Religion wird mehr von solchen Leuten *verfochten,* die ihr Brot von ihr haben, als solchen, die von ihrer Wahrheit überzeugt sind.

Georg Christoph Lichtenberg[1]

Es gäbe wenig Gläubige auf der Welt, kennten sie ihre Glaubensgeschichte so gut wie ihr Glaubensbekenntnis.[2]

Vorwort
oder
Der Glaube versetzt Zwerge

Wie viele, die trotz einer Jahrtausende währenden Geschichte größter christlicher Verbrechen noch immer Mitglied einer Kirche sind! Alles ist menschlich für sie, allzu menschlich vielleicht, doch erklärbar, verstehbar, entschuldbar. Wie ungeheuerlich auch die Historie des Heils verlief (die Religion der frohen Botschaft mit der Kriegsbemalung), der Kern des Christentums, der Glaube, ist für sie sakrosankt. An ihm halten sie fest – wie sie in Indien an Buddha festhielten, anderswo an Allah. Sie sind sogar stolz darauf. Stolz auf den Blick für das »Höhere«, auf ein gewisses »Feeling« für das Numinose, Metaphysische. Ja, sie haben Gründe dafür. Nur bei Gegengründen sprechen sie von Materialismus und rühmen das »Spirituelle«, sprechen sie von Rationalismus und retirieren aufs Irrationale, glauben sie blind doch am liebsten, am leichtesten. Denn wer einmal lügt, dem glaubt man nicht, wer aber immer lügt, dem glauben Millionen ein Leben lang. Und wer nicht aus Opportunität glaubt, glaubt, weil er glauben will, einen »Halt«, den schlechtesten selbst, nicht preisgeben mag.

Glaube – der Krückstock, mit dem Lahme ihre Flüge in höhere Welten bestreiten. Der ganze Glaube dieser Leute reduziert sich auf ein psychologisches Problem. Lassen wir sie der Kirche. Sie verdient sie – und umgekehrt. »Non cogitant, ergo non sunt« (sie denken nicht, also sind sie nicht), sagt Lichtenberg lapidar, aber anfechtbar.[3] Doch jenen, die weder feig noch geistig arm genug sind, Absurditäten zu schlucken, Lügen, jenen, die bereit sind, Konsequenzen zu ziehen, um ihr Denken sauberer zu machen, redlicher, freier, empfehle ich, die Geschichte ihres Glaubens einmal kritisch zu betrachten. »Keine Seite der christlichen Religion«, meint Gustav Wyneken, »steht in so argem Verruf wie das Dogma.«[4]

Wer wirklich Aufklärung, wer das wissenschaftlich Erforschte über diesen Glauben sucht, über seine historische Entstehung, seine *gänzliche* Abhängigkeit vom Juden- wie Heidentum, seine vielfältigen Manipulationen, schweren fortgesetzten Fälschungen, über die Entstehung der Sakramente, des Bischofsamtes, des Papsttums und vieles mehr, hier wird er es finden. Tausende von Leserzuschriften bestätigen es.

Im März 2004 *K. D.*

Wie es zu den Dogmen kam und warum es dazu gar nicht hätte kommen dürfen

Was Jesus verkündete,
war das Reich Gottes, und was kam,
war die Kirche.
Der Theologe Alfred Loisy[1]

Es bedarf keines Wortes, daß sich Jesus
in der Erwartung des nahen Weltendes
getäuscht hat.
Der Theologe Rudolf Bultmann[2]

Ist Jesus historisch?

Das Christentum (mag es sich ursprünglich noch so sehr gegen das Eingehen in den Fluß der sündigen Zeit gesträubt haben) ist legitimes Objekt der Geschichtswissenschaft, die fragwürdige Person des Jesus ist das nur in der Art, wie es Adam, Zeus, Apollo u. a. sind, als Bestandteile ihrer Mythologie, aber nicht mehr.

Der Theologe Friedrich Pzillas[3]

Auf die Frage: Hat Jesus überhaupt gelebt? fragen Apologeten nicht selten zurück: Hat Napoleon I. gelebt? – und kommen sich ungeheuer gewitzt vor, schlagfertig.[4] Als habe je jemand im Ernst die historische Existenz Napoleons bezweifelt! »Kein Leben aber«, so behauptet man mit Imprimatur noch in der zweiten Hälfte des 20. Jahrhunderts, »aus der ganzen damaligen Zeit ist so sehr und so deutlich bezeugt wie das Leben und Wirken Jesu. Es gibt heidnische Berichte über Christus wie etwa von Tacitus, Plinius, Sueton. Ferner jüdische Zeugnisse wie von Josephus Flavius, Justin und im Talmud.«[5] Und doch muß man selbst auf dieser Seite gleich einräumen, es sei begreiflich, »wenn die Heiden nicht viel Aufhebens über Christus machten«. Und: »Die Juden taten alles, um ihn totzuschweigen.« Trotzdem aber gebe es »viele und glaubwürdige Zeugnisse über Christus, so daß es einfach unhaltbar wäre, Christus als eine Art Mythos oder Sagenfigur abzutun und ihn als geschichtliche Persönlichkeit zu leugnen«.[6]

Ein anderer Apologet vermißt zwar einen »amtlichen Registerauszug über Jesus Christus«. Doch selbst wenn es einen solchen in unserem Sinn gegeben hätte, meint er, so hätte er kaum die Stürme von fast zweitausend Jahren überlebt. »Wir brauchen bloß daran zu denken, wie viele Flüchtlinge und Ausgebombte in unserer Zeit ihre Ausweispapiere verloren haben und nicht mehr beschaffen können ...«[7] Natürlich kennt auch dieser Verteidiger der alleinseligmachenden Wahrheit heidnische »Zeugnisse«, jüdische und selbstverständlich christliche. Doch auch er muß schließlich konzedieren: »Daß die zeitgenössischen Schriftsteller von Jesus wenig Notiz nahmen, ist erklärlich: Die Juden schwiegen ihn aus Haß tot, die Römer aus Stolz.«[8]

Wie steht es also mit Jesu Geschichtlichkeit?

Es ist möglich, daß Jesus gelebt hat, vielleicht sogar wahrscheinlicher als das Gegenteil; doch auch dies ist nicht ausgeschlossen. Wer es von vornherein abtut, Jesu Historizität für erwiesen erklärt, ist zumindest befangen, wenn nicht unehrlich. Denn ein sicherer Beweis fehlt, ist auch heute unerbringlich. Und treten nicht neue, entscheidende Quellen zutage, wird er auch künftig nicht zu erbringen sein. Die Nichtexistenz freilich läßt sich ebensowenig erweisen. Der Streit darum zu Beginn des Jahrhunderts ist verstummt, entschieden nicht. Manche Argumente der Verneiner von Jesu Geschichtlichkeit wurden entkräftet, andere eher verstärkt.

Unübersehbar bleibt das Schweigen der zeitgenössischen Geschichtsschreibung. Das ganze nichtchristliche 1. Jahrhundert – das Jahrhundert Jesu – hat Jesus ignoriert. Kein Historiker nahm von ihm Notiz, weder in Griechenland noch in Rom oder Palästina!

Sueton, in der ersten Hälfte des 2. Jahrhunderts schreibend, kennt Jesus so wenig[9] wie sein Freund Plinius der Jüngere[10] oder, viel merkwürdiger noch, der Jude Justus von Tiberias, der ein Zeitgenosse und Landsmann Jesu war, ja in Tiberias, unweit von Kapernaum wohnte, wo Jesus häufig auftrat. Doch in seiner großen *Geschichte der jüdischen Könige,* die von Moses bis zu Herodes Agrippa II. reicht, bis in die Zeit also, in der das Johannesevangelium entstand, kommt kein Jesus vor. Dies ungeheure Schweigen, wenn man will, freilich sehr beredt, erklären die Apologeten mit der äußerst fragmentarischen Überlieferung des Werkes; als Ganzes längst, vielleicht nicht zufällig, verloren. Was mag darin alles über Jesus gestanden sein! Das klingt plausibel. Doch warum erregt sich ein Polyhistor des 9. Jahrhunderts (ein ganz unverdächtiger Gewährsmann, der Patriarch Photios von Konstantinopel, der unter seinen angeblich 12000 Bänden offensichtlich auch ein Exemplar der jüdischen Königsgeschichte des Justus noch besessen und in einem eigenen Buch beschrieben hat) so darüber, daß dieser genaue Schilderer Galiläas kein Wort über den Größten aller Galiläer, über Jesus, verliert?[11]

Weiß ja auch ein anderer, Jesus um zwei Jahrzehnte überlebender Gelehrter, Philon von Alexandria, nichts von ihm. Und dies, obwohl Philon ein ausgezeichneter Kenner des Judentums, seiner heiligen Schriften und Sekten ist und nicht nur über die Essener berichtet, sondern sogar über Pilatus.[12]

Das Schweigen gerade der jüdischen Historiker war den Christen unerträglich. Einer der ihren hat darum in die um 93 veröffentlichten *Jüdischen Altertümer* des Josephus Flavius im 3. Jahrhundert eine kurze, Jesus erwähnende Stelle geschmuggelt. Darin wird dieser »ein weiser Mann – wenn man ihn überhaupt einen Mann nennen darf« genannt, »ein Lehrer wahrheitsliebender Menschen«, »der Christus«; der ungläubige Jude Josephus bezeugt nicht nur Jesu Wunder, sondern auch seine Auferstehung und die Erfüllung des Weissagungsbeweises.[13]

Tatsächlich aber beruft sich keiner der frühen Kirchenväter auf das angebliche Josephus-Zitat, das ihnen sicher, hätten sie es gekannt, hocherwünscht gewesen wäre, zumal in ihrem Kampf gegen die Juden. Weder Justin um 150 nennt es, noch Tertullian um 200, noch Cyprian um 250. Ja, Kirchenschriftsteller Origenes betont wiederholt, daß Josephus kein Christ war.[14] Und noch im 17. Jahrhundert besaß der holländische Theologe Gerhard Johann Vossius eine Handschrift des Josephus-Textes, worin sich kein Wort über Jesus fand![15] Es besteht kaum ein Zweifel und wird auch fast allgemein anerkannt: Das berüchtigte Testimonium Flavianum ist eine christliche Fälschung.

So bliebe als einzige außerchristliche Geschichtsquelle über Jesus jener kurze Hinweis auf einen »Christus, der unter Kaiser Tiberius durch den Landpfleger Pontius Pilatus getötet wurde«, in den Annalen des Tacitus.[16] Aber sein Bericht entstand beinah ein Jahrhundert nach Jesu mutmaßlichem Tod und basiert außerdem nur auf den im 2. Jahrhundert kursierenden Gerüchten. Und auch diese Stelle ist hochgradig der Fälschung verdächtig, wurde sie doch zehn Jahrhunderte hindurch nicht erwähnt und liegt in einer einzigen Handschrift erst aus dem 11. Jahrhundert vor.[17] Selbst wenn aber das taciteische »Zeugnis«, wogegen sich freilich schwerste Bedenken erheben, echt sein sollte, hat es rebus sic stantibus so gut wie keine Beweiskraft, und wir sind ausschließlich auf die christlichen Urkunden angewiesen, so sehr, beiläufig, daß auch der katholische Theologe Guardini konzediert: »Das Neue Testament bildet die einzige Quelle, die von Jesus Kunde gibt.«[18]

Hier stoßen wir jedoch gleich auf eine weitere Merkwürdigkeit, insofern Paulus, der älteste neutestamentliche Zeuge, fast völlig über Jesu Leben schweigt; nicht die Evangelien nämlich sind die ältesten neutestamentlichen Schriften, sondern die Briefe des Paulus. Daß einige von ihnen ganz gefälscht sind – die beiden Briefe »An Timotheus« und der Brief »An Titus« mit Sicherheit, höchstwahrscheinlich aber auch der »Brief an die Epheser«, vermutlich ebenso der Kolosserbrief und besonders der 2. Thessalonikerbrief –,[19] daß andere Briefe Zusätze von fremder Hand enthalten oder aus verschiedenen Paulusbriefen von einem Unbekannten zusammengestoppelt wurden,[20] braucht uns hier nicht zu kümmern; um so mehr aber die geringe Rolle, die alles eventuell Historische der Jesusgestalt für Paulus spielt. Jesu Charakter und Lebensführung interessieren ihn sowenig wie seine Sittenlehre. Herrenworte, von denen später die Evangelien übervoll sind, kommen bei Paulus kaum vor. Man streitet, ob er sich vier-, drei- oder zweimal darauf bezieht.[21] Selbst Jesu Namen vermeidet Paulus. Im gesamten Corpus Paulinum steht er nur 15mal; der Titel »der Christus« 378mal!

»Das Christentum hat seinen Namen von dem Christus, nicht von Jesus. Ein Jesustum gibt es nicht und hat es auch niemals gegeben. Für das, was am Christentum das Christliche ist, ist Jesus von ganz untergeordneter Bedeutung. Der Mann, dem weit nach seinem Tode der Würdename ›der Christus‹ zuerkannt wurde, hätte auch beliebig anders heißen, hätte auch ein beliebiger anderer gewesen sein können.«[22] Und mokierte sich schon Nietzsche darüber, mit welcher Freiheit Paulus »das Personalproblem Jesus behandelt, beinahe eskamotiert –: Jemand, der gestorben ist, den man nach seinem Tode wiedergesehen habe. Jemand, der von den Juden zum Tode überantwortet wurde ... Ein bloßes Motiv: Die Musik macht *er* dann dazu«,[23] so konnte ein führender Bestreiter der Historizität Jesu, Arthur Drews, nicht ohne plausible Gründe erklären, Paulus habe von Jesus nichts gewußt.[24]

Um so mehr wissen freilich die Evangelien. Doch wie steht es mit ihrer Zuverlässigkeit?

Wie groß ist der historische Wert der Evangelien?

Historisches Interesse ist bei ihnen überhaupt nicht vorhanden.

Der Theologe Kendrik Grobel[25]

Für den exakten Historiker ist die Quellenlage ... recht unbefriedigend. Historisch Sicherzustellendes und Legendäres geht dauernd durcheinander. Deshalb kommt er bald zu der Einsicht, daß die Rekonstruktion des »Urjesus«, des Jesus, wie er wirklich gewesen ist, bei der vorliegenden Quellenlage aus den uns zugänglichen Evangelienstoffen gar nicht möglich ist. Er hat es immer nur mit dem Jesus zu tun, wie ihn seine frühen Jünger gesehen haben, mit dem Christus, wie er im Glauben seiner Gemeinde lebt.

Hans Joachim Schoeps[26]

Fraglich ist aber immer noch, was die Botschaft Jesu enthielt.

Der Theologe Ernst Percy[27]

Jesus selber, seine historische Existenz vorausgesetzt, schrieb bekanntlich nicht. Von seinen Hörern aber wurde, nach allgemeiner Ansicht, auch nicht eines seiner Worte aufgezeichnet. Sie kursierten mündlich; und nach seinem Tod waren, wie die moderne formgeschichtliche Evangelienkritik erschloß, nur Einzelstücke über ihn im Umlauf, kleine Geschichten, Gleichnisse, Sprüche, Spruchgruppen. Der erste, der sie schriftlich gesammelt, scheint ein gewisser Johannes Markus gewesen zu sein, der Begleiter des Apostels Petrus. Nach altkirchlicher Überlieferung hat Markus jedoch Jesus nicht selbst gehört, sondern dessen Lehre nur aus der Erinnerung an die Erzählungen des Petrus geschrieben, und zwar offenbar erst nach dessen Tod. »Markus hat«, berichtet um 140 der älteste Zeuge, Bischof Papias von Hierapolis, »die Worte und Taten des Herrn, an die er sich als Dolmetscher des Petrus erinnerte, genau, allerdings nicht der Reihe nach, aufgeschrieben. Denn er hatte den Herrn nicht gehört und begleitet; wohl aber folgte er später, wie gesagt, dem Petrus, welcher seine Lehrvorträge nach den Bedürfnissen einrichtete, nicht aber so, daß er eine zusammenhängende Darstellung der Reden des Herrn gegeben hätte. Es ist daher keineswegs ein Fehler des Markus, wenn er einiges aufzeichnete, wie es ihm das Gedächtnis eingab.«[28]

Wie es ihm das Gedächtnis eingab – dahinter verbirgt sich nun allerlei. Denn da zunächst keine zusammenhängende mündliche Geschichte des mutmaßlichen Wirkens Jesu vorlag, hat Markus nicht nur die umlaufenden Erzählungen gesammelt und so, wie er sie fand, notiert, sondern auch den ganzen Rahmen der evangelischen Geschichte selbst geschaffen. Wußte man doch meist gar nicht, bei welcher Gelegenheit ein bestimmtes Herrenwort gefallen war – falls es gefallen war. Das *Wann* interessierte begreiflicherweise am wenigsten. Doch stand auch das *Wo* oft nicht fest, ebensowenig die Reihenfolge, vom genauen Wortlaut zu schweigen. So hat Markus den Stoff nach eigenem Ermessen gruppiert, geglättet, ergänzt. Er hat die Lücken zwischen den Traditionselementen gestopft durch referierende Bemerkungen, erfundene Situationsschilderungen, eigene Kompositionen und damit den Anschein einer feststehenden Topographie und chronologisch fortlaufenden Erzählung erweckt, vor allem aber das Material in eine bestimmte Beleuchtung gerückt. Nietzsches Definition des Christentums als Kunst heiligen Lügens wird somit schon durch den ersten und ältesten Evangelisten verifiziert.[29]

Frommer Betrug war freilich nicht nur in der gesamten Antike, sondern auch im Christentum von Anfang an gestattet. »Diese Religion«, schreibt Wyneken, »die den Völkern ›die Wahrheit‹ bringen wollte, hat in einem beispiellosen Ausmaß mit Lüge und Betrug gearbeitet. Das ist eine Erkenntnis, die wir ihren eigenen Wissenschaftlern verdanken; denn schon von den Schriften des Neuen Testaments gelten ihnen etwa ein Drittel als Fälschungen, d. h. als Schriften, die sich unrechtmäßigerweise den Namen von Aposteln als ihren Verfassern beilegen, was anscheinend ihrem Charakter als ›Gottes Wort‹ keinen Abbruch tut. Und dann reißt in der christlichen Literatur die Kette der Fälschungsversuche nicht mehr ab. Zur Entschuldigung dieses frommen Betruges wird vorgebracht, diese Schriftsteller hätten sich damit nur einer allgemeinen antiken Gepflogenheit angeschlossen. Aber selbst wenn das richtig wäre: Ist es damit genügend entschuldigt? Wir hören doch immer, daß das Christentum die Moral der antiken Welt verbessert, vertieft und veredelt, daß es der Welt eine neue, höhere Moral gebracht habe – auf die Wahrheitsliebe hat sich diese Verbesserung offenbar *nicht* erstreckt.«[30]

Nachdem schon Paulus bekannt hatte, es komme nur darauf an, Christus zu verkünden – »mit oder ohne Hintergedanken«,[31] plädiert selbst einer der edelsten Christen, Origenes, mit aller Entschiedenheit für Betrug und Lüge als »Heilmittel«.[32] Und Kirchenlehrer Johannes Chrysostomos – Kirchenlehrer ist die höchste Auszeichnung für Katholiken, von mehr als 260 Päpsten haben sie nur zwei –, der Patron der Prediger, propagierte die Notwendigkeit der Lüge zum Zweck des Seelenheils unter Berufung auf Beispiele des Alten und Neuen Testaments.[33]

So fälschten antike Christen nicht nur ein Schreiben Jesu an den König Abgar Ukkama von Edessa[34] und einen Brief des Pilatus an Kaiser Tiberius,[35] sondern die Kirche erkannte zu Unrecht auch den Aposteln Matthäus und Johannes Evangelien zu. Man fälschte sogar, um ja durch die Autorität aller Apostel gedeckt zu sein, ein Evangelium »nach den zwölf Aposteln«:[36] Man fälschte zwei neutestamentliche Briefe auf den Namen des Petrus, fälschte neutestamentliche Briefe auf die Namen der Urapostel Jakobus und Johannes, fälschte Briefe, wie schon erwähnt, auf den Namen des Paulus, kurz, das heilige Buch, die Bibel, strotzt von falschen Urkunden. »Die Fälschungen«, schreibt der Theologe Carl Schneider in seiner großen Geistesgeschichte des antiken Christentums, »beginnen in neutestamentlicher Zeit und haben nie aufgehört.«[37]

Der Jesuit Brors freilich betont (»mit Genehmigung der geistlichen Obrigkeit«): »In der hl. Schrift sind *keine Irrtümer* enthalten, weil Gott sich nicht irren kann.«[38] Und der Jesuit Linden erklärt (gleichfalls mit Imprimatur), die vier Evangelien »wie alle andern Bücher der Heiligen Schrift sind unter Eingebung des Heiligen Geistes geschrieben und enthalten darum nichts als das untrügliche Wort Gottes... *Wenn irgendein Buch aus früherer Zeit vollen Glauben verdient, dann sicher die Evangelien.«*[39] Dekretierte doch sogar das Erste Vatikanische Konzil (1870), daß sämtliche Bücher der Heiligen Schrift mit allen ihren Teilen unter »Eingebung des Heiligen Geistes geschrieben sind und Gott zum Verfasser haben«.[40]

Alle Evangelien aber wurden ursprünglich anonym überliefert. Erst später erhielten sie Verfassernamen, gab sie die Kirche als Werke von Uraposteln und Apostelschülern aus, was ihr Ansehen gerade begründet hat. Tatsächlich stammen sie samt und sonders von keinem Apostel. Wir wissen auch nicht, ob Lukas mit dem Gefährten des Paulus, Markus mit dem Begleiter des Petrus identisch ist. Doch sicher wissen wir, daß schon der Autor des ältesten, vermutlich zwischen 70 und 80, vielleicht in Rom, entstandenen und nach Markus benannten Evangeliums kein Augenzeuge war. Bereits für ihn ist bemerkenswert, um mit einem der bedeutendsten modernen Bibelwissenschaftler, dem Theologen Martin Dibelius, zu sprechen, das Fehlen »jeder Spur einer persönlichen Erinnerung«. Die frühesten christlichen Berichte haben »keinerlei biographisches Material enthalten, das mit Recht diesen Namen verdient«.[41]

Das gilt natürlich auch für die vermutlich ein oder zwei Jahrzehnte nach Markus verfaßten, teilweise von ihm abhängigen Evangelien des Matthäus und Lukas.[42] Und es gilt selbstverständlich erst recht für das jüngste, das vierte Evangelium, das sogenannte Johannesevangelium, das völlig ungeschichtlich ist.[43]

Einmütig erklärt die moderne historisch-kritische Theologie, »daß sich von Jesu *Leben* so gut wie nichts mehr ermitteln lasse, weder von einzelnen Stadien desselben, noch von seiner seelischen Eigenart oder gar Entwicklung«.

Doch nicht nur die evangelische Darstellung des *Lebens* Jesu, der »Rahmen« seiner Geschichte, wird von den kritischen Theologen preisgegeben. Nicht nur die Situationsschilderungen, die Orts- und Zeitangaben, die meisten Wunder gelten als sekundär, als hinzugedichtet, sondern auch Teile der überlieferten *Lehre.*

Von D. F. Strauß und F. C. Baur über Wellhausen, Wrede bis zu Bousset, Goguel, Dibelius, Klostermann, Bultmann, Werner, Hirsch u. a. hält die kritische Theologie die Lehre des geschichtlichen Jesus für nicht identisch mit ihrer Wiedergabe durch die Evangelisten. Vielmehr zeigt die nicht durch Dogmen, Eide, Druckerlaubnis gebundene Forschung, daß die Jesuanische Predigt auf ihrem Wege über die Urapostel und ältesten Missionare bis zu der zweiten, dritten Generation von Christen, der die Evangelisten angehörten, unwillkürlich und willkürlich übermalt und einschneidend verändert worden ist.

Zwar glaubt die wissenschaftliche Theologie, daß Jesu *Worte* sorgfältiger überliefert worden sind als seine *Taten;* daß es sich bei den Evangelischen *Reden* und *Erzählungen* um ursprünglich ganz verschieden orientierte, erst allmählich ineinander geschobene Komplexe handelt; hat ja auch das Judentum dieser Zeit die Halacha, den juristischen Teil des Talmuds, genauer überliefert als die Haggada, die von den Schriftgelehrten breit ausgesponnenen theologischen und legendären Stoffe. Doch auch Jesu Worte galten nicht als unantastbar. Sie wurden weitergebildet, durch Zusätze vermehrt. Bei vielen läßt sich leicht nachweisen, daß er sie nie gesprochen, bei anderen ist es strittig, wieder andere hält man für echt . . .

Nach Auskunft der gesamten kritischen Bibelwissenschaft sind die Evangelien keine zuverlässigen geschichtlichen Grundlagen, sondern bereits beträchtlich weiterentwickelte, aus gläubigem Überschwang entstandene mythologische Literaturprodukte, religiöse Erbauungs- und Missionsschriften, die nicht nur die Christen in ihrem Glauben stärken, sondern auch neue Anhänger gewinnen wollen. An historischer Realität in unserem Sinn hatten ihre Verfasser überhaupt kein Interesse. Mit anderen Worten: Die Evangelien sind Produkte der späteren Gemeindephantasie. Die Gemeinde ist der eigentliche Gestalter des Christusbildes gewesen. Uralte Mythen haben dabei Pate gestanden.[44]

Wenn somit die führenden Theologen unseres Jahrhunderts das Evangelium als eine »an der Historie nicht interessiert[e]«, »nur mit äußerster Vorsicht« zu benutzende »Anekdotensammlung« charakterisieren,[45] fragt man sich natürlich wieder, mit welcher Sicherheit sie an Jesu Historizität überhaupt festhalten! Wollte doch ein Gelehrter vom Range Bultmanns, der freilich, indem er bei Karl Barth zu Kreuze kroch, seine ganze kritische Jugend verriet, schließlich von einer »Persönlichkeit« Jesu gar nichts mehr hören, weil wir von einer »Persönlichkeit Jesu so gut wie nichts mehr wissen *können*«.[46] Wie denn Barths Bekenntnis selber Bände spricht, daß er sich an der »Suche nach dem ›historischen Jesus‹ . . . nach wie vor lieber nicht beteiligen möchte«.[47]

Die Ungewißheit wächst sogar noch, vergegenwärtigt man sich neben der Entstehungsgeschichte der Evangelien einen weiteren großen Unsicherheitsfaktor, die Frage:

Wie wurden die Evangelien überliefert?

Die zahlreichen Abschriften (vom Neuen Testament gibt es gegen 4000) stimmen in allen wesentlichen Dingen überein.

Monsignore Alfons M. Rathgeber[48]

...ein ganzer Urwald von gegeneinander stehenden Lesarten, Zusätzen und Auslassungen.

Der Theologe Hans Lietzmann[49]

Nicht nur liegt kein Evangelium im Original vor – auch wenn man bis ins 18. Jahrhundert behauptet hat, das Original des Markusevangeliums zu besitzen: in Venedig *und* in Prag –, sondern es blieb kein neutestamentliches, ja überhaupt kein biblisches Buch in seinem ursprünglichen Wortlaut erhalten. Aber auch die ersten Abschriften liegen nicht vor. Es gibt nur Abschriften von Abschriften von Abschriften; Abschriften von griechischen Handschriften, von alten lateinischen, syrischen, koptischen Übersetzungen und von den oft aus dem Gedächtnis angeführten neutestamentlichen Zitaten der Kirchenväter – bei Origenes fast 18 000;[50] wobei die Werke der Kirchenväter selber wieder mit recht unterschiedlicher Zuverlässigkeit überliefert sind.

Das Abschreiben der Evangelien vollzog sich aber nicht fehlerfrei. Länger als zwei Jahrhunderte waren sie unabsichtlichen und absichtlichen Eingriffen der Kopisten ausgesetzt, erfuhren sie bei ihrer Verbreitung durch den praktischen Gebrauch, um mit den Theologen Feine und Behm zu sprechen, »›ganz von selbst mannigfache Veränderungen, aber auch absichtsvolle Erweiterungen und Kürzungen‹, haben kirchliche Glossatoren bzw. Redaktoren, wie der Theologe Hirsch nachweist, an ihnen weiter ›poliert‹, ›ergänzt‹, ›harmonisiert‹, ›geglättet‹ und ›verbessert‹; so daß schließlich, wie der Theologe Lietzmann schreibt, ›ein ganzer Urwald von gegeneinander stehenden Lesarten, Zusätzen und Auslassungen entstanden ist‹ und, wie der Theologe Knopf erklärt, ›wir an vielen Stellen den ursprünglichen Text nicht mit Sicherheit oder auch nur mit Wahrscheinlichkeit feststellen können‹ «,[51] übrigens so wenig originell wie irgend etwas im Christentum. Denn ähnlich verbesserten schon die alten Ägypter ihre heiligen Schriften.[52]

Gleichwohl behauptet der katholische Theologe Alexander Zwettler (mit Druckerlaubnis des Erzbischöflichen Ordinariates Wien): »Kein Buch der Weltliteratur ist mit solcher Sorgfalt der Nachwelt überliefert worden wie die Heilige Schrift. Täuschung oder Betrug waren ausgeschlossen.«[53] Kolpingpräses Alois Stiefvater gibt immerhin ein Prozent der biblischen Glaubwürdigkeit preis: »Die Bibel ist zu 99 Prozent in Ordnung.«[54] Das Gegenteil kommt der Wahrheit näher. Ja, Stiefvater beruft sich auch noch kaltschnäuzig auf die moderne Bibelkritik. Warum sollte die Bibel plötzlich so verstümmelt worden sein? fragt er. »Dabei ist die Bibel noch viel gewissenhafter und sorgfältiger überliefert als die anderen Bücher. Außerdem hat die moderne Bibelkritik dafür gesorgt, daß die Bibel wissenschaftlich exakt untersucht wurde ... Man darf ihr schon glauben.«[55]

In Wirklichkeit ging man beim Abschreiben der Evangelien, zumal in der ältesten Zeit, um so ungenierter vor, als sie fast ein Jahrhundert lang gar nicht als heilig und unantastbar galten. Man hatte ja noch kein Neues Testament, sondern beanspruchte, in Ermangelung einer eigenen Heiligen Schrift, die des Judentums. Erst in der zweiten Hälfte des 2. Jahrhunderts, als die mündliche Überlieferung immer unwahrscheinlichere Formen annahm, wurden die Evangelien dem Alten Testament gleichwertig und ihm schließlich vorgezogen. Erst seit dieser Zeit begann man auch, die später kanonisierten vier Evangelien den vielen »apokryphen« vorzuziehen und schlechthin zum »Evangelium« zu machen. Doch als inspiriert sind sie lange nicht betrachtet worden. Denn außer dem Verfasser der Apokalypse, die mit knapper Not in die Bibel kam, deklarierte kein neutestamentlicher Autor seine Produktion als göttlich oder von Gott inspiriert, weder Paulus noch die Autoren der übrigen Briefe, noch die Evangelisten. Im Gegenteil, die Versicherung des Lukas,

»allen Tatsachen von den Anfängen an *sorgfältig nachgeforscht*« zu haben, beweist am besten, wie wenig der Schreiber sich von göttlichen Eingebungen für beflügelt hielt. Er glaubte auch nicht, Außerordentliches zu tun. Vielmehr bekennt er im ersten Vers, »schon viele« hätten vor ihm solche Berichte verfaßt. Sie befriedigten ihn aber nicht, und so will er sie offensichtlich verbessern.[56]

Verbessern freilich wollten die Evangelien auch ihre ungezählten Kopisten. Sie strichen und setzten zu, paraphrasierten und ergingen sich in der Ausmalung von Details, sie erzählten überhaupt mehr nach, als daß sie korrekte Abschriften lieferten. »Der Originaltext«, erklären die Theologen Hoskyns und Davey, »verschwindet immer mehr; man bemerkt die immer zahlreicher werdenden Widersprüche zwischen den Handschriften verschiedener Überlieferung und versucht sie auszugleichen: – Das Ergebnis ist ein Chaos.«[57] Bis gegen das Jahr 200 unterlagen die neutestamentlichen Texte, so der Theologe Jülicher, »zum Teil einer förmlichen Verwilderung«,[58] verfuhr man mit den Evangelien nach Bedarf und Geschmack.[59] Doch haben sie auch spätere Abschreiber noch verändert, neue Wunder eingefügt oder die vorhandenen gesteigert.[60]

Um der heillosen Verwilderung ein Ende zu machen, beauftragte im Jahr 383 Bischof Damasus von Rom den Dalmatiner Hieronymus, einen skrupellosen Verleumder und Fälscher[61] (den die Catholica instinktsicher zum Patron ihrer theologischen Fakultäten machte), mit der Herstellung eines einheitlichen Textes der lateinischen Bibeln, von denen auch nicht zwei in längeren Abschnitten übereinstimmten. Der päpstliche Sekretär änderte dabei den Wortlaut der Vorlage, die er als Basis für seine »Berichtigung« der vier Evangelien benutzte, an etwa 3500 Stellen. Diese Übersetzung des Hieronymus, die Vulgata, die allgemein Verbreitete, von der Kirche selbst jahrhundertelang abgelehnt, wurde im 16. Jahrhundert auf dem Konzil in Trient für authentisch erklärt.

Wie jedoch unter den altlateinischen Bibelhandschriften keine mit der anderen völlig harmoniert, so bieten auch unter den griechischen – 1933 kannte man rund 4230, 1957 bereits 4680 griechische Handschriften des Neuen Testaments – keine zwei genau denselben Text. Eine Übereinstimmung aller Codices aber liegt kaum bei der Hälfte der Worte vor. Und dies, obwohl oder vielmehr weil man in der handschriftlichen Überlieferung die Evangelien einander angeglichen hat. Man schätzt die Zahl dieser Varianten, das heißt verschiedenen Lesarten, auf 250 000.[62] Der Text der heute in über 1100 Sprachen und Dialekten verbreiteten Bibel ist also heillos verwildert und in seiner ursprünglichen Form nie auch nur annähernd wiederherstellbar.

Es kommt hinzu, daß man immer weiter verändert und fälscht – ganz offiziell.

Luther zum Beispiel hatte in seiner Übersetzung von den Kriegsgefangenen Davids geschrieben: »Aber das Volck drinnen, füret er eraus / und legt sie unter eisern segen und zacken / und eisern keile / und *verbrand sie in Zigelöfen.*« Diese Methode des »göttlichen David« erinnerte nach dem Zweiten Weltkrieg wohl zu sehr an Methoden Hitlers. Deshalb gibt das Zitat die vom Rat der Evangelischen Kirche in Deutschland im Einvernehmen mit dem Verband der Evangelischen Bibelgesellschaften in Deutschland 1956 und 1964 genehmigte, 1971 gedruckte Bibel »Nach der deutschen Übersetzung Martin Luthers« so wieder: »Aber das Volk darin führte er heraus und stellte sie als Fronarbeiter an die Sägen, die eisernen Pickel und an die eisernen Äxte und ließ sie *an den Ziegelöfen arbeiten.*«[63]

Oder hatte Luther die entsprechende Stelle des ersten Buches der Chronik 20,3 übersetzt: »Aber das volck drinnen füret er er aus / und *teilet sie* mit Segen / und eisern Hacken und Keilen«, so lautet die entsprechende Stelle in der vom Rat der Evangelischen Kirche in Deutschland autorisierten Bibel »Nach der deutschen Übersetzung Martin Luthers«: »Aber das Volk darin führte er heraus und ließ sie mit Sägen und eisernen Hacken und Äxten *Frondienste leisten.*«[64] Oder schreibt Luther von »funffzig tausend und siebenzig Man«, die Gott umbringt, weil sie die Bundeslade angeschaut, so macht die Bibel der EKD daraus bescheiden »siebzig Mann«.[65]

Eine systematische Fälschung. In der revidierten Fassung der Lutherbibel von 1975 gehen kaum noch zwei Drittel des Textes direkt auf Luther zurück. Mindestens jedes dritte Wort wurde geändert, teils nur geringfügig, teils schwerwiegend.[66]

Die Widersprüche der Evangelien aber sind oft ungeheuer

Widerspruch über Widerspruch.

Der Theologe Friedrich Heiler[67]

Es bedürfte eines eignen Bandes, sie sämtlich zu erfassen und zu interpretieren. Nur einiges sei angedeutet.

Da die meisten antiken Gottmenschen von einem Gott oder Königshaus stammten, das seinen Ursprung auf einen Gott zurückführte, und da zu den traditionellen Merkmalen des jüdischen Messiasbildes die Abstammung von David gehörte, lassen die späteren Evangelisten, im Unterschied zu Markus, der davon noch nichts weiß, auch Jesus von David abstammen, und zwar in zwei Stammbäumen über Joseph! Dabei übersahen sie, daß ja nicht er, sondern der Heilige Geist Jesu Vater war, Jesus also gar keine Beziehung zum Hause David haben konnte! Daß Maria eine Davididin sei und Lukas ihren Stammbaum gebe, wie die katholische Kirche behauptet, widerspricht nicht nur klar dem Text, sondern auch dem Grundsatz, nicht die mütterliche Verwandtschaft aufzuzählen; denn nach jüdischer Rechtsanschauung entschied für die Abstammung bloß die männliche Linie.[68]

Beide Stammbäume, die eindeutig über Joseph gehen, wimmeln auch sonst von Widersprüchen. Heißt doch bereits der Vater des Joseph bei Matthäus »Jakob«, bei Lukas »Eli«; wie überhaupt die beiden Genealogien in einem Jahrtausend nur zwei Namen gemeinsam haben und Lukas von Abraham bis Jesus 56, Matthäus 42 Generationen zählt.[69] So höhnt schon Kaiser Julian: »... aber nicht einmal diese Erfindung habt ihr geschickt auszuführen vermocht. Denn Matthäus und Lukas findet man in der Genealogie Jesu miteinander in Widerspruch.«[70]

Evident auch, daß sowohl Joseph wie Maria an immenser Gedächtnisschwäche litten. Obwohl nämlich beide über die göttliche Natur des Kindes unterrichtet wurden – durch einen Engel, die von Engeln informierten Hirten, die Weisen aus dem Morgenland[71] – und obwohl die schwangere Maria den »Gott« und »Heiland« in ihrem Schoß enthusiastisch besingt,[72] verstehen beide später, ungeachtet aller himmlischen Enthüllungen, weder den geistgetriebenen Simeon, der das Jesuskind im Tempel preist,[73] noch verstehen sie dort den jungen Jesus: »Wußtet ihr nicht, daß ich im Hause meines Vaters sein muß?«[74] Ja, bei Beginn seiner Lehrtätigkeit zieht die vergeßliche Maria mit Jesu Brüdern und Schwestern aus, um ihn mit Gewalt zu holen, denn: »Er ist von Sinnen« – ein Wort und Unternehmen, das die jüngeren Evangelisten übergehen, um den Widerspruch zu ihren wunderbaren Geburtsgeschichten zu vermeiden, von denen der älteste Evangelist noch keine Ahnung hat.[75]

Eine ähnliche unglaubliche Gedächtnisschwäche unterläuft Johannes dem Täufer. Bei seiner Taufe Jesu öffnet sich zwar der Himmel, der Heilige Geist fliegt herab und eine Stimme verkündet Jesus als geliebten Sohn; doch hat Johannes, als er acht Kapitel später im Gefängnis sitzt, diese eindrucksvollen Vorgänge so vollständig vergessen, daß er seine Jünger bei Jesus anfragen läßt: »Bist *du* es, der da kommen soll, oder sollen wir auf einen anderen warten?«[76]

Nirgends aber und nicht zufällig sind die Widersprüche so häufig wie ausgerechnet beim größten Wunder des Christentums, bei der Auferstehung.

Beginnen wir mit der Kette von Ungereimtheiten. Bei Markus kaufen die frommen Frauen die Salben für Jesu Leichnam am Tag *nach* dem Sabbat, bei Lukas am Tag *vorher.*[77] Bei Markus gehen drei Frauen ans Grab, bei Matthäus bloß zwei (eine Abweichung, die vermutlich von der Auferstehungsgeschichte des Osiris herrührt, bei der nach der einen Fassung drei Personen ans Grab kommen, wie später bei Markus, nach der anderen Fassung aber nur zwei Frauen, wie später bei Matthäus; und auch in der Osiris-Auferstehungslegende bringen die Frauen, wie in der Bibel, Balsam).[78] Hat doch noch das Schwanken der evangelischen Auferstehungsberichte zwischen dem dritten Tag und dem vierten – nach drei Tagen! – seine Ursache offenbar darin, daß man die Auferstehung des Osiris am dritten, die des Attis am vierten Tag nach seinem Tod beging.[79] Markus schreibt von den Frauen und ihrer Entdeckung des leeren Grabes: »Sie sagten niemandem etwas davon.« Bei Matthäus aber eilen die Frauen schnurstracks davon, um »seinen Jüngern die Botschaft zu bringen«, die sie bei Lukas auch »allen übrigen« melden.[80]

Ein Wunder für sich ist in der Auferstehungserzählung der Engel. Die Frauen treffen ihn bei Markus *im* Grab, bei Matthäus *vor* dem Grab auf dem weggewälzten Stein. Bei Lukas ist der Engel zunächst weder vor dem Grab noch darin, doch kommen dafür gleich *zwei* Engel. Sie *stehen plötzlich* neben den Frauen. Auch im vierten Evangelium sind es zwei Engel, allerdings *sitzen diese bereits wartend im Grab.*[81] Der Auferstandene erscheint im Markus- und Johannesevangelium *zuerst Maria Magdalena,* bei Matthäus *zuerst beiden Marien zugleich,* bei Lukas zeigt er sich *zuerst den beiden Emmausjüngern.*[82] Der Schauplatz der Erscheinungen aber war laut Markus und Matthäus in *Galiläa,* laut Lukas in *Jerusalem.*[83] Kein Wunder, wenn die kritischen Theologen gerade den »Osterereignissen« einen »stark legendären Charakter« nachrühmen,[84] wenn sie feststellen: »Widerspruch über Widerspruch«[85] oder: »Unter allen erhaltenen Berichten stimmen nicht zwei miteinander überein.«[86] Kein Wunder auch, wenn Denis Diderot höhnt: »Wahrscheinlich sind doch alle Juden, die in Jerusalem waren, durch den Anblick der Wunder Jesu bekehrt worden? Keineswegs. Weit davon entfernt, an ihn zu glauben, haben sie ihn gekreuzigt... Also muß man dieses ›Wunder‹, die Ungläubigkeit der Juden, geltend machen – und nicht das Wunder der Auferstehung.«[87] Auf katholischer Seite aber behauptet man obligatorisch unverfroren: »Die Wunder Jesu sind geschichtliche Tatsachen, deren übernatürlicher Charakter keinem Zweifel unterliegt. Das größte aller Wunder ist seine eigene Auferstehung.«[88] Von ihr nämlich hängt nach christlichem Glauben die Auferstehung aller anderen Menschen ab. (Wohin damit? »Die Platzfrage«, beruhigt Kolpingpräses Stiefvater, »braucht Ihnen keine Sorge zu machen. Überlassen Sie das ruhig dem Herrgott. Wir werden schon Platz haben, auch Sie.«[89])

Besonders kraß und zahlreich sind die Differenzen zwischen dem vierten Evangelisten, dem Lieblingsevangelisten der Kirche, dem angeblichen Augenzeugen Johannes, und seinen Vorgängern Markus, Matthäus, Lukas, den Synoptikern; so genannt (erstmals durch den Jenaer Theologen J. J. Griesbach im Jahr 1774) wegen ihrer teilweisen Übereinstimmung, ihrer Zusammenschaubarkeit, Synopsis.

Bei den Synoptikern beruft Jesus seine ersten Jünger *nach* der Verhaftung des Täufers, bei Johannes *vorher.*[90] Bei den Synoptikern beruft er sie in *Galiläa,* bei Johannes in *Judäa.* Bei den Synoptikern trifft er sie am See Genezareth beim *Fischfang,* bei Johannes als *Jünger von Johannes dem Täufer.*[91] Laut Markus tritt Jesus *nach* der Gefangennahme des Täufers durch Herodes öffentlich auf, im Johannesevangelium hat Jesus zeitweise gemeinsam mit dem Täufer gewirkt.[92] Die Tempelreinigung, die bei Matthäus und Lukas am ersten, bei Markus am zweiten Tag nach Jesu Einzug in Jerusalem erfolgt, jedenfalls bei allen Synoptikern *gegen Ende* seiner öffentlichen Tätigkeit, erfolgt bei Johannes *am Anfang* derselben.[93] Bei Markus bildet Jesu Salbung in Bethanien den Abschluß seines Wirkens in Jerusalem, bei Johannes geschieht sie schon vor Jesu Einzug in die Stadt.[94] Bei Markus verbirgt Jesus seine messianische Würde bis in seine letzten Lebenstage, bei Johannes erscheint er im ersten Kapitel als Messias und verlangt auch überall als solcher anerkannt zu werden.[95] Noch nicht einmal im Datum der Kreuzigung stimmt Johannes mit den Synoptikern überein.

Doch genug. Denn wie viele und schwerwiegende Widersprüche sich auch noch anführen ließen, das Erwähnte reicht längst, um die hohe Unzuverlässigkeit dieser Schriften zu erweisen, deren göttliche Inspiration die (katholische) Kirche mit allem Nachdruck behauptet. Sie nimmt dafür das Selbstzeugnis sowohl des Alten Testaments (Jeremias, Daniel, Habakuk u. a.) in Anspruch wie das des Neuen Testaments (Petrus, Paulus, Johannes), ebenso die Lehre der Kirchenväter, wonach die Heiligen Schriften von Gott gesprochen oder geschrieben worden sind.[96] So nennt im 15. Jahrhundert das Konzil von Florenz Gott den Urheber (auctor) beider Testamente. Gleichfalls bekennt ein Jahrhundert später das Tridentinum (1545–1563), beide Testamente mit gleicher Verehrung anzunehmen, weil Gott ihr Autor sei (cum utriusque unus Deus sit auctor). Und noch das Erste Vatikanische Konzil verhängt (im can. 4 de revel.) das Anathem (Kirchenbann) über die Leugner der Inspiration der Bibel.[97] Daß aber ein Buch, das aufgrund seiner ganzen Geschichte, seines ganzen Charakters, seiner Entstehung, Überlieferung und der Fülle seiner Ungereimtheiten unglaubhaft ist wie die wenigsten, gleichwohl den größten Glauben hervorgerufen hat, grenzt schon ans Wunderbare, ja ist wohl das einzige Wunder dabei.

»Die Inspiration«, versichert Katholik Klug, »wird uns immer ein *Geheimnis* bleiben.«[98]

Absichtlich wurden die Quellenlage und die (Un-) Glaubwürdigkeit der ältesten christlichen Schriften etwas ausführlicher dargelegt. Denn man muß wissen, mit wieviel Recht Lessing die historischen Grundlagen des Christentums »mißlich« nennt[99] und Goethe – der dem »Märchen von Christus« die Schuld gab, daß »niemand recht zu Verstand kommt« – »die ganze Lehre von Christo ... ein Scheinding«.[100] Man muß wissen, daß nicht nur Papst Leo X. (1513–1521) davon gesprochen haben soll, »wieviel die *Fabel* von Christus uns genützt hat«,[101] sondern schon der den Ursprüngen des Christentums viel näher stehende Tertullian (etwa 150–225), der Vater des abendländischen Christentums, der eigentliche Begründer des Katholizismus,[102] ganz offen und gleich dreimal von der »Christus-*Fabel*« schrieb![103] Man muß wissen, wie absolut unsicher die Überlieferung von Jesus ist, um auch gleich zu wissen, daß die absolut sicheren Aussagen der Kirche von vornherein nicht stimmen können! Dies machen ja gerade die ältesten christlichen Schriften selbst evident, die Evangelien, die anderen neutestamentlichen Bücher, die frühesten Kirchenväterpublikationen, mit denen die Dogmenbildung und besonders das Dogma von Christus dem Gottessohn eingeleitet und fortgesetzt wird.

Doch klären wir, bevor wir uns diesem zuwenden, warum es nach dem Glauben der gesamten Urchristenheit überhaupt nicht zu einer solchen Entwicklung und einer Kirche hätte kommen dürfen.

Das urchristliche Dogma vom nahen Weltende und wie statt seiner die Kirche kam

Es fällt mir nicht ein, zu bestreiten, daß Jesus ein vorzüglicher Mensch gewesen; was ich behaupte ist nur dies: Nicht um dessen willen, was er war, sondern um dessen willen, was er nicht war, nicht um des Wahren willen, das er lehrte, sondern um einer Vorhersage willen, die nicht eingetroffen, also nicht wahr gewesen ist, hat man ihn zum Mittelpunkt einer Kirche, eines Kultus gemacht. Nachdem wir erkannt haben, daß er das nicht gewesen, daß das nicht wahr ist, um dessen willen man ihn dazu gemacht hat, ist für uns der Grund und, sofern wir wahrhaftig sein wollen, auch das Recht hinweggefallen, einer solchen Kirche anzugehören.

Der Theologe David Friedrich Strauß[104]

Jesu felsenfeste Überzeugung von dem baldigen Kommen des Gerichtes und der Vollendung wird heute von keinem ernsten und unbefangenen Forscher mehr bestritten.

Der Theologe Friedrich Heiler[105]

Die ältesten Christen – also doch wohl die für den Glauben maßgebenden – hatten nicht mit einer katholischen Kirche gerechnet, die erst im ausgehenden 2. Jahrhundert entstand; sie hatten nicht Bischöfe und Päpste erwartet und eine jahrtausendelange Kirchengeschichte mit Scheiterhaufen und Religionskriegen, mit Heiden-, Juden- und Ketzerverfolgungen sowie der Ansammlung ungeheurer Reichtümer in der Nachfolge Jesu, sondern das unmittelbar bevorstehende Ende der Welt: mit einer nahen, ungeheuren Katastrophe durch das Eingreifen Gottes vom Himmel her und einer völligen Verwandlung aller Dinge auf Erden, nicht zuletzt der Menschen selber.

Dieser Glaube war auch der Hauptgrund für die späte Entstehung der Evangelien, zwischen 70 etwa und 120, also wenigstens ein bis zwei Menschenalter nach Jesu mutmaßlichem Tod. Denn von Tag zu Tag erwarteten die ältesten Christen die Wiederkunft ihres gekreuzigten Herrn und die Errichtung des von ihm verheißenen Gottesreiches auf Erden. »Das nahe Weltende«, schreibt Eduard von Hartmann, »war der *eigentliche* und *einzige* Inhalt des Evangeliums, welcher allein ihm den Charakter der *frohen* Botschaft verlieh; es war das Fundamentaldogma des Urchristentums, ja es war sogar (neben der Messianität Jesu) geradezu das *einzige* urchristliche Dogma und hörte erst auf Dogma zu sein, als es sich tatsächlich als falsch erwiesen hatte, ohne daß es damit aufgehört hätte, stille Hoffnung zu bleiben ...«[106]

Nun war die urchristliche Enderwartung und die damit verknüpfte Messiasidee so wenig neu wie irgend etwas im Christentum. Bei Ägyptern, Babyloniern, im Iran kannte man die Erwartung des Endes oder den Anbruch einer neuen Weltperiode, die Vorstellung von einem kommenden göttlichen Erlöser und einer seligen Endzeit. Die Ägypter, deren göttlich inspirierte Schriften bis in die ältesten Zeiten reichen, wußten von einem nahenden Retter schon im 3. und 2. Jahrtausend und feierten ihn mit in der Bibel wiederkehrenden Wendungen.[107] Ganz ähnlich wurde im 7. vorchristlichen Jahrhundert dem Assyrerkönig Assurbanipal als Heilbringer und Gottessohn gehuldigt, der das neue Zeitalter eröffne. »Die Kinder singen, die Frauen gebären leicht, die Kranken genesen, die Greise hüpfen, die Hungrigen werden gesättigt und die Nackten bekleidet.« Und seine Priester jubeln, was dann Markus wörtlich wiederholt: »Die Zeit ist erfüllt!«[108] Etwa gleichzeitig dominiert in der Predigt Zarathustras die Verkündigung vom nahen Gottesreich. Der iranische Erlöser und Weltheiland (Saoschjant), von dessen »Kommen« in die Welt man sprach, gilt geradezu als der »Gesandte par excellence«.[109]

Derartige Anschauungen gelangten als Messiasidee, deren nicht-israelitischer Ursprung längst erwiesen ist, ins Alte Testament, wo man den Heiland aus dem Stamm Davids erwartete. Im Spätjudentum tritt der Glaube an das nahe Ende, die Eschatologie, die Lehre von den »Letzten Dingen« (Eschata), vom Ende der Welt und ihrer Erneuerung, immer deutlicher hervor. Man erhoffte die plötzliche Beseitigung aller Misere durch eine kosmische Katastrophe und den greifbar wirklichen Beginn des Gottesreiches, der Basileia theou, der malkut Jahwe, *auf Erden*.

Die Propheten haben dies stets für die eigene Generation oder doch für die unmittelbare Zukunft verkündet, die verschiedensten Motive miteinander mischend, Züge aus der altorientalischen Königs- und Heilandsideologie, aus der Paradiesvorstellung des Tierfriedens, Exilreminiszenzen u. a. »So spricht Jahwe, der einst einen Weg bahnte im Meer und einen Pfad in mächtigen Wassern, der ausziehen ließ Wagen und Rosse, Streitmacht und Gewaltige zumal – da liegen sie, stehen nimmer auf, sind ausgelöscht, wie ein Docht verglommen –: Gedenket nicht mehr der früheren Dinge, und des Vergangenen achtet nicht! Siehe, nun schaffe ich Neues. Schon sproßt es, gewahrt ihr es nicht? Ja, ich lege durch die Wüste einen Weg und Ströme durch die Einöde. Mich werden ehren die Tiere des Feldes, Schakale und Strauße; denn ich schaffe in der Wüste Wasser und Ströme in der Einöde, damit ich tränke mein erwähltes Volk, das Volk, das ich mir gebildet habe.«[110] Auch die spätjüdischen Apokalypsen, die Bücher Daniels, das voller altpersischer und griechischer Mythen steckende Henochbuch, bis heute in der abessinischen Bibel, und andere mehr bekunden seit dem 2. vorchristlichen Jahrhundert die Naherwartung des Endes, seine Schrekken und Verheißungen.[111]

Ebenso prophezeiten die Essener – die schon ein Christentum vor Christus hatten: eine sakramentale Taufe, ein sakramentales Mahl, eine Prädestinationslehre, einen »Lehrer der Gerechtigkeit«, der Buße, Armut, Demut, Keuschheit und Nächstenliebe predigte, durch die Jerusalemer Priesterschaft vor Gericht gestellt, unschuldig verurteilt, vielleicht sogar, manches spricht dafür, gekreuzigt worden ist[112] – die Weltkatastrophe, ganz ähnlich wie die Evangelien, für das lebende Geschlecht. Schon die Essener traten als »die letzte Generation« auf und wußten sich »am Ende der Tage«.[113] Schon sie begründeten, wie die Christen, die Verzögerung des Weltendes damit, daß »die Geheimnisse Gottes wunderbar sind«, »daß das letzte Ende sich hinzieht und daß noch ein Rest übrig ist zur Erfüllung all dessen, was die Propheten gesagt haben ... Wenn sich's verzögert, warte darauf, denn gewiß kommt es und wird nicht ausbleiben.«[114]

Nicht anders aber hat sich auch der Jesus der Synoptiker als einen endzeitlichen Propheten empfunden. Auch er hat, inhaltlich wie formal besonders vom Daniel-, mehr noch vom Henochbuch beeinflußt, ja manchmal beinah wörtlich abhängig,[115] mit der baldigen *irdischen* Verwirklichung des »Reiches Gottes« gerechnet – sein Lieblingsbegriff, den Markus vierzehnmal, Lukas dreißigmal, Matthäus noch öfter nennt. (Matthäus umschreibt allerdings, als einziger neutestamentlicher Autor, den Begriff »Reich Gottes« mit dem von Jesus nicht gebrauchten Ausdruck »Himmelreich«, eine zeremonielle rabbinische Transkription, wegen der Scheu des Spätjudentums, den Namen Gottes auszusprechen.) Die Kirche aber erklärte dies »Reich Gottes« für identisch mit der Kirche und sich für die Erzieherin zum »Himmelreich«, womit der Sachverhalt genau verkehrt, nämlich aufs Jenseits verschoben worden war, was die ersten Christen im Diesseits erwarteten, und offensichtlich eben im Anschluß an Jesus.

Denn auch Jesus hatte, wie die Propheten, die jüdischen Apokalypsen, die Essener, Johannes der Täufer, seine Generation als die letzte betrachtet und den alten apokalyptischen Alarm geschlagen. War er doch fest überzeugt, daß die gegenwärtige Weltzeit abgelaufen sei und einige seiner Jünger »den Tod nicht schmecken werden, bis daß sie sehen das Reich Gottes kommen mit Macht«![116] Daß sie mit der Mission in Israel nicht zu Ende sein würden, »bis der Menschensohn kommt«![117] Daß sich das Strafgericht Gottes noch »an diesem Geschlecht« vollziehe![118] »Wahrlich, ich sage euch«, weissagt er, »dieses Geschlecht wird nicht vergehen, bis dies alles geschehen ist.«[119]

Also ist nicht nur klar, wie sehr Jesus mit dem Zentrum seiner Predigt, der Verkündigung der nahen Gottesherrschaft, an allbekannte zeitgenössische Vorstellungen, eben die spätjüdische Eschatologie, anknüpfte (selbst wenn dieser Glaube mit der Abstreifung des nationalistischen Elements bei ihm eine gewisse Reinigung erfuhr, was freilich im Judentum schon vorbereitet war), sondern wie fundamental er sich getäuscht hat. Zum erstenmal im 18. Jahrhundert von dem Hamburger Orientalisten Hermann Samuel Reimarus in seiner 1400 Seiten umfassenden, doch zu seinen Lebzeiten vorsichtigerweise nie veröffentlichten Arbeit *Vom Zwecke Jesu und seiner Jünger* deutlich erkannt, wurde diese Erkenntnis erst viel später durch die Theologen Johannes Weiß und Albert Schweitzer weiter aufgezeigt und ausgebaut; heute wird sie fast von der gesamten, nicht durch Dogma, Eid und Druckerlaubnis gebundenen Theologie als kopernikanische Tat ihrer Wissenschaft vertreten. »Jesu felsenfeste Überzeugung von dem baldigen Kommen des Gerichtes und der Vollendung«, schreibt der Theologe Heiler, »wird heute von keinem ernsten und unbefangenen Forscher mehr bestritten.«[120] Und der Theologe Bultmann betont: »Es bedarf keines Wortes, daß sich Jesus in der Erwartung des nahen Weltendes getäuscht hat.«[121]

Nun täuschte sich aber nicht nur – im Zentrum seiner Lehre! – der synoptische Jesus, sondern die gesamte

Urchristenheit dazu, indem sie die Tage und Jahre nach seinem Tod in fieberhafter Spannung verbrachte, fest mit seiner Rückkehr und der bevorstehenden Gottesherrschaft rechnend. Durch die ganze urchristliche Literatur, innerhalb wie außerhalb des Neuen Testaments, wird dies bis weit ins 2. Jahrhundert bezeugt. Unermüdlich und absolut sicher prophezeien Bischöfe, Heilige und (gefälschte, doch im Neuen Testament stehende) Apostelbriefe den Anbruch der letzten Zeit, der letzten Tage und Stunden, verheißen sie den nahen Lohn für die Guten, die Strafe für die Ungläubigen, verkünden sie die unmittelbar bevorstehende Wiederkehr des Herrn.[122] Aber selbst noch um 200 behauptet ein wichtiges Dokument der Christengemeinde Roms, daß »wir ja am Ende der Zeiten stehen«,[123] beteuert Kirchenvater Tertullian: »Wir sind von Gott vor Erschaffung der Welt für das Ende der Zeiten bestimmt.« Ja, er schreibt nicht nur: »Welches Schauspiel für uns ist demnächst die Wiederkunft des Herrn«, sondern auch, »in Judäa« habe schon »vierzig Tage hindurch in den Morgenstunden eine Stadt vom Himmel herabgehängt ...«[124]

Freilich kam sie nicht. Im Gegenteil. Als immer mehr Zweifel bei den getäuschten Christen aufstiegen, als sie, der kirchlichen Versprechungen müde, murrten: »Dies haben wir auch schon in den Tagen unserer Väter gehört, und siehe, wir sind alt geworden, und nichts von all dem ist uns widerfahren«,[125] oder: »Wo ist denn seine verheißene Wiederkunft? Seitdem die Väter entschlafen sind, bleibt ja doch alles so, wie es seit Beginn der Schöpfung gewesen ist«,[126] da erklärte die entstehende katholische Kirche das Ausbleiben des Herrn mit dem Psalmwort, daß bei ihm tausend Jahre wie *ein* Tag seien.[127] Und im 4. Jahrhundert rufen die »Väter«, nachdem man, von Generation zu Generation, den wiederkehrenden Christus versprochen und bis zum Exzeß ersehnt hatte: »Möge dies niemals in unseren Tagen sich erfüllen! Denn schrecklich ist die Herabkunft des Herrn!«[128]

Man kann sich, was hier passiert ist, nicht bewußt genug machen. Eine ähnliche Verkehrung des Ursprünglichen gab es nur noch in zweifacher Hinsicht im Christentum: im Umschlag seines Pazifismus im 4. Jahrhundert in das abscheulichste Kriegsgeschrei, das die Religionsgeschichte durchgellt[129] und im Umschlag seines religiösen Kommunismus in den Hochkapitalismus der christlichen Kirche aller Schattierungen.[130]

Auch mit dem Glauben an den in Kürze wiederkehrenden Herrn war übrigens ein kommunistisches Motiv verknüpft, im Chiliasmus.

Man verstand darunter das im 20. Kapitel der neutestamentlichen Apokalypse prophezeite Tausendjährige Reich irdischer Glückseligkeit, regiert von dem wiedergekehrten Christus. Gerade die Erwartung dieses kommunistischen Wunderlandes auf Erden war im frühen Christentum weit verbreitet und in den zum größten Teil aus Armen bestehenden Gemeinden generationenlang herrschend, ja eine der – gar nicht zu überschätzenden – Hauptursachen für den Missionserfolg.[131] Doch hing diesem Glauben nicht nur das einfache Volk an. Bischof Papias, einer der sogenannten apostolischen Väter, vertrat ihn und, wie er berichtet, auch Jesus.[132] Der hl. Justin starb dafür den Märtyrertod.[133] Der hl. Irenäus, der bedeutendste Katholik des 2. Jahrhunderts, rechnete den Chiliasmus zum kirchlichen Glaubensbekenntnis und alle Nichtchiliasten zu »Ketzern«.[134] Noch Kirchenväter wie Tertullian oder Cyprian haben den Chiliasmus verkündet.

Seit der Mitte des 3. Jahrhunderts freilich bekämpfen ihn katholische Stimmen. Und nach ihrer Anerkennung durch den Staat verwarf ihn die Kirche als judaistisch, fleischliche Gesinnung, »Privatmeinung« und »Mißverständnis« oder, wie auf dem Konzil von Ephesus 431, als »Entgleisung und Fabelei«.[135] Das prophezeite Tausendjährige Reich, der Glaube an ein kommunistisches Paradies, der die notleidenden christlichen Massen einst befeuert und noch im frühen 3. Jahrhundert als rechtgläubig gegolten hatte, war der zur Herrschaft gelangten Kirche unbequem. Die Erwartung eines irdischen Gottesreiches wurde nun überflüssig, den katholischen Bischöfen ging es glänzend, von Weltuntergang keine Rede mehr. Im

Gegenteil. Man betonte jetzt mit besonderer Beflissenheit die »Endlosigkeit« des Reiches Christi[136] und erklärte die gegenteilige, auch durch Paulus vertretene Anschauung von einem befristeten Messiasreich, einem Zwischenreich, offiziell zur Häresie.[137] Ja, ein prominenter Bischof der ersten christlichen Majestät, Eusebius von Cäsarea, der Vater der Kirchengeschichte, für den das Reich Gottes tatsächlich schon auf Erden begonnen hatte, diskreditiert nun den phrygischen Märtyrer Bischof Papias wegen seines intensiven eschatologischen Glaubens als ganz dummen Menschen, wobei er auch noch gesteht, daß der apostolische Vater »sehr vielen (!) späteren Kirchenschriftstellern« – er nennt ausdrücklich Irenäus, den, so Altaner, »Vater der katholischen Dogmatik« – »Anlaß zu ähnlicher Lehre gegeben«.[138]

Die Kirche ließ fast das gesamte chiliastische Schrifttum verschwinden, obschon Teile davon noch im ausgehenden Mittelalter vorhanden waren.[139] Allem Anschein nach wurden auch aus Werken Hippolyts und des Irenäus chiliastische Partien einfach ausgemerzt,[140] teilte doch gerade Irenäus »in vollem Umfang die sozialen Überzeugungen und die kommunistischen Erwartungen des phrygischen Bischofs«.[141] Aber die Kirchenväter taten nun alles, um die eschatologische Naherwartung Jesu selbst zu bestreiten, indem sie, schon im 3. und 4. Jahrhundert, eindeutige Bibelworte systematisch unterschlugen oder entstellten.[142] Sie schreckten auch vor Eingriffen in neutestamentliche Texte nicht zurück,[143] und gelegentlich wurde in der Kirche sogar das Vaterunser gefälscht, die Bitte um das Kommen des Reiches – »Dein Reich komme« – ersetzt durch die Bitte um das Kommen des Geistes.[144] Augustinus, dessen wesentlicher Ratschlag an die Armen war, arm zu bleiben und viel zu arbeiten,[145] Augustinus, der, Prototyp des mittelalterlichen Ketzerverfolgers, auch die Zwangsbekehrung der Donatisten propagierte, ihre Belegung mit Geldstrafen, Konfiskation ihrer Kirchen, Verbannung,[146] identifizierte nun wohl als erster, in radikaler Umkehr urchristlichen Glaubens, die Kirche mit Jesu Reich Gottes. »Jetzt schon«, schreibt der

Kirchenlehrer, »ist die Kirche das Reich Christi und das Himmelreich.«[147]

Die Geschichte hatte den urchristlichen Glauben, die Naherwartung Jesu und die Errichtung eines irdischen Gottesreiches als Täuschung erwiesen, also wurde dieser Glaube von den Kirchendienern und -fürsten allegorisiert, spiritualisiert, verändert, kurz, ins Gegenteil verkehrt.

Erich Fromm schreibt dazu:

Waren beide Auffassungen, die eschatologische und die spirituelle, in der Anfangszeit des Christentums noch miteinander verbunden gewesen, wobei allerdings der Hauptakzent auf die eschatologische fiel, so fallen sie allmählich auseinander. Die eschatologische Hoffnung tritt mehr und mehr zurück, der Schwerpunkt des christlichen Glaubens rückt von der Hoffnung auf die zukünftige Ankunft Christi ab und »mußte dann notwendigerweise auf die erste Ankunft fallen, kraft welcher das Heil für die Menschen und die Menschen für das Heil bereitet seien«. Der Prozeß des Ausströmens des urchristlichen Enthusiasmus und dessen Unterdrückung, durch welche das 2. Jahrhundert des Christentums charakterisiert ist, findet schon in diesem Jahrhundert seine Vollendung. Zwar hat es damals wie durch die ganze spätere Geschichte des Christentums (von den Montanisten bis zu den Wiedertäufern) stets Versuche gegeben, den alten christlichen Enthusiasmus, die eschatologische Erwartung zu erneuern, Versuche, die von solchen Schichten ausgingen, die in ihrer wirtschaftlichen, gesellschaftlichen und psychischen Situation als Unterdrückte und nach Freiheit Strebende den ersten Christen glichen. Aber die Kirche wurde mit diesen revolutionären Versuchen fertig, seitdem sie im Lauf des 2. Jahrhunderts den ersten entscheidenden Sieg davongetragen hatte. Von dieser Zeit an lag der Schwerpunkt nicht in dem Ruf, »das Reich ist nahe«, in der Erwartung, es werde binnen kurzem zum Ausbruch des Gerichts und zur Wiederkehr Jesu kommen, der Blick der Christen war nicht mehr auf die Zukunft, nicht mehr auf die Geschichte, nicht mehr auf die Zeit, sondern er war rückwärts gewendet. Das Entscheidende war schon geschehen. Die Er-

scheinung Jesu hatte das Wunder schon bedeutet. Die wirkliche geschichtliche Welt brauchte sich nicht mehr zu ändern, äußerlich konnte alles bleiben, wie es war, Staat, Gesellschaft, Recht, Wirtschaft, denn das Heil war ein Innerliches, Geistiges, Unhistorisches, Individuelles geworden, garantiert durch den Glauben an Jesus. Die Hoffnung auf die reale historische Erlösung ist ersetzt durch den Glauben an die schon vollzogene geistige, individuelle. An die Stelle des historischen Interesses ist das kosmologische Interesse getreten. Hand in Hand damit geht das Verblassen der ethischen Forderungen. Das 1. Jahrhundert des Christentums war charakterisiert durch rigorose ethische Postulate, durch den Glauben, daß die christliche Gemeinde vor allem ein Bund zu einem heiligen Leben sei. An die Stelle dieses praktischen ethischen Rigorismus tritt das durch die Kirche gespendete Gnadenmittel. Im engsten Zusammenhang mit dem Verzicht auf die ursprüngliche strenge ethische Praxis steht die wachsende Annäherung der Christen an den Staat. »Das 2. Jahrhundert des Bestehens christlicher Gemeinden zeigt bereits auf allen Linien eine Entwicklung, die sich dem Staat und der Gesellschaft entgegenbewegt.« Und auch die gelegentlichen Verfolgungen der Christen durch den Staat änderten an der wachsenden Annäherung der Christen an den Staat nicht das geringste. Wohl gab es hier und da Versuche, die alte, dem Staat und bürgerlichen Leben feindselige rigoristische Ethik durchzusetzen. Allein die große Mehrzahl der Christen und vor allem die leitenden Bischöfe entschieden sich anders. Es genügt, Gott im Herzen zu haben und ihn dann zu bekennen, wenn ein offenes Bekenntnis vor der Obrigkeit unvermeidlich ist. Es genügt, den wirklichen Götzendienst zu fliehen, im übrigen darf der Christ in jedem ehrlichen Beruf bleiben, darf in demselben sich auch äußerlich mit dem Götzendienst berühren und soll klug und vorsichtig handeln, so daß er weder sich selbst befleckt, noch eine Befleckung über sich und andere heraufbeschwört. Diese Haltung nahm die Kirche seit Anfang des 3. Jahrhunderts überall an. Der Staat gewann dadurch zahlreiche ruhige, pflichttreue und gewissenhafte Bürger, die, weit entfernt, ihm Schwierigkeiten zu machen, vielmehr die Ordnung und den Frieden in der Gesellschaft stützten ... Somit entwickelte sich die Kirche, indem sie ihre streng ablehnende Haltung gegenüber der »Welt« aufgab, zu einer staatserhaltenden und staatsverbessernden Macht. Darf man eine moderne Erscheinung zum Vergleich herbeiziehen, »die weltflüchtigen Fanatiker, die auf den himmlischen Zukunftsstaat warteten, wurden zu Revisionisten der bestehenden Lebensordnung«.

Diese ganze grundlegende Wandlung des Christentums von der Religion der Unterdrückten zur Religion der Herrschenden und der von ihnen gegängelten Masse, von der Erwartung auf den bevorstehenden Anbruch des Gerichts und des neuen Zeitalters zum Glauben an die schon vollzogene Erlösung, vom Postulat eines reinen sittlichen Lebens zur Gewissensbefriedigung durch die kirchlichen Gnadenmittel, von der Feindseligkeit gegen den verhaßten Staat zum innigen Pakt mit ihm, steht im engsten Zusammenhang mit der nun noch zu nennenden letzten großen Veränderung: Das Christentum, das die Religion einer Gemeinschaft gleicher Brüder war, ohne Hierarchie und Bürokratie, wird zur Kirche, zum Spiegelbild der absolutistischen Monarchie des römischen Imperiums.[148]

Das Dogma von der Gottheit Christi

So kann kein Zweifel sein: die kanonischen Evangelien sehen in der Person Jesu Jahve selbst.
Der Theologe Karl Adam[1]

Der Satz: »Ich bin der Sohn Gottes«, ist von Jesus selbst nicht in sein Evangelium eingerückt worden, und wer ihn als einen Satz neben den anderen dort einstellt, fügt dem Evangelium etwas hinzu.
Der Theologe Adolf von Harnack[2]

Jesu Vergottung erfolgte nach genau vorgegebenen Mustern

Bevor wir der Entstehung des Dogmas von Jesus dem Gottessohn und Gott Schritt für Schritt folgen, müssen wir uns einer fundamentalen Tatsache erinnern: Vergottungen, Auftritte von Heilanden, innerhalb und außerhalb des Judentums, vor allem aber vom Himmel kommende Göttersöhne waren der antiken Welt vertraut und selbstverständlich. Das ganze christliche Heilsdrama – Präexistenz, Inkarnation, Martyrium, Tod, Auferstehung, Höllen- und Himmelfahrt – ist eine Kombination viel älterer Mysterienvorstellungen und hellenistischer Philosophie. Es war Zug um Zug vorgegeben und wurde – restlos! – auf die Gestalt Jesu übertragen, sei diese nun historisch oder nicht.

Betrachten wir die Tragödie, die, bei Licht besehen, freilich komische Züge genug hat, der Reihe nach.

Die Präexistenz war nichts Neues. Schon Buddha weilte vor seiner Herabkunft als Geistwesen im Himmel und begab sich freiwillig auf die Erde zum Heil der Welt.[3] Auch die heidnischen Heilande lebten seit aller Ewigkeit und wurden der notleidenden Menschheit als Retter, Erlöser, im voraus verkündet. Wie später Paulus flunkert: »Als aber die Erfüllung der Zeit gekommen war, sandte Gott seinen Sohn«,[4] oder wie bei Markus steht: »Erfüllt ist die Zeit und das Königreich Gottes nahe herbeigekommen«,[5] so liest man bereits in einem berühmten vorchristlichen Text: »Gekommen ist die Endzeit... Schon hat Apollo seine Königsherrschaft angetreten... Ein Sohn des höchsten Gottes wird geboren.«[6]

In vorchristlicher Ära lehrten auch die Gnostiker die Herabkunft des Erlösers, des erstgeborenen Sohnes Gottes, der die Seelen für die himmlische Lichtwelt rettet. Und ganz offensichtlich hat die Präexistenzchristologie gerade hier eine frappierende ältere Analogie. Der gnostische Mythos vom Himmelsmenschen, vom Erlöser und Offenbarer, wurde auf die Person Jesu übertragen.[7]

Auch kamen die heidnischen Heilande meist als Jungfrauensöhne zur Welt: in Ägypten, Babylon, Indien, Persien und Rom.

Schon im 3. Jahrtausend befruchtete der ägyptische Sonnengott die jungfräuliche Gattin des Königs. In Indien wurde Buddha jungfräulich geboren. Engel verkündeten ihn als Erlöser und verhießen seiner Mutter: »Alle Freude komme über dich, Königin Maya – jauchze und sei froh, denn dieses Kind, das du geboren hast, ist heilig!«[8] In Persien verehrte man Zarathustra als Jungfrauensohn, Hera brachte den Hephaistos jungfräulich zur Welt, auch Platon hielt man für den Sohn einer Jungfrau, und im Herakleskult galt die Mutter des Gottes als Jungfrau und Mutter zugleich.

Jungfrauengeburten waren in der Antike so bekannt, daß die bedeutendsten Kirchenväter Jesu jungfräuliche Geburt geradezu durch ähnliche Mythen propagierten.[9] Heute ist dies, sagt der Theologe Bousset, »so klar, daß es keinen Zweck mehr hat, hier noch Parallelen zu häufen und alle Legenden von wunderbar geborenen Gottessöhnen herbeizutragen«.[10]

Lange bevor die Kirche, erst 353, den Geburtstag Christi auf den 25. Dezember verlegte, wurde der Geburtstag des Mithras, des unbesiegbaren Sonnengottes, an diesem Tag begangen. Die liturgischen Formeln aber der heidnischen Gläubigen beim Sonnwendfest in der Nacht vom 24. auf den 25. Dezember lauteten: »Die Jungfrau hat geboren, zu nimmt das Licht.« »Der große König, der Wohltäter Osiris ist geboren.« Und aus den Mysterienfeiern stammt auch der Ruf: »Euch ist heute der Heiland geboren.«[11] Bei Lukas spricht der Engel: »Heute wurde euch der Heiland geboren.«[12]

Schon vor Jesus hat man andere Gottheiten, Zeus, Hermes, Dionysos, in einem heiligen Korb oder der Krippe in Windeln liegend geschildert und dargestellt.[13] Bereits Mithras beteten bei seiner Geburt Hirten an, die ihm die Erstlinge ihrer Herden und Früchte brachten.[14] Wie Maria den Jesusknaben unterwegs gebar, so kamen auch andere Jungfrauensöhne häufig auf der Flucht oder einer Reise zur Welt. So das göttliche Kind der Isis – die selber, beiläufig, lange vor Maria als »liebreiche Mutter«, »Himmelskönigin«, »Meereskönigin«, »Gnadenspenderin«, »Retterin«, »Unbefleckte«, »Sancta Regina« und »Mater dolorosa« verehrt, auch schon mit blauem sterngeschmücktem Mantel gezeigt wurde, mit dem Gotteskind auf dem Arm oder an der Brust, und die ihre Titel »Gottesmutter« und »Gottesgebärerin« endgültig an die Mutter Jesu 431 auf dem Konzil von Ephesus abtreten mußte, das riesige Bestechungsgelder mitentschieden, die der Patriarch von Alexandrien, der hl. Kyrill, allen möglichen Leuten zuschob, angefangen von hohen Staatsbeamten über die Frau des Prätorianerpräfekten bis zu einflußreichen Eunuchen und Kammerzofen, wobei er, obwohl selbst reich, noch über 100 000 Goldstücke leihen mußte und trotzdem nicht auskam.[15] Wie Herodes von den Magiern hört, daß eben ein König geboren sei, worauf er dem Jesuskind nachstellt, so erfuhr schon Hera, daß der aus Zeus' Stamm geborene Herakles König werde, worauf sie dem Kind nachstellt. Wie Jesus aus Angst von den Eltern nach Ägypten geführt und wieder zurückgebracht wird, so wird Herakles aus Angst von seiner Mutter ausgesetzt und wieder zurückgebracht.[16] Und wie später der greise Simeon das Jesuskind in seine Arme nimmt und es das »Heil« nennt, das »vor den Augen aller Völker bereitet« wurde, »ein Licht zur Erleuchtung der Heiden«, so nahm schon der greise Asita den neugeborenen Buddha in seine Arme, weissagte ihm entzückt den »Gipfel vollständiger Erleuchtung« und pries ihn als »das Heil vieler Menschen«, dessen Religion weit ausgebreitet werde.[17]

Vor Beginn seiner Lehrtätigkeit geht Jesus in die Einsamkeit; er fällt dabei in Versuchung, man führt ihn auf einen hohen Berg, zeigt ihm alle Königreiche der Welt – nicht anders wie schon Herakles vor Beginn seines öffentlichen Wirkens in die Einsamkeit geht, in Versuchung fällt, auf einen hohen Berg geführt wird, wo man ihm das Reich des Königs und des Tyrannen zeigt.[18] Auch von Zarathustra gibt es eine solche Versuchungsgeschichte; ebenso von Buddha, der als etwa Dreißigjähriger, im gleichen Alter wie der biblische Christus, seine Laufbahn beginnt, zuerst (wie nachher Jesus) zwei Brüder als Anhänger gewinnt, in freiwilliger Armut, begleitet von zwölf Hauptjüngern, darunter ein Lieblingsjünger auch und ein Verräter, umherzieht, sich in Sprüchen, Bildern, Gleichnissen mitteilend. Wie später Jesus, verbietet bereits Buddha das Töten, Stehlen, Lügen, den unerlaubten Geschlechtsverkehr; wie nach ihm Jesus, fordert er die Verehrung der Eltern, preist er die Friedfertigen; er lehrt das Böse mit Gutem zu überwinden, predigt Feindesliebe,[19] verwirft unnützes Sammeln von Schätzen und zieht Barmherzigkeit dem Opfer vor.[20] Wie Jesus nennt sich schon Buddha »Menschensohn«, wie Jesus heißt er »Prophet«, »Meister«, »Herr«; und Buddhas Bezeichnungen als »Auge der Welt« und »Licht ohnegleichen« entsprechen der Bezeichnung Christi als »Licht der Welt« und »das wahrhaftige Licht«.[21]

Doch auch die anderen heidnischen Heilande sind bereits vor Jesus Mittler, Offenbarer, Erlöser. Schon sie verkünden: »Ich bin ein Licht für die Menschheit«, »wer glaubt, wird gerettet, wer nicht glaubt, dem Gericht verfallen«, und dergleichen.[22] Schon sie handeln aus Liebe zu den Menschen, weisen sich durch Prophezeiungen, durch Wunder aus. Von Buddha, Pythagoras, Sokrates und vielen anderen werden Weissagungen überliefert; und wie die Christen diskutierten schon die Heiden, ob eine Weissagung dem Wortlaut oder nur dem Inhalt nach von der Gottheit stamme.[23]

Was aber die Wunder betrifft, so gibt es kein Mirakel der Evangelien, das nicht schon vordem gewirkt worden wäre. Bereits Buddha machte Kranke gesund, Blinde sehend, Taube hörend, Krüppel gerade. Schon er schritt über den hochangeschwollenen Ganges wie später Jesus über den See. Und wie dessen Jünger Wunder tun, so schon die Jünger des Buddha. »Wie beispielsweise Petrus auf dem Wasser wandelt, so auch ein Jünger des Buddha. Wie Petrus zu sinken beginnt, als sein Glaube klein wird, so sank auch schon der Buddha-Jünger, als er aus seiner gläubigen Versenkung in Buddha erwachte. Und wie den

Petrus der Herr rettet, so rettet den Buddha-Jünger der erneute gläubige Gedanke an den Meister.«[24] Wie Jesus bei Lukas beginnt bereits Pythagoras seine Lehr- und Wundertätigkeit mit einem Fischwunder, wobei er allerdings, sich weit über Jesus erhebend, gebietet, die Fische wieder freizulassen, deren Wert er ersetzt.[25] Pythagoras heilte auch Kranke an Leib und Seele, er stillte den Sturm auf dem Meer,[26] was einer seiner vielleicht zeitweiligen Hörer, Empedokles, dann so oft tat, daß er geradezu »Windesbezwinger« hieß.[27] Doch hat Empedokles auch schon Pestkranke kuriert und Tote erweckt.[28]

Das Wunder auf der Hochzeit in Kana (wo der johanneische Christus sechs- bis siebenhundert Liter Wein aus Wasser erzeugt, wie sich aus Johannes 2,6 f einwandfrei ergibt, wenn auch gläubige Exegeten das respektable Quantum manchmal reduzieren und das Wunder ganz unnötig verkleinern wollen) wurde, wie Euripides bezeugt, schon von Dionysos vollbracht.[29] Dionysos, der Lieblingsgott der antiken Welt, dem sie von Asien bis Spanien in prunkvollen Prozessionen huldigte, der auch einen seiner bekanntesten Titel, »der Weinstock«, im Johannesevangelium an Christus abtreten muß, der dort »der wahre Weinstock« wird[30] (alles, was früher falsch war, wurde im Christentum wahr), Dionysos hat zahlreiche Weinwunder gewirkt[31] – und nachher wiederholten seine Priester im bewußten Wunderschwindel an Dionysosfesten diese Wunder genauso, wie später die christlichen Priester am Jahrestag der Hochzeit zu Kana (am 6. Januar, am selben Tag wurde ein vielgefeiertes Dionysosfest begangen!) betrügerisch die Verwandlung von Wasser in Wein wiederholten.[32]

Als großer Wundertäter galt der Arzt und Heilgott Asklepios, über dessen Altären das Wort »Soter« (Heiland) in riesigen Buchstaben prangte und dessen Wunderheilungen in Epidauros, das schon im 5. vorchristlichen Jahrhundert zu florieren begann wie heute Lourdes, die ganze Welt kannte.[33] Wie sehr zahlreiche Taten Jesu auf Asklepios zurückgehen, wie nah verwandt die Wundertätigkeit der beiden ist, hat in prägnanter Zusammenfassung der Forschungsergebnisse der Theologe Carl Schneider gezeigt: »Wie Asklepios heilt Jesus mit seiner ausgestreckten oder aufgelegten Hand oder mit einem Finger, den er in das kranke Körperglied steckt, oder auch durch andere Berührung mit dem Kranken. Wie bei Asklepios sind Glaube und Heilung meist, doch nicht immer, aufeinander bezogen: Gelegentlich wird auch ein Ungläubiger geheilt. Wie dort wird hier von den Geheilten Dank gefordert. Ein von Asklepios geheilter Blinder sieht wie ein von Jesus Geheilter zunächst nur Bäume. Geheilt werden von beiden: Gelähmte, Stumme, in der Ferne Erkrankte, Lahme. Ihre Bahren tragen die Kranken nach der Heilung bei beiden selber davon. Beide machen keine sozialen Unterschiede, heilen jung und alt, arm und reich, Mann und Frau, Sklaven und Freie, Freunde und Feinde. Zu den Heilungen kommen Naturwunder: Asklepios, der ihm verwandte Sarapis und Jesus stillen Stürme. Asklepios hat sechs Tote aufgeweckt, wobei die Einzelheiten dieselben sind wie bei den beiden Toten, die Jesus auferweckt: Viele Zeugen sind zugegen, Scheintod wird von Ungläubigen vermutet, den Erweckten wird Nahrung gegeben. So übernimmt Jesus auch die Titulatur des Asklepios: Er ist ›Arzt‹ schlechthin, ›Herr‹ über die Krankheitsmächte, ›Heiland‹.«[34]

Die Religionsgeschichtler haben längst erwiesen, daß es in der antiken Literatur zahlreiche Gegenstücke zu den evangelischen Wundergeschichten gibt; daß diese in Inhalt und Stilisierung mit den profanen Wundererzählungen weithin übereinstimmen; und daß schließlich auch der heidnische Ursprung der neutestamentlichen Wunderlegenden überwiegend wahrscheinlich ist.[35] »Man übertrug«, so der Theologe Bousset, »allerlei im Volksmunde lebendige Geschichten von diesem und jenem Wundertäter auf Jesus und stattete mit geläufigen Wundermotiven schon vorhandene evangelische Erzählungen aus.«[36] »... judenchristliche Erzähler«, schreibt der Theologe Martin Dibelius, »machten Jesus zum Helden von bekannten Propheten- oder Rabbiner-Legenden, heidenchristliche Novellisten gaben Geschichten von Göttern,

Heilanden und Wundertätern umgeprägt auf den christlichen Heiland weiter.«[37] So kehren die Standardwunder zumal vieler »Hochreligionen« im Neuen Testament wieder. Unerklärbare Heilungen, besonders Dämonenbannungen, Wandel auf dem Wasser, Stillung von Stürmen, wunderbare Speise- und Brotvermehrung, all dies war der Antike wohlvertraut und zählte zu den typischen Mirakeln der Zeit. Auch Totenerweckungen sind nicht ungewöhnlich gewesen, gab es doch sogar spezielle Formeln dafür. In Babylonien, wo der Gedanke der Totenerweckung äußerst verbreitet war, hießen viele Götter geradezu »Totenbeleber«.[38]

Die Katholiken aber zählen die biblischen Wunder zu den »unbestreitbaren Tatsachen« und müssen »*alle Wunder glauben, die in der hl. Schrift enthalten sind;* denn Gott hat uns dieselben offenbart. Wer auch nur eins leugnet, ist nicht mehr katholisch«[39] (mit Imprimatur). Ja, man behauptet angesichts der Brotvermehrung Jesu, seiner Heilung des Blindgeborenen, der Auferweckung des Lazarus: »Die Tatsächlichkeit solcher außerordentlicher Geschehnisse an sich ist den Menschen zugänglich durch eigene Beobachtung oder durch die Berichte von Zeugen ...«[40]

Selbst das größte Wunder, die eigene Auferstehung, glückte den Göttersöhnen immer wieder, den mythischen wie den geschichtlichen; glückte so oft, daß Kirchenschriftsteller Origenes im 3. Jahrhundert im Hinblick auf Christi Auferstehung meint: »Dies Wunder bringt den Heiden nichts Neues und kann ihnen nicht anstößig sein.«[41] Zu den bekanntesten der leidenden, sterbenden und wieder auferstehenden Götter zählen Dionysos und Herakles, doch auch der babylonische Tammuz, der syrische Adonis, der phrygische Attis, der ägyptische Osiris. Manche starben, wie der synoptische Jesus, schon früh, nicht selten standen sie am dritten Tag oder nach drei Tagen wieder auf, wie Attis, Osiris und höchstwahrscheinlich Adonis; sogar Sühnecharakter besaß manchmal ihr Tod.[42] Und schon in ältester Zeit verknüpfte man mit ihrer Auferstehung, wie später mit der Jesu, stets die Hoffnung auf menschliche Unsterblichkeit.[43]

Gekreuzigte Götter sind Prometheus, Lykurgos, Marsyas, Dionysos. Die Dionysosgemeinden haben, wie feststeht, schon *vor* der christlichen Zeitrechnung, ihren Gott *über einem Altartisch mit Weingefäßen am Kreuz* verehrt. Nach dem Theologen Hermann Raschke ist die Kreuzigung Jesu nur eine Entwicklungsform der Kreuzigung des Dionysos. Mögen aber auch andere Traditionen eingewirkt haben, darf man doch mit Raschke resümieren: »Dionysos, der auf dem Esel reitet« – der Esel ist bei Dionysos, wie später beim biblischen Jesus, das Tier des Friedens –, »Dionysos zu Schiff und als der Herr des Meeres, Dionysos und die trockenen Feigen, Dionysos und der Weinstock, die Verspottung und das Leiden des Dionysos, Dionysos, dessen Fleisch gegessen und dessen Blut getrunken wird, ja der bacchische Orpheus am Kreuze – es bedarf nur dieser flüchtigen Hinweise, um zu erkennen, daß der evangelische Mythenbestand von Dionysosmotiven durchsetzt ist.«[44]

Zum Teil bis in geringste Einzelheiten wiederholt sich beim Tod Jesu, was schon beim Tod der heidnischen Gottheiten geschehen. So wurde Bel Marduk, die meistgeschätzte Gottheit Babylons, die als Weltschöpfer, Gott der Weisheit, der Heilkunst, des Beschwörungswesens galt, als vom Vater gesandter Erlöser, Erwecker der Toten, Herr aller Herren und der gute Hirte, gefangengenommen, verhört, zum Tod verurteilt, gegeißelt, mit einem Verbrecher hingerichtet, während ein anderer Verbrecher freikam – und eine Frau wischte das Herzblut des Gottes ab, das aus einer Speerwunde quoll.[45] Beim Tod Cäsars – das athenische Volk hat ihn als Heiland gepriesen, das römische allgemein geglaubt, daß er zum Himmel aufgefahren und Gott geworden sei – verhüllte sich die Sonne, eine Finsternis trat ein, die Erde barst, und Gestorbene kehrten zur Oberwelt zurück.[46] – Herakles, schon um 500 v. Chr. als Gottessohn und Mittler für die Menschen, zur Zeit Jesu aber als Weltheiland verehrt, wird schließlich für seine Taten vom göttlichen Vater erhöht und befielt diesem scheidend seinen Geist: »Nimm meinen Geist, ich bitte dich, zu den Sternen auf... Siehe, mein Vater ruft mich und öffnet den Himmel. Ich komme, Vater, ich komme.« Im Lukasevangelium heißt es später: »Da rief Jesus mit lauter Stimme die Worte aus: ›Vater, in deine Hände befehle ich meinen Geist!‹«[47]

Noch bemerkenswerter sind die Übereinstimmungen zwischen der Heraklesreligion und dem Johannesevangelium.

Während in den drei älteren Evangelien der Lieblingsjünger unterm Kreuz fehlt – ebenso die Mutter Jesu; schauen doch hier die Frauen »von ferne« zu: Lukas schreibt sogar: »Alle [!] seine Bekannten aber standen von ferne« –,[48] stehen im Widerspruch hierzu im Johannesevangelium Jesu Mutter und der Lieblingsjünger beim Kreuz: wie bei Herakles' Tod dessen Mutter und Lieblingsjünger anwesend waren! Wie der erhöhte Herakles ruft: »... klage nicht, Mutter... ich gehe nunmehr in den Himmel ein«, so sagt dann der auferstandene johanneische Christus: »Frau, warum weinst du?... Ich fahre auf zu meinem Vater.«[49] Wie Herakles mit dem Wort stirbt: »Es ist vollbracht«, so der johanneische Christus.[50] Wie Herakles ja auch den Namen »Logos« schon vor dem johanneischen Christus führte. Und hieß es in der Heraklesreligion: »Denn nicht um zu schaden oder zu strafen, sondern um zu retten, ist der Logos da«, heißt es im Johannesevangelium: »Denn nicht hat Gott seinen Sohn in die Welt gesandt, um die Welt zu richten, sondern damit die Welt durch ihn gerettet werde.«[51] Und wie der am Tod des Herakles Schuldige sich vor Reue und Entsetzen erhängt, so erhängt sich schließlich Judas, den die ältesten christlichen Schriften freilich gleich dreimal umkommen lassen, wobei jede Variante die andere ausschließt.[52]

Auch die berühmte biblische Geschichte vom leeren Grab – »Offen stehet das Grab«, höhnt Goethe. »Welch herrlich Wunder, der Herr ist / Auferstanden! Wer's glaubt! Schelmen, ihr trugt ihn ja weg.«[53] – konnte man schon vorher in dem weitverbreiteten griechischen Roman *Chaireas und Kallirhoe* von Chariton lesen. Dort eilte nämlich, im dritten Buch, Chaireas am frühen Morgen zum Grab von Kallirhoe. Er ist voller Verzweiflung, aber siehe, der Stein ist weggewälzt, der Eingang frei. Vor Schreck wagt Chaireas das Grab nicht zu betreten. Andere eilen auf das Gerücht herzu, auch sie voller Furcht, bis endlich einer hineingeht, das Wunder bemerkt: Die Tote ist fort, das Grab ist leer. Nun tritt auch Chaireas hinein und findet das Unglaubliche bestätigt.[54]

Zur Legende des antiken Gottgesandten gehörte es aber, daß er, der Unsterbliche, nach seinem Hingang irgendwann sich zeige. Denn man wollte ja Beweise. So erschien der auferstandene Apollonios von Tyana, ein Zeitgenosse Jesu und der Apostel, zweien seiner Jünger und ließ sie sogar seine Hand nehmen, um sie zu überzeugen, daß er lebe.[55] Und da nach altjüdischer, schon im fünften Buch Mose stehender Meinung, die im Neuen Testament vielfach wiederkehrt,[56] erst zwei oder mehr Zeugen beweiskräftig waren, mußte auch Christus vor mehreren erscheinen, damit er »wahrhaft« auferstanden war.

Dies geschah denn, wenn auch nicht ohne (die oben dargelegten krassen) Widersprüche. Doch tat er mehr. Er stieg, gleich nach seinem Ableben, hinab zur Hölle – freilich erst im 2. Jahrhundert; die Evangelien schweigen darüber noch sämtlich. Ja, das Dogma von Christi Höllenfahrt widerspricht dem Lukasevangelium, demzufolge Jesus bereits die ersten Tage nach seinem Tod im Himmel verbringt. »Wahrlich, ich sage dir«, verspricht er dem »guten« Schächer, »heute noch wirst du mit mir im Paradiese sein!«, was Jesu Erwartung voraussetzt, er werde vom Kreuz aus ins Paradies eingehen.[57] Man hat deshalb dies Jesuswort, um seinen Widerspruch zu anderen zu vermeiden, gelegentlich gestrichen und als Ketzerfälschung erklärt.[58]

Aber die Höllenfahrten von Gottheiten waren ein viel zu beliebtes Thema, als daß man im Christentum darauf hätte verzichten können. Sie hatten im antiken Unsterblichkeitsglauben entscheidende Bedeutung gewonnen und begegnen uns in ägyptischen, babylonischen und hellenistischen Mythen.

Im alten Ägypten bekämpften Re und Osiris die Mächte der Unterwelt. Schon im 3. Jahrtausend war in Babylonien eine Höllenfahrt der Ischtar bekannt. Im 14. vorchristlichen Jahrhundert wird auch die des Gottes Nergal bezeugt, der die Unterwelt stürmt und ihre Heere besiegt, was ein Erdbeben bewirkt, wie bei der Höllenfahrt Christi.[59] Beim Abstieg des babylonischen Weltschöpfers und guten Hirten Bel Marduk, dessen Geschichte so frappierende Parallelen zu der des christlichen Kultobjekts aufweist (S. 52), wird auch das Motiv der gewaltsamen Kerkeröffnung und froh auf den Erlöser blickenden Gefangenen bezeugt.[60] Doch auch die Höllenfahrt des Herakles, dessen Schicksal, wie es philosophisches Heraklesbild und Heraklesreligion überliefern, wohl die meisten Gemeinsamkeiten mit dem christlichen Heros zeigt, zielt schon auf Besiegung der Unterweltmächte, auf Brechung des teuflischen Gesetzes. Nicht anders als Christus wollte bereits Herakles den schmachtenden Toten das Licht bringen und sie aus der Gefangenschaft erlösen. »Der schreckliche Tod ist gebrochen, des Todes Reich hast du besiegt.«[61] Und auch der historische Pythagoras fuhr – im 3. vorchristlichen Jahrhundert belegt – hinab zur Hölle.[62] Nach diesen Beispielen ließ man, in einem auf den Namen des Petrus gefälschten Brief – der biblische Hauptbeweis für das Dogma –, auch Jesus zur Hölle fahren und die Gefangenen erlösen.[63]

Und da zahlreiche Himmelfahrten lebendigen Leibes nicht nur den Heiden (bei denen Kybele, Herakles, Attis, Mithras, Herrscher wie Cäsar, Dichter wie Homer so wunderbar verschwanden) bekannt waren, sondern auch – durch Henoch, Moses und Elias – den Juden,[64] konnte Christus unmöglich zurückbleiben. Doch welche Widersprüche wieder! Das Matthäusevangelium kennt nicht nur keine Himmelfahrt, sondern schließt sie, nach manchen Gelehrten, geradezu aus.[65] Die des Markusevangeliums steht in einem verlängerten Schluß, der selbst von katholischen Neutestamentlern als unecht verworfen wird, von der kritischen Theologie jedoch ausnahmslos.[66]

Nach dem Lukasevangelium erfolgte Christi Himmelfahrt am Tag der Auferstehung, am Ostersonntagabend, nach der Apostelgeschichte vierzig Tage später. Und laut Lukasevangelium: bei Bethanien, laut Apostelgeschichte: vom Ölberg aus.[67]

Ja, wie schon Herakles und Dionysos bei ihrer Himmelfahrt göttliche Fußspuren zurückgelassen, so auch der himmelfahrende Christus; mußte man doch alles möglichst greifbar haben. Der hl. Hieronymus, mit dem seltenen Titel eines Kirchenlehrers geehrt, versichert, man habe diese Spuren zu seiner Zeit, im 5. Jahrhundert, noch gesehen. Und Beda der Ehrwürdige, der »Lehrer des Mittelalters«, bezeugt sie noch im 8. Jahrhundert – und dies, o Wunder!, obwohl jeder Jerusalemwallfahrer von der Erde mitnahm, die Christus zuletzt berührt hatte![68]

Genug, auch wenn der Gemeinsamkeiten, Übernahmen, Grotesken noch weit mehr zu zeigen wären, die erwähnten reichen längst, um deutlich zu machen, wie natürlich, menschlich, allzumenschlich bei der Gestaltung des Christusbildes alles zugegangen ist. Der Rahmen, die Inhalte, die Formen, Titulaturen, Wunder, die Gebote und Verbote, nichts war neu. Und, wie Diderot treffend sagt: »Das Evangelium durch ein Wunder beweisen heißt etwas Widersinniges durch etwas Naturwidriges beweisen.«[69]

Unterstellen wir nun einmal mit der historisch-kritischen Theologie die Historizität eines Mannes namens Jesus. Nehmen wir an, er sei getauft, habe geheilt, gepredigt, das nahe Reich proklamiert, Liebe zu Gott, zum Nächsten, zum Feind gefordert, habe gegen Kult und zur Schau gestellte Frömmigkeit gekämpft, gegen die Unterdrückung der Schwachen, die Ausbeutung der Armen und schließlich als Radikaler einen Gewalttod erlitten – mehr wird die kritische Theologie für ihn nicht in Anspruch nehmen, eher weniger: Wie ist ein solcher Mann der Schöpfer des Weltalls geworden?

Nun, die Entwicklung läßt sich für die älteste Zeit, da nicht einmal die Existenz erweisbar ist (zum letzten Mal: auch nicht das Gegenteil!), nur vermuten. Mit Beginn der schriftlichen Überlieferung freilich können wir die verschiedenen Stadien, die Ausbildung der Christologie, die Entstehung des Dogmas vom Gottessohn und Gott, immer deutlicher erkennen.

Was geschah mit der Überlieferung von Jesus bis zur Niederschrift des ersten Evangeliums?

[Man sagte] alles erdenkliche Hohe von ihm aus...

Der Theologe Rudolf Knopf[70]

Man lebte denkend und glaubend in einer Wunderwelt wie der Fisch im Wasser.

Der Theologe Th. Trede[71]

Erinnern wir uns: Von Jesu mutmaßlichem Tod bis zur Entstehung des ersten Evangeliums verging etwa ein halbes Jahrhundert. In dieser Zeit aber wuchs die Erinnerung an ihn ganz naturgemäß ins Volkstümlich-Legendäre hinein. Übertreibungen, Erhöhung der Aussagen, Vermehrung und Steigerung seiner Wunder, Ausschmükkung und Erweiterung seiner Reden, dies alles konnte kaum ausbleiben und wird in frühester Zeit begonnen haben. Jede mündliche Überlieferung unterliegt gewissen Entwicklungsgesetzen, jede derartige Übermittlung bedeutet, selbst bei Orientalen, die im Überliefern ungeschriebener Traditionen zweifellos eine gewisse Perfektion bekunden, Veränderung, Variation, Vermehrung. Jeder Bericht wird durch fortgesetzte Weitergabe gewandelt, meist schon von einem Tag zum andern, erst recht in mehreren Jahrzehnten.

Und nun vergegenwärtigen wir uns die, denen wir die Nachrichten über Jesus verdanken, die ersten Christen, aus den unteren und untersten Schichten stammend, völlig naiv, kritiklos; dazu den ganzen supranaturalen Zug der Zeit. Alle Welt war von einem schrankenlosen Aber-

und Offenbarungsglauben beherrscht. Geheimkulte, Magie und Mantik blühten. Bußstimmung, Dämonenwahn, Orakeldeuterei grassierten. An das Erscheinen von Göttern hat man allgemein geglaubt. Weise, Seher, Heilsverkünder, Mystagogen, Thaumaturgen, Inspirierte, alle von Gott besessen oder gesandt, zogen im ganzen Römischen Reich umher, predigten und taten Wunder. Auch Jesus Christus sei »nur einer der gewöhnlichen, von Zeit zu Zeit in einer gewissen Regelmäßigkeit auftretenden Wundertäter und Religionsstifter gewesen«, schrieb der edle große Christengegner Kaiser Julian. »Während seines ganzen Lebens hat er nichts getan, was irgendwie der Rede wert wäre, wenn man nicht gar die Heilung von Blinden und Lahmen in den Dörfern Bethsaida und Bethanien für eine große Leistung ansehen will!«[72] Das Wunderbare nämlich war nichts Außergewöhnliches, war normal, fast alltäglich. »Die Exegeten«, notiert der vielgereiste Pausanias von den Fremdenführern bei den Tempeln, »wissen, daß sie nicht alles der Wahrheit gemäß sagen, sie sagen es aber doch, denn es ist nicht leicht, die Menge vom Gegenteil dessen zu überzeugen, was sie nun einmal glaubt.«[73]

Auch die Angehörigen der oberen Klassen waren meist so gläubig oder abergläubisch wie die Masse. »Ich halte nichts für unmöglich.«[74] Diese Äußerung des Rhetors Apulejus ist charakteristisch für die Zeit.[75] Bekannte doch selbst der kritische Celsus: »Wozu soll man aufzählen, wie viele Weissagungen in Orakelstätten teils von Propheten und Prophetinnen, teils von anderen Gottbegeisterten, Männern und Frauen, mit göttlicher Stimme ausgesprochen worden sind? Wie viele wundersame Dinge im Innern der Heiligtümer selbst vernommen wurden? ... Einigen sind Götter leibhaftig erschienen.«[76]

In der Tat war die Grenze zwischen Gott und Geschöpf in der Antike nicht so unüberschreitbar. Vor allem die hellenistischen Griechen, von denen Jesu Vergottung ausging, sind für Wohltaten besonders empfänglich und jederzeit bereit gewesen, selbst kleine Wohltäter für eine Inkarnation der Gottheit zu halten.[77] »Es beliebt nämlich der griechische Leichtsinn«, bestätigt der von den Kaisern in flammenden Haßtiraden Vernichtung des Heidentums fordernde Firmicus Maternus,[78] »die, welche ihm etwas verschafft haben oder durch Rat oder Tat ihm geholfen, mit göttlichen Namen zu benennen.«[79]

Die Ankunft des neupythagoreischen Philosophen Apollonios von Tyana wäre von den Spartanern geradezu als Epiphanie eines Gottes gefeiert worden, hätte es Apollonios geduldet. Noch im 4. Jahrhundert wurden seinem Standbild in Ephesus göttliche Ehren zuteil. Sein im Auftrag der Kaiserin Julia Domna von Philostratos aufgezeichnetes Leben aber bot so viele und frappierende Parallelen zu dem Jesu, daß man lange der Meinung war, es handle sich um ein bewußtes Gegenstück, wovon freilich, wie allgemein zugegeben, keine Rede sein kann.[80]

Doch steht im Neuen Testament selbst der schlagendste Beleg für die raschen Vergottungschancen jener Zeit: Die Erzählung der Apostelgeschichte über die Heilung des Lahmgeborenen. »Stelle dich aufrecht auf deine Füße hin!« befiehlt Paulus, worauf der von Geburt an Lahme aufspringt und umhergeht. »Als nun die Volksmenge sah, was Paulus getan hatte«, liest man weiter, »erhoben sie ihre Stimme und riefen auf lykaonisch aus: ›Die Götter haben Menschengestalt angenommen und sind zu uns herabgekommen!‹ Dabei nannten sie Barnabas« – Pauli Begleiter – »Zeus und den Paulus Hermes, weil dieser es war, der das Wort führte; und der Priester des Zeus, der vor der Stadt seinen Tempel hatte, brachte Stiere und Kränze an das Stadttor und wollte mit den Volksscharen Opfer darbringen.«[81]

Mit Heroisierung, Deifikation, Apotheose war man in der Antike, da man allenthalben nach Rettern, Heilanden ausschaute, rasch bei der Hand, und so ist es höchst wahrscheinlich, daß Jesu Bild schon vor seiner ersten Fixierung im Evangelium des Markus durch die Gläubigen kollektiv gesteigert wurde. Man paßte es, mit dem Theologen Leipoldt zu sprechen, »nicht selten den Bedürfnissen und Wünschen der Gemeinde« an.[82] Man sagte sehr bald nach Jesu Tod, wie der Theologe Knopf erklärt, »alles erdenkliche Hohe von ihm aus ... und ein Teil dieser Aussagen ist schon von denen gemacht worden, die Jesus gekannt und gesehen hatten«.[83]

Dieser Prozeß der Verklärung, den wir in den ersten Jahrzehnten nach Jesu Tod nur vermuten können, freilich mit so hoher Wahrscheinlichkeit, daß ihn die gesamte kritische Theologie als sicher annimmt, dieser Prozeß setzt sich nachher in den Evangelien fort. Sie zeigen Jesu Bild, schreibt der Theologe Pfannmüller, »bereits in wesentlichen Zügen verändert«,[84] oder, formuliert der Theologe Hirsch, »ins Phantastische gesteigert«.[85] Die Evangelisten spiegeln Jesus nicht, wie er gewesen, sondern, so führt auch der Theologe Jülicher aus, »wie die Gläubigen ihn brauchten«.[86] Und anders als bei der vorausgehenden mündlichen Überlieferung können wir nun die systematische Deifizierung Jesu, von Markus über die jüngeren Matthäus, Lukas bis zum jüngsten, dem vierten Evangelium, Schritt für Schritt verfolgen und damit die Entstehung des zentralen christlichen Dogmas überhaupt.

Die systematische Steigerung des Jesusbildes in den drei ersten Evangelien

[Jedes Werk versucht], es ›besser zu machen‹ als die Vorgänger.

Der Theologe Oskar Cullmann[87]

Nach all den zahlreichen Gottessöhnen, mythischen wie historischen, Pythagoras, Platon, Augustus u. a., von denen der Titel »Sohn Gottes« bezeugt ist,[88] erscheint Jesus infolge der verklärenden mündlichen Überlieferung und der Zutaten des Evangelisten schon im ältesten Evangelium ebenfalls als »Sohn Gottes«. Bezeichnend allerdings, daß gerade Markus diesen Ausdruck selten benutzt; zudem meist in Zusammenhängen, die das Wort »suspekt« noch zurückhaltend umschreibt. Zweimal verwendet ihn eine Stimme vom Himmel, zweimal gebrauchen ihn die bösen Geister.[89] Dann steht er noch zu Beginn des Evangeliums sowie im Bekenntnis des Hauptmanns unterm Kreuz: »Wahrlich, dieser Mensch ist Gottes Sohn«,[90] das die ganze kritische Theologie als unecht verwirft, war die Bekehrung des Henkers doch ein weitverbreitetes literarisches Motiv, nicht zuletzt in den jüdischen Berichten über Märtyrer.[91] Dies alles wiegt also nicht schwer. Dagegen fällt ins Gewicht, daß Jesus, hier noch elfmal Lehrer und dreimal Rabbi genannt, keinesfalls präexistent und identisch mit Gott gedacht ist, daß der älteste Evangelist, im strikten Gegensatz zum Kirchendogma, Jesus erst bei dessen Taufe zum Sohn Gottes gleichsam adoptieren läßt.

In *Abermals krähte der Hahn* habe ich geschrieben:

Die Forschung zählt Jesu Taufe durch Johannes meist zu den bestbezeugten Daten seines Lebens. Doch bestritt man sie auch, und zumindest sind die evangelischen Erzählungen darüber durch und durch legendär, wurde bereits der älteste Taufbericht fast ganz dem Alten Testament, besonders Jesaja, entnommen. Offensichtlich ist aber auch in dieser Geschichte, in der Gottes Geist in Gestalt einer Taube auf Jesus herabschwebt, eine Anlehnung an die antiken Berufungssagen, an die Königswahl durch einen Vogel, dessen Niedergehen den Erwählten kenntlich macht. Zudem war bei Syrern und Phöniziern die Taube Symbol zeugerischer Gottheit, die alten jüdischen Theologen dachten sich Gottes Geist als Taube und gaben ihre Stimme im Hohenlied für die Stimme des Heiligen Geistes aus. Schon vor dem synoptischen Jesus schwebten Tauben über den Häuptern ägyptischer Herrscher, und auch nach ihm sind bei solchen Anlässen Tauben erschienen.

Immerhin zeigt die markinische Legende noch ganz klar, daß Jesus seinen ältesten Anhängern nicht als Sohn Gottes oder Gott gegolten hat. Denn erst mit dem Herabkommen des göttlichen Geistes, das eben ist der Sinn der Geschichte, wird Jesus zum Sohn Gottes eingesetzt. Wäre er es schon gewesen, hätte sich der Geistempfang erübrigt. »Und sogleich trieb der Geist ihn in die Wüste hinaus«, erzählt der Evangelist, und könnte gar nicht deutlicher ausdrücken, wie real und unmittelbar er sich den Zusammenhang von Geistempfang und beginnender pneumatischer Getriebenheit Jesu denkt: Erst zu Beginn seiner öffentlichen Tätigkeit wird Jesus im ältesten Evangelium zum Sohn Gottes adoptiert.

Genau verfolgen kann man nun, wie der Sinn seiner Taufe früh entstellt und das Christusbild bereits bei Matthäus gesteigert worden ist.

Unbefangen berichtet Markus noch von Jesu Taufe durch Johannes, worüber jedoch viele Christen sich damals den Kopf zerbrachen. Nicht deshalb, weil beinah die ganze jüdische Intelligenz den Täufer für verrückt gehalten hat, sondern weil seine Taufe eine Bußtaufe zur Vergebung der Sünden war. Der Vollzug dieser Taufe an Jesus, der nach kirchlicher Lehre völlig sündenlos gewesen ist, was im Frühchristentum freilich noch oft angezweifelt oder bestritten wurde, setzt also bei ihm ein Sündenbewußtsein voraus.

Dieses Argument spielten die Juden offenbar bald gegen die Christen aus. So kam es schon bei Matthäus zu Rechtfertigungsversuchen. In die arglose Mitteilung des Markus flicht er einen Dialog ein, der zeigen soll, daß der Täufer durchaus über Jesu sündenloses Wesen Bescheid weiß. »Ich müßte von dir getauft werden, und du kommst zu mir? Doch Jesus gab ihm die Antwort: Laß es für diesmal geschehen.«[92]

Das Lukasevangelium, worin Johannes der Täufer Jesus schon im Mutterleib huldigt, indem er bereits als Embryo (vor dem andern Embryo) hüpft;[93] streift Jesu diskriminierende Taufe durch Johannes nur noch: »Und es begab sich, da sich alles Volk taufen ließ und Jesus auch getauft war und betete, daß sich der Himmel auftat...«[94] Im noch jüngeren vierten Evangelium aber heißt es bloß: »Und Johannes zeugte und sprach: Ich sah, daß der Geist herabfuhr wie eine Taube vom Himmel und blieb auf ihm.«[95] Von Taufe keine Rede mehr; sie wird ganz übergangen, dafür ein einziger Hymnus auf Jesus gesungen – und versteckt gegen Johannes den Täufer polemisiert, der hier häufig bereitwillig seine Inferiorität gegenüber Jesus bekennt und als dessen »Vorläufer« erscheint, während er in Wirklichkeit sein Rivale war; wie auch die Anhänger des Täufers nicht ins Christentum eingingen, vielmehr erhielten sich ihre Nachfolger bis heute in der am Euphrat lebenden Sekte der Mandäer.[96]

Nun erwies sich das Markusevangelium aber nicht nur im Hinblick auf Jesu Taufe, mit der es seine Gottessohnschaft datiert, als undogmatisch. Ist Jesus im ältesten Evangelium doch nicht nur kein präexistenter Gott, sondern weder allmächtig noch allwissend, noch absolut gut.

Er ist nicht allmächtig, denn Markus berichtet, daß Jesus in seiner Vaterstadt – nachdem er vorsorglich erklärt: »Ein Prophet gilt nirgends weniger denn im Vaterland und daheim bei den Seinen« – »kein einziges Wunder vollbringen konnte«.[97] Gewiß schwächt schon Markus beschönigend ab: »... außer, daß er wenigen Siechen die Hände auflegte und sie heilte«.[98] Doch Matthäus macht bereits daraus »nicht viele Wunder«.[99]

Jesus ist bei Markus auch nicht allwissend. Denn bald nach seiner fehlgeschlagenen Prophezeiung: »Wahrlich, ich sage euch: Dieses Geschlecht wird nicht vergehen, bis dies alles geschieht«, bekennt er: »Von dem Tag aber und der Stunde weiß niemand, auch die Engel im Himmel nicht, *auch der Sohn nicht,* sondern allein der Vater.«[100] Dies das spätere Dogma kompromittierende Geständnis steht auch bei Matthäus,[101] fehlt jedoch schon in wichtigen Handschriften des Matthäusevangeliums,[102] und Lukas unterdrückt es ganz. Den Lehrern der Kirche aber ist Jesu Nichtwissen so fatal, daß sie es, entgegen dem klaren Wortlaut der Schrift, einfach leugnen, wie der berüchtigte, auch als großer Urkundenfälscher erwiesene hl. Athanasius,[103] daß sie es als Fälschung betrachten, wie der Mailänder Bischof Ambrosius,[104] oder völlig verdrehen, wie Basilius.[105]

Daß Jesus bei Markus auch noch nicht absolut gut ist, beweist sein Gespräch mit jenem Reichen, der vor ihm aufs Knie sinkt und fragt: »Guter Meister, was muß ich tun, um ewiges Leben zu gewinnen?« Denn Jesus berichtigt ihn sofort: »Was nennst du mich gut? Niemand ist gut als Gott allein«,[106] was deutlich zeigt, wie wenig Jesus daran denkt, sich mit Gott zu identifizieren, der er, nach kirchlicher Lehre, ja selber ist! Doch während auch Lukas dies Wort überliefert,[107] korrigiert bemerkenswert ungeschickt Matthäus: »Was fragst du mich über das Gute? Einer ist der Gute.«[108]

Nach katholischer Apologetik »scheint« dies Wort lediglich Jesus von der Gottheit auszuschließen. Der Mann, zu dem er sprach, der ihn schmeichelnd angeredet habe, sah »in ihm nur einen menschlichen Lehrer«,[109] was ja richtig ist. Und fährt man fort: »Jesus wollte die Schmeichelei abwehren und das Prädikat ›der Gütige, Gnädige‹ Gott allein vorbehalten«,[110] so beweist man damit bloß, was man bestreiten will, auch wenn man verschwommen hinzufügt, eine Äußerung über sein eigenes Wesensverhältnis zu Gott liege darin nicht. [111]

Trotz der Übermalungen und Fortbildungen lassen die Evangelien noch erkennen, wie fern dem mutmaßlichen historischen Jesus jede Identifizierung mit Gott gelegen ist.

Geht dies nicht auch aus seinem Gebet hervor? Nirgends im Neuen Testament betet Jesus zu sich – es wäre auch zu lächerlich. Er betet zu Gott, der er selbst sein soll! (»Und wen betete er an?« höhnt Diderot. »Sich selbst!«[112]) Er tritt manchmal sogar in offenkundige Spannung zu Gott. Er wirft sich »auf die Erde nieder und betete, daß, wenn es möglich sei, die Stunde an ihm vorübergehen möchte; dabei sagte er: ›Abba, Vater, alles ist dir möglich; laß diesen Kelch an mir vorübergehen!‹ «[113] Gleich darauf »betete er mit denselben Worten«.[114] Und in seiner Todesstunde ruft er »mit lauter Stimme ... Mein Gott, mein Gott, warum hast du mich verlassen?« Allerdings nur bei Markus und Matthäus.[115] Lukas vermeidet bereits das verdächtige Wort. Da empfiehlt Jesus sich ähnlich wie der sterbende und zum Himmel auffahrende Heiland Herakles: »Vater, in deine Hände befehle ich meinen Geist.«[116]

Wie peinlich die Christen Jesu Klage der Gottverlassenheit empfanden, verdeutlicht auch das »apokryphe« Petrusevangelium, worin Petrus in der Ich-Form die evangelische Geschichte erzählt. Wird hier doch der Ruf

»Mein Gott, mein Gott, warum hast du mich verlassen« korrigiert durch: »Meine Kraft, meine Kraft, warum hast du mich verlassen?«[117]

Und wie der markinische Jesus Gott gut nennt und nicht sich, wie den Anbruch des Gottesreiches nicht er kennt, sondern nur Gott, so ist es für ihn auch selbstverständlich, daß nicht er, sondern Gott die Plätze in diesem Reich verleiht. Erwidert er doch den beiden Zebedaiden Jakobus und Johannes auf ihren ehrgeizigen Wunsch, in seiner Herrlichkeit zu seiner Rechten und Linken sitzen zu dürfen – eine bald ebenfalls als peinlich empfundene Bitte, weshalb sie Matthäus durch die Mutter der beiden vorbringen läßt, Lukas ganz unterschlägt –: »... den Sitz zu meiner Rechten oder zu meiner Linken habe nicht ich zu verleihen, sondern er wird denen zuteil, für die er bestimmt ist«.[118]

Noch scheinbare Kleinigkeiten bekunden die von den späteren Evangelisten systematisch betriebene Verklärung des Herrn. So wenn Markus von Joseph von Arimathäa sagt, daß er »auch auf das Reich Gottes wartete«, Matthäus jedoch in einem feinen, aber sprechenden Unterschied schreibt, daß er »gleichfalls ein Jünger Jesu geworden war«.[119] Derart wird aus dem von Jesus bei Markus gepredigten »Reich Gottes« bei Matthäus öfter ein Reich Jesu oder des Menschensohnes, aus dem Verkündiger, nach einer bekannten Formulierung, der Verkündigte.[120] Oder: Spricht Jesus bei Markus von den Kleinen, »die da glauben«, bildet Matthäus weiter: »die an mich glauben«.[121] Oder: Sind die Jünger nach Jesu Seewandel im Markusevangelium nur »vor Erstaunen ganz außer sich«, sinken sie im Matthäusevangelium nieder und bekennen: »Du bist wahrhaftig Gottes Sohn!«[122]

Ist es auch nicht so, daß der älteste Evangelist – wie man, den evangelischen Vergottungsprozeß allzu vereinfachend, einmal gemeint hat – noch einen Menschen schildere, die jüngeren Evangelisten an einzelnen Stellen eine Art Halbgott, das jüngste, vierte Evangelium und später apokryphe Evangelien einen Gott, der bloß äußerlich als Mensch erscheine,[123] so sind doch die Steigerungen evident. Schon im 4. Jahrhundert erkannte Kaiser Julian im wesentlichen richtig, Jesum habe weder Paulus noch Matthäus, noch Lukas, noch Markus Gott zu nennen gewagt. »Vielmehr hat zuerst der wackere Johannes sich erkühnt, diese Bezeichnung zu gebrauchen, da er bemerkte, daß bereits eine große Menge in vielen hellenischen und italischen Städten von dieser Krankheit ergriffen sei ...«[124] Und nach wie vor gilt das Wort des Theologen Windisch: »Wir haben gelernt, zwischen dem Gottessohn des Johannesevangeliums und der synoptischen Theologie *und* dem Menschen Jesus, dem messianischen Lehrer, Wundertäter und Propheten, wie er in den älteren Überlieferungsgeschichten gezeichnet wird, zu unterscheiden.« Besonders im ältesten Evangelium, obwohl bereits auf jahrzehntelanger mündlicher Überlieferung fußend, erscheint Jesus noch wiederholt wie ein Mensch, der sich in weitem Abstand von Gott weiß. Gewiß läßt Markus auf die Frage des Hohenpriesters, ob Jesus der Christus der Sohn des Hochgelobten sei, die klare Antwort geben: »Ja, ich bin es, und ihr werdet den Menschensohn sitzen sehen zur Rechten der Macht und kommen mit den Wolken des Himmels!«[125] Doch kommentiert schon Montefiore treffend: »Wie dürfen wir hoffen, auch nur mit annähernder Sicherheit herauszubekommen, was Jesus gemeint hat, wenn wir nicht einmal mit einiger Sicherheit wissen, was er tatsächlich gesagt hat?«[126]

Daß die Gestalt Jesu von den jüngeren Evangelisten immer mehr erhöht wird, geht weiter aus deren Wunderüberlieferung hervor. Denn wie überall Wunder durch Tradierung wachsen, so auch, fast systematisch, in den Evangelien.

Bereits Matthäus hat die ihm anscheinend viel zu anspruchslosen Mirakel des Markus beinah durchgehend gesteigert. Schon beim ersten Auftreten Jesu läßt er die wunderheischenden Kranken nicht nur aus ganz Galiläa, sondern sogar aus Syrien bringen.[127] Und wo Markus bloß eine Heilung kennt, bezeugt Matthäus zwei; ein ganz charakteristischer Vorgang.

Erinnern wir uns der Heilung des blinden Bartimäus bei Markus. »Sie kamen dann nach Jericho«, berichtet er, »und als er mit seinen Jüngern und einer großen Volksmenge aus Jericho hinauszog, saß der Sohn des Timäus, Bartimäus, ein blinder Bettler, am Wege. Als dieser hörte, er sei Jesus von Nazareth, begann er laut zu rufen: ›Sohn Davids, Jesus, erbarme dich meiner!‹ Viele riefen ihm drohend zu, er solle still sein; doch er rief nur noch lauter: ›Sohn Davids, erbarme dich meiner!‹ Da blieb Jesus stehen und sagte: ›Ruft ihn her!‹ So riefen sie denn den Blinden und sagten zu ihm: ›Sei guten Mutes, stehe auf: er ruft dich!‹ Da warf er seinen Mantel ab, sprang auf und kam zu Jesus. Dieser redete ihn mit den Worten an: ›Was wünschest du von mir?‹ Der Blinde antwortete ihm: ›Rabbuni, ich möchte sehen können!‹ Jesus sagte zu ihm: ›Gehe hin, dein Glaube hat dich gerettet.‹ Da konnte er augenblicklich sehen und schloß sich an Jesus auf der Wanderung an.«[128]

Dieselbe Geschichte lautet bei Matthäus: »Als sie dann aus Jericho hinauszogen, folgte ihm eine große Volksmenge nach. Da saßen dort zwei [!] Blinde am Wege; als diese hörten, daß Jesus vorüberziehe, riefen sie laut: ›Herr, erbarme dich unser, Sohn Davids!‹ Die Volksmenge rief ihnen drohend zu, sie sollten still sein; sie aber schrien nur noch lauter: ›Herr, erbarme dich unser, Sohn Davids!‹ Da blieb Jesus stehen, rief sie herbei und fragte sie: ›Was wünscht ihr von mir?‹ Sie antworteten ihm: ›Herr, daß unsere Augen aufgetan werden!‹ Da fühlte Jesus Mitleid mit ihnen; er berührte ihre Augen, und sogleich konnten sie sehen und schlossen sich ihm an.«[129]

Etwas ganz Analoges geschieht bei der Heilung des Besessenen. Markus: »Und sie kamen jenseits des Meeres in die Gegend der Gadarener. Und als er aus dem Schiff trat, lief ihm alsbald entgegen aus den Gräbern ein besessener Mensch mit einem unsaubern Geist, der seine Wohnung in den Gräbern hatte; und niemand konnte ihn binden, auch nicht mit Ketten ... Da er aber Jesus sah von ferne, lief er zu und fiel vor ihm nieder, schrie laut und sprach: ›Was habe ich mit dir zu tun, o Jesu, du Sohn

Gottes, des Allerhöchsten. Ich beschwöre dich bei Gott, daß du mich nicht quälest!‹ «[130]

Matthäus erzählt dieselbe Geschichte so: »Als er hierauf an das jenseitige Ufer in das Gebiet der Gadarener gekommen war, traten ihm zwei [!] von bösen Geistern besessene Männer entgegen, die aus den Gräbern hervorkamen und so gemeingefährliche Menschen waren, daß niemand auf der Straße dort an ihnen vorbeigehen konnte. Kaum hatten sie ihn erblickt, da schrien sie laut: ›Was hast du mit uns vor, du Sohn Gottes? Bist du hergekommen, um uns vor der Zeit zu quälen?‹ «[131] Bei Markus heilt Jesus dann den einen Besessenen, bei Matthäus aber die zwei und schickt jedesmal ihre bösen Dämonen in die berühmte Schweineherde, die darauf ins Meer stürzt und ertrinkt – zweitausend Tiere![132] »Es handelte sich dabei«, spottet Shelley, »um eine Gesellschaft hypochondrischer und hochherziger Schweine, sehr unähnlich allen anderen, von denen wir authentische Überlieferung besitzen.«[133]

Macht Matthäus derart aus einem Wunder des Markus zwei, so schreibt er dort, wo Markus, noch verhältnismäßig bescheiden, prahlt: »Er heilte viele«, ohne weiteres: »Er heilte alle«, und zwar wiederholt, bei den Heilungen in Kapernaum genauso[134] wie bei den späteren Heilungen am See.[135] Und während Markus bei der »Speisung der Viertausend« Jesus mit »sieben Broten« und »noch ein paar kleinen Fischen« »gegen viertausend Menschen« sättigen läßt, an sich ja erstaunlich genug, erhöht Matthäus das Wunder, indem er daraus »etwa viertausend *Männer*« macht und hinzufügt: »ungerechnet der Frauen und Kinder« – wonach die Menge wohl doppelt so groß gewesen wäre.[136] In derselben Weise poliert Matthäus die Geschichte von der »Speisung der Fünftausend« auf;[137] übrigens offensichtlich eine Doublette – mit frappierenden Vorbildern sowohl in der jüdischen wie indischen Literatur.[138]

Berichtet Markus nach der Mitteilung von Jesu Tod nur: »Da zerriß der Vorhang des Tempels von oben bis unten in zwei Stücke«, bietet Matthäus schon erheblich mehr;

fährt er doch fort: »... die Erde erbebte und die Felsen zersprangen, die Gräber taten sich auf, und viele Leiber der entschlafenen Heiligen wurden auferweckt, kamen nach seiner Auferstehung aus ihren Gräbern hervor, gingen in die Heilige Stadt hinein und erschienen vielen«.[139] Ein recht bemerkenswertes Stückchen doch, von dem Markus freilich sowenig meldet wie die zeitgenössischen Historiker. In Wirklichkeit waren Erdbeben bei einem ungewöhnlichen Ereignis ein damals wohlbekanntes literarisches Motiv.[140]

Matthäus steigert die markinischen Wundermärlein zuweilen auch durch rascheren Vollzug, wie gut die Verfluchung des Feigenbaumes zeigt.[141] Und wenn Markus überhaupt kein Wunder mitteilt, fügt Matthäus sie in den von Markus übernommenen Text ein.[142] Doch steigert auch Lukas gelegentlich ganz ähnlich wie Matthäus. Wo Markus »viele« heilen läßt, heilt Jesus bei Lukas gleich »jeden« oder »alle«.[143] Ja, während Markus- und Matthäusevangelium nur *eine* Totenerweckung kennen, bereichert Lukas das göttliche Buch durch die des Jünglings zu Nain,[144] ein Wunder, dessen Auslassung bei Markus und Matthäus um so befremdlicher ist, als sie so viele kleinere Mirakel erwähnen.

Die angeführten Beispiele, die sich vermehren ließen, belegen die Erhöhung des Jesusbildes durch Matthäus und Lukas gegenüber dem älteren Markus. Ein ganz analoger (und in seiner Art konsequenter) Prozeß aber vollzieht sich nun im jüngsten, im vierten Evangelium gegenüber Matthäus und Lukas.

Fortschreitende Vergottung Jesu im vierten Evangelium

Dieses vierte Evangelium ist das eigentliche Lieblingsevangelium der Kirche geworden und wird auch von Luther noch als das eigentliche Hauptevangelium gewertet. Das ist leicht zu verstehen ... Das vierte Evangelium ist eine freie Dichtung.

Gustav Wyneken[145]

Ihr seid so elend, daß ihr nicht einmal dem treu bleibt, was die Apostel euch überliefert haben... Weder Paulus noch Matthäus, noch Lukas, noch Markus haben Jesus Gott zu nennen gewagt. Vielmehr hat zuerst der wackere Johannes sich erkühnt, diese Bezeichnung zu gebrauchen, da er bemerkte, daß bereits eine große Menge in vielen hellenischen und italischen Städten von dieser Krankheit ergriffen sei... Dieses eine Übel geht auf Johannes zurück. Wer aber könnte gebührend seinen Abscheu äußern über die vielen, die ihr noch hinzu erfunden habt?

Kaiser Julian[146]

Der ganz andere, von den drei synoptischen Evangelien grundverschiedene Charakter des sogenannten Johannesevangeliums wurde schon im 2. Jahrhundert von den Alogern bemerkt. Daß es nicht von dem Apostel Johannes stammt, dem die Kirche die Verfasserschaft zuschreibt, obwohl er entweder mit seinem Bruder Jakobus[147] im Jahr 44 unter König Herodes Agrippa I. oder, wahrscheinlicher,[148] mit Jesu Bruder Jakobus im Jahr 62 getötet wurde,[149] das vierte Evangelium aber frühestens um 100 entstand, ist seit eineinhalb Jahrhunderten von der gesamten kritischen Bibelwissenschaft erwiesen: »... das selbstverständliche Ergebnis unbefangener Forschung, über das kein Historiker von wissenschaftlichem Ehrgefühl hinweg kann – es macht einfach Pein, die apologetischen Winkelzüge dem klaren Tatbestand gegenüber zu verfolgen.«[150]

Gegen eine Abfassung dieses Evangeliums durch den Apostel Johannes erhebt sich eine Reihe schwerwiegender Gründe, deren Erörterung hier zu weit führen würde.[151] Auch sei nur kurz vermerkt, daß das vierte Evangelium zuerst vor allem von Ketzern geschätzt und favorisiert, gerade von sogenannten rechtgläubigen Kreisen, besonders in Rom, aber sehr kritisch beurteilt bzw. verworfen und durch Überarbeitung erst kirchenfähig gemacht worden ist.[152] Später fand die Orthodoxie allerdings besonderes Gefallen an ihm, es wurde ihr Lieblingsevangelium, war der Vergottungsprozeß Jesu damit doch fast vollzogen.

Überzeugen wir uns:

Der geschichtliche Jesus spielt in diesem bereits hochgradig theologisch und apologetisch bestimmten Evangelium kaum noch eine Rolle. Nach eigenem Zeugnis wurde es geschrieben zum Erweis der Göttlichkeit Christi.

Die synoptischen Berichte, die der Evangelist nach Bedarf benutzt, formt er häufig radikal um. Er verfährt damit, wie oft bemerkt, wie ein Dramatiker mit seinem Stoff. Die galiläische Heimat Jesu, bei den Synoptikern der eigentliche Schauplatz seiner öffentlichen Tätigkeit, tritt hier ganz zurück. Jesus wirkt nun meist in Jerusalem, wohl eine apologetische Reaktion auf den Vorwurf der Juden, der aus dem Nest Nazareth stammende göttliche Messias habe zeitlebens vor armen dummen Leuten in der Provinz gepredigt, während sein Auftritt in Jerusalem nur kurz gewesen sei.

Worte des synoptischen Jesus oder Anklänge an sie sind im vierten Evangelium selten; dabei stellen gerade die Reden den wichtigsten Stoff der Synoptiker dar. Auch bleibt manchmal völlig unklar, ob noch Jesus oder schon »Johannes« spricht, so unmerklich gehen Erzählung und Erklärung ineinander über. Wie denn überhaupt der johanneische Christus nur scheinbar mit den Personen redet, die der Evangelist um ihn gruppiert. Sie verschwinden, nachdem sie der Technik und Dogmatik des Erzählers genügt haben, der bereits den christlichen Gemeinden des 2. Jahrhunderts predigt. Gut verdeutlicht dies Jesu »Gespräch« mit dem heilsbestrebten Nikodemus, den der Verfasser mit einer ganzen Reihe von später aufgekommenen Dogmen konfrontiert, die Nikodemus nie begriffen hätte, sowenig wie die übrigen Zeitgenossen Jesu. Es war auch nicht seine Sprache. Es war die des Evangelisten, der schon für Gebildete schrieb, mit blassen Allegorien und didaktischer Monotonie, und der gegen »Ketzer« kämpfte. Der historische Jesus würde mit solchen Reden keine Massen begeistert haben. Und seine Gegner hätten ihn nicht für gefährlich, sondern höchstens für verrückt gehalten.

Im Johannesevangelium werden die von der geschichtlichen Wirklichkeit schon sehr entfernten synoptischen Jesustradi-

tionen vollends mythisiert. Die Vorstellung vom »ewigen Leben« wird wichtiger als die vom »Reich Gottes«, die Messiasgestalt verdrängt den Gedanken vom messianischen Reich, die Erhabenheit des Verkündigers das Verkündigte. Spricht Jesus bei den Synoptikern verhältnismäßig selten von sich, stellt er sich hier ganz in den Mittelpunkt und macht seine Würde und Göttlichkeit zum fast ausschließlichen Objekt seiner Predigt. Schon im 3. Jahrhundert bemerkt Kirchenschriftsteller Origenes, daß Jesus bei den Synoptikern noch menschlicher erscheine.

Tatsächlich wird er bei »Johannes« nahezu vergottet. Im Gegensatz zu seinen Vorgängern fügt er auch die Behauptung von Jesu Präexistenz hinzu. Er verkündet, er sei vor Abraham gewesen und der Glaube an seine Mittlerschaft die Voraussetzung für die Erlangung des Heils – »wer mich sieht, der sieht den Vater«. Sämtliche religiösen Würdenamen der Zeit werden für Jesus beansprucht, so daß manche Prädikate schlecht zueinander passen, wie »König der Juden« und »Weltheiland«. Der johanneische Christus ist Weltrichter und wird geradezu »Gott« genannt.

Man begann bereits, Jesu Gebet zu Gott, der er ja selbst sein sollte, seltsam zu empfinden. Flicht der vierte Evangelist doch wiederholt und vielsagend ein, der Gebetsverkehr geschehe nur um der Umgebung Jesu willen! Denn von dessen zwei Naturen wußte auch dieser informierteste Evangelist noch nichts. Immerhin prahlte sein Christus schon: »Wer unter euch kann mich einer Sünde zeihen?« Aber bei Markus sagt Jesus noch: »Was nennst du mich gut? Niemand ist gut als Gott allein.«

Der johanneische Christus ist zu seinem eigenen Herold geworden. Von Anfang an schreitet er als Lamm Gottes durch die Welt, allwissend und allmächtig, und ohne mit der Wimper zu zucken geht er in den Tod. Alles Menschliche wird sorgfältig vermieden. Der Gebetskampf mit den großen Seelenängsten des synoptischen Jesus in Gethsemane ist restlos verschwunden. Und bei seiner Verhaftung verhält er sich hier am majestätischsten. Es kommt sogar zu einem neuen Wunder. Er spricht nur ein Wort, und schon sinken die Häscher zu Boden.[153]

Überhaupt werden Jesu Wunder weiter gesteigert, das liegt im Zug der übrigen Erhöhung des Herrn. Zwar hat der vierte Evangelist die früher erzählten Dämonenheilungen ganz unterdrückt, doch nur, weil sie zu alltäglich waren. Auch ignoriert er mancherlei von den Synoptikern berichtete Wunder und wiederholt bloß drei von ihnen erzählte größere, die er allerdings noch etwas aufpoliert.[154] Dazu bietet er vier weitere, von seinen Vorgängern merkwürdigerweise (oder auch nicht) unerwähnte besondere Heldentaten: die Weinverwandlung auf der Hochzeit zu Kana,[155] am Teich Bethesda die Heilung des Mannes, der achtunddreißig Jahre krank war und zum Zeichen der Genesung sein Bett nahm und ging[156] – ebenso wie in einer schon dreihundert Jahre früher bezeugten heidnischen Wundergeschichte der von der Schlange gebissene Midas nach seiner Rettung sein Bett trägt und gehen kann,[157] die Heilung des blind *Geborenen;*[158] und endlich, der Höhepunkt, die Auferweckung des Lazarus, der bereits roch. »Herr, er ist schon in Verwesung«, sagt Martha, die Schwester des Verstorbenen, »es ist ja schon der vierte Tag seit seinem Tode.«[159] Doch auf Jesu lautes »Lazarus, komm heraus!« entsteigt der schon in Verwesung Begriffene dem Grab. Und wieder ist es seltsam (oder auch nicht), daß gerade dieses Mirakel, das größte zu Jesu Lebzeiten, alle früheren Evangelisten übergehen.

Nicht seltsam jedenfalls die weitere Aufbauschung der biblischen Wunder in den vielen außerbiblischen Evangelien, Apostelgeschichten, Briefen und Offenbarungsbüchern, die die Kirche zwar im 4. Jahrhundert, bei ihrer Zusammenstellung des Neuen Testaments,[160] ausgemerzt und als ungeschichtlich erklärt hat, die aber ursprünglich keineswegs als »apokryph« galten, ja von den berühmtesten Kirchenvätern als apostolisch und völlig wahr verteidigt worden sind.[161] Nicht seltsam ist auch, daß die später schreibenden Evangelisten Jesu Jünger ebenfalls umfassend idealisierten.[162] »Alle Mängel, die ihnen bei Markus noch anhaften«, konstatiert der Theologe Wagenmann, »sind beseitigt.«[163]

Die Überlieferung wächst eben, von Jahr zu Jahr, von Jahrzehnt zu Jahrzehnt, immer mehr ins Ideale, Wunderbare, Göttliche hinein. Das älteste, zwischen 70 und 80 entstandene Evangelium verbessern die zwischen 80 und 100 schreibenden Matthäus und Lukas.[164] Und ihre Schriften werden wieder durch den jüngeren vierten Evangelisten weit überholt. Jedes Werk versucht, um mit dem Theologen Cullmann zu sprechen, »es ›besser zu machen‹ als die Vorgänger«.[165] Oder wie der Theologe Marxen sagt: »Die alte Sache ... soll up to date gebracht werden.«[166]

Was glaubten Jesus und die Urapostel?

... noch nicht theologisch so entwickelt.
Der katholische Theologe Max Meinertz[167]

Wer immer wieder Abweichungen vom Evangelium beklagt, verkennt, daß Jesus und seine Jünger dogmatisch noch in den Kinderschuhen steckten, daß sie eben »noch nicht theologisch so entwickelt« waren und erst viel später die Päpste klar und deutlich zu sagen vermochten, was der »Erlöser« und seine Apostel eigentlich gemeint, was sie vielleicht nicht so gesagt oder ganz anders gesagt oder überhaupt nicht gesagt haben, weil sie es noch nicht besser oder gar nicht sagen konnten, vielleicht gar nicht sagen wollten, doch unbezweifelbar schon gesagt hätten, wären sie bereits so schlau gewesen wie die Päpste.

Ironie beiseite. Die Frage nach Jesu Selbstverständnis ist seit Beginn der kritischen Forschung, seit man also im Hinblick auf die Ursprünge des Christentums ernsthaft zu fragen (statt zu glauben) begann, nie verstummt und wird wohl nie verstummen. Denn es bleibt nun einmal äußerst schwierig, über die Anschauungen der christlichen Gemeinde des letzten Jahrhundertdrittels, wie sie die Evangelien enthalten, zur Lehre des Galiläers vorzustoßen. Und, um Montefiore zu wiederholen: Sind uns schon Jesu Worte nicht mit auch nur einiger Sicherheit bekannt, woher sollen wir wissen, was er gedacht und von sich selber gehalten hat? Wir können es bloß indirekt aus den neutestamentlichen Büchern erschließen.

Jedes Messiasbekenntnis Jesu in der Bibel hält jedenfalls die kritische Theologie für ungeschichtlich. Gibt es doch keinen einzigen Beweis dafür, daß der mutmaßliche historische Jesus einen der messianischen Titel – Messias, Gottessohn, Davidsohn, Menschensohn –, die ihm ein halbes Jahrhundert nach seinem Tod die Evangelisten zuschreiben, beansprucht hat.[168]

Nach der gesamten kritischen Theologie forderte Jesus auch keinen Glauben an sich selbst. »Jesus, betont der Theologe Wendland, »hat sich nie mit Gott identifiziert oder ›Ich‹ gesagt, wo er Gott meinte.«[169] Und Adolf Harnack erklärt kategorisch: »Der Satz: ›Ich bin der Sohn Gottes‹, ist von Jesus selbst nicht in sein Evangelium eingerückt worden, und wer ihn als einen Satz neben den anderen dort einstellt, fügt dem Evangelium etwas hinzu.«[170] Nach übereinstimmender Auffassung der kritischen Theologie stand im Mittelpunkt der Jesuanischen Predigt die Verheißung des nahen Gottesreiches, aber kein Glaubensgebot. Ein solches drang erst in einigen Partien jüngerer Herkunft in die Evangelien, jedoch als eine Schöpfung der Gemeinde und ihrer Propaganda. Erst das um 100 oder später verfaßte vierte Evangelium legt Jesus Glaubensforderungen in den Mund, während die beiden einzigen Ausnahmen bei den Synoptikern durch nachträgliche Bearbeitung entstanden, wie der Textvergleich klar ergibt.[171]

Wie Jesu Anschauungen aber mehr oder weniger erschlossen werden können, so die der Urapostel in Jerusalem. Denn wie von Jesus besitzen wir auch von ihnen keine Zeugnisse: einfache Leute, »illiterati«, gar nicht in der Lage, Bücher zu schreiben. Zudem erwarteten sie, von Tag zu Tag, die Wiederkehr ihres gekreuzigten Meisters und die Errichtung des Gottesreiches auf Erden, aber keine Kirchengeschichte. Schon wegen ihres endzeitlichen Glaubens, der unbestritten ist, waren sie an keinerlei Aufzeichnungen interessiert. Alle Evangelien und Briefe, die innerhalb und außerhalb des Neuen Testaments unter ihren Namen stehen, tragen diese zu Unrecht.

Für die Urapostel, strengste Eingottgläubige und, nach übereinstimmender Meinung der Forschung, noch kaum vom jüdischen Volk und seiner Religion geschieden, konnte der galiläische Rabbi, mit dem sie wanderten und flohen, dessen Geschwister sie in Nazareth wußten,[172] dessen Wunderkraft sie gerade dort versagen sahen, unmöglich der Schöpfer des Himmels und der Erde sein. Er war für sie, wie sich der Apostelgeschichte entnehmen läßt, »ein Mann, von Gott ausgewiesen«, ein »Prophet«, der »Knecht« Gottes, der »Heilige und Gerechte«, der dann »erhöht«, und erst durch seine Auferstehung von Gott »zum Herrn und Christus gemacht« wurde.[173] Christus aber ist nur die griechische Übersetzung von Messias, für das Judentum zwar ein alle Menschen überragendes, doch absolut ungöttliches, sterbliches Wesen.[174] Nach der kritischen Theologie kannten die ersten Jünger Jesu weder einen Glauben an ihn noch die Geschichte von seiner jungfräulichen Geburt, noch gar eine Präexistenz,[175] kurz sie waren, schreibt der katholische Theologe Meinertz, »noch nicht theologisch so entwickelt«.[176]

Selbstverständlich stammt auch das berühmte »Apostolische Glaubensbekenntnis« nicht von ihnen. Es geht weder in seinem Wortlaut noch Inhalt auf sie zurück. Vielmehr wurde der ursprüngliche Text, wie eindeutig erwiesen, erst im späteren 2. Jahrhundert, höchstwahrscheinlich in Rom und nicht in Kleinasien, produziert. Doch war das Bekenntnis noch im 3. Jahrhundert überall in Fluß und stand erst im Mittelalter fest. Im 15. Jahrhundert aber hat der Humanist und Kurialbeamte Laurentius Valla die »fromme« Fälschung aufgedeckt.

Die Reaktion des Paulus

Wenn man die hauptsächlichsten Lehrbegriffe der paulinischen Theologie an der Lehre Jesu selber mißt, so ergibt sich eine *vollendete Übereinstimmung zwischen Paulus und Christus.*

Der Theologe Ignaz Klug[177]

Alle schönen Seiten des Christentums knüpfen sich an Jesus, alle unschönen an Paulus. Gerade dem Paulus war Jesus unbegreiflich.

Der Theologe Franz Overbeck[178]

Fehlen uns auch direkte Zeugnisse der Jerusalemer Urapostel, liegen doch solche des Paulus vor. Und sind, wie schon erwähnt, einige Briefe gefälscht, gelten andere doch allgemein als echt. Sie und die Apostelgeschichte aber zeigen nicht nur den lebenslangen Kampf des Paulus contra Judenchristen, sondern auch seine (damit eng zusammenhängende) fundamentale Veränderung der Lehre Jesu.

Zwar wurde der Gegensatz zwischen paulinischem und petrinischem Christentum in der Tübinger Schule des 19. Jahrhunderts überbetont,[179] doch besteht auch in der neueren und neuesten kritischen Forschung darüber Einigkeit, daß es zwischen Urgemeinde und Paulus, ungeachtet seiner formellen Anerkennung, zu schweren Auseinandersetzungen gekommen ist. Die neutestamentlichen Bücher reden hier, trotz aller Übermalung, eine deutliche Sprache.

Die Judenchristen, die Paulus schließlich das Heidenapostolat absprechen, die behaupten, er sei ein gleißnerischer Mensch, rede den Leuten nach dem Mund, mache den Eingang ins Christentum zu leicht, predige nicht Jesus, sondern sich selbst, beschuldigen ihn auch des finanziellen Betruges, der Feigheit, schimpfen ihn anomal, verrückt und fallen zuletzt in seine eigenen Gemeinden ein, um sie ihm abzunehmen – der Kampf um Lehren und Grundsätze wird bereits, ganz typisch für die Dogmengeschichte, zu einem Kampf um die Macht.[180]

Auf der anderen Seite war Paulus nicht der Mann, die Attacken einfach hinzunehmen. Immer wieder erregt er sich über Zank, Zwietracht, Spaltungen. Er behauptet, daß die Gegner die Seinen verhetzen, verwirren, abfällig machen, einen anderen Jesus, anderen Geist, ein anderes Evangelium predigen. Er läßt durchblicken, daß sie seine Anhänger knechten, ausbeuten, ins Gesicht schlagen, schimpft sie selber »Hunde« und »Verstümmelte«, höhnt und flucht. »Solche Leute sind Lügenapostel, trügerische Arbeiter, die nur die Maske von Aposteln Christi tragen. Und das ist kein Wunder; denn der Satan selbst nimmt die Maske eines Engels des Lichtes an.«[181] Doch wer waren diese Satansdiener und Lügenapostel? Nicht nur der Theologe Lietzmann erkennt hinter ihnen »die Schatten der Großen von Jerusalem. Paulus stand in seiner neuen Christenwelt einsam und hatte die schlimmsten Gegner im Rücken.«[182] In Pauli letzten Lebensjahren aber verschärfte sich die Feindschaft mit den Jerusalemer Christen noch, jede Beziehung zu den Uraposteln wurde zerstört, Petrus sein Hauptgegner.[183]

Die katholische Kirche freilich hat an die Stelle dieses Streites, der nach dem Tod des Paulus unvermindert weitertobt[184] das ideale Apostelfürstenpaar Peter und Paul gesetzt, hat die judenchristliche Opposition der Urgemeinde als belanglose Extremistengruppe bagatellisiert und den gewaltigen Gegensatz durch Differenzen über untergeordnete Zeremonialgebote wie Beschneidung und Speisegesetze erklärt. Tatsächlich ging der Kampf um die neue Theologie des Paulus, die mit Jesus offenbar sowenig zu tun hatte wie mit dem Glauben der Apostel. »Es gibt keinen Moment«, kommentiert der Theologe und Nietzsche-Freund Overbeck den Anbruch des paulinischen, bald die Welt überschwemmenden Christentums, »welcher tiefer die historische Tradition vom Urchristentum gefälscht hat, als ihr völliger Übergang in die Hände der Heidenchristen.«[185]

Denn der nun beginnende Einstrom des hellenistischen Orientalismus, der griechischen Philosophie und der Mysterienreligionen, veränderte Jesu Botschaft fundamental. Fielen die Judenchristen in Jerusalem weitgehend ins Judentum zurück, so erlagen die Heidenchristen immer mehr dem Einfluß des Heidentums. Und wurden die judenchristlichen Nachkommen der Apostel, die Ebioniten und Nazoräer, bereits im 2. Jahrhundert von der eben entstehenden katholischen Kirche zu Irrlehrern und Ketzern erklärt, ja, ging das Judenchristentum im 4. Jahrhundert allmählich zugrunde, war die Wirkung des Heidenchristentums auf die griechisch-römische Welt ungeheuer und bestimmte die Zukunft.

Der entscheidende, gar nicht zu überschätzende Schrittmacher aber wurde Paulus. »Dies ist der *erste Christ*«, ruft Nietzsche, »der Erfinder der Christlichkeit! Bis dahin gab es nur einige jüdische Sektierer.«[186] Und nicht nur George Bernard Shaw verstand, »warum das Christentum Jesu sich politisch und sozial nicht durchsetzen und durch Polizei und Kirche leicht unterdrückt werden konnte, während der Paulinismus die ganze westliche zivilisierte Welt ... überflutete«.[187]

Paulus nämlich war es, der maßgeblich jene Entwicklung gefördert, die aus Jesus den Christus werden ließ, aus dem vielleicht historischen Menschen den von der Kirche gelehrten und kultisch verehrten Gott – ein metaphysisches Prinzip, ein überirdisches Geistwesen, das zur Erlösung der Menschheit auf die Erde gesandt und nach seiner Auferstehung von Gott wieder erhöht worden ist: »Solche Gesinnung wohne in euch allen, wie sie auch in Christus Jesus vorhanden war; denn obgleich er Gottes Gestalt besaß, sah er doch das Gleichsein mit Gott nicht als einen gewaltsam festzuhaltenden Raub an; nein, er entäußerte sich selbst, indem er Knechtsgestalt annahm, ganz in menschliches Wesen einging und in seiner leiblichen Beschaffenheit als ein Mensch erfunden wurde; er erniedrigte sich selbst und wurde gehorsam bis zum Tode, ja bis zum Tode am Kreuz. Daher hat Gott ihn auch über die Maßen erhöht und ihm den Namen verliehen, der jedem anderen Namen überlegen ist, damit im Namen Jesu sich jedes Knie aller derer beuge, die im Himmel und auf der Erde und unter der Erde sind, und jede Zunge bekenne, daß Jesus Christus der Herr ist, zur Ehre Gottes des Vaters.«[188]

Zunächst zwar, des Festhaltens wert genug, hatte auch Paulus, wie die gesamte Urchristenheit, mit der unmittelbar bevorstehenden Parusie, der baldigen Wiederkunft Christi, gerechnet. Wie das Neue Testament an zahlreichen Stellen bekennt: »Die Zeit ist nahe... Siehe, ich komme bald und mein Lohn mit mir... Ja, ich komme bald«,[189] »Denn es währt nur noch eine kleine, ganz kurze Zeit, dann wird *der* kommen, der kommen soll, und nicht auf sich warten lassen«,[190] »Das Ende aller Dinge steht nahe bevor«,[191] »Der Richter steht vor der Tür«,[192] »Ihr Kindlein, die letzte Stunde ist da«,[193] und wie alle derartigen Sprüche lauten, so wurde auch Paulus »gestachelt von der Unruhe, daß die Verkündigung höchste Eile habe und die Zeit äußerst knapp sei; denn nur auf eine Weile sei der auferstandene Jesus der Erde entrückt; seine Wiederkehr erfolge in kürzester Frist, in wenigen Jahren, wenn nicht Wochen oder Tagen«.[194]

Mit den eschatologischen Überzeugungen des Judentums von Kindheit an vertraut, glaubte Paulus zunächst mit allen Christen seiner Zeit, das Ende der Welt stehe unmittelbar bevor, und er hat dies öffentlich und mit äußerster Entschiedenheit verkündet. »Wir, die wir leben, die wir bis zur Ankunft des Herrn übrigbleiben«, lehrt er im ersten Brief an die Thessaloniker.[195] »Die Frist ist nur noch kurz bemessen«, mahnt er die Korinther, »die Welt in ihrer jetzigen Gestalt geht dem Untergang entgegen«[196] – eine Prophezeiung, den Kirchenvätern Tertullian, Rufinus, dem Bischof Hilarius Pictaviensis u. a. später so peinlich, daß sie aus dem die Frist viel zu begrenzenden Präsens das Futurum machten: Sie *wird* dem Untergang entgegengehen (transibit):[197] »Siehe«, verspricht Paulus feierlich, »ich sage euch ein Geheimnis: Wir werden nicht alle entschlafen, wir werden aber alle verwandelt werden«, und schließt mit dem Gebetsruf der ältesten Christen: »Marana tha«, »Komm, unser Herr«.[198]

Doch allmählich gab Paulus seinen mit so großer Sicherheit bekannten Glauben auf. Die Wochen und Jahre vergingen, vieles kam, nur der Herr nicht. Zahlreiche Christen, denen Paulus versprochen, daß sie bis zur Ankunft Christi überleben sollten,[199] starben. Was tun? Zunächst erklärte Paulus die Todesfälle, die nicht vorgesehen waren, als Strafe Gottes für den sündigen Genuß des Abendmahles – und was galt dann nicht alles in der gleichfalls nicht vorgesehenen Heilsgeschichte noch als Strafe Gottes! – und versprach überdies, auch die Verstorbenen würden bei der Wiederkehr des Herrn gleich auferstehen, während alle andern Toten bis zur letzten Auferstehung warten müßten.[200]

Doch mit der Zeit scheint auch das nicht mehr befriedigt zu haben, weder ihn selbst noch gar die Schäfchen. So vergeistigte er schließlich den naiven Realismus seiner eschatologischen Erwartung und lehrte, gegen den Augenschein, daß der so heiß ersehnte Äonenwechsel, die große Welterneuerung, wenn auch äußerlich noch unsichtbar, wenigstens für die Gläubigen bereits durch Jesu Tod und Auferstehung eingetreten sei.[201] »Seht, jetzt ist die hochwillkommene Zeit«, heißt es auf einmal überraschend, »seht, jetzt ist der Tag des Heils.«[202] »Wenn jemand in Christus ist«, predigte Paulus nun, »so ist er ein neues Geschöpf; das Alte ist vergangen, siehe, es ist neu geworden.«[203] Glaubten die Urapostel in Jerusalem mit ihren Gemeinden weiter an die baldige Wiederkunft Jesu und die Verwirklichung des Gottesreiches auf Erden,[204] lehrte in striktem Gegensatz dazu Paulus, dies Reich sei mit Jesu Tod und Auferstehung bereits angebrochen.[205] Christus kommt nun nicht mehr auf die Erde, sondern der für ihn leidende und sterbende, der an ihn glaubende Christ kommt nach seinem Tod zu ihm.

Welch kolossaler Unterschied gegenüber der ursprünglichen Verkündigung und dem ursprünglichen Glauben! Doch das Ausbleiben des Herrn, die sich verschärfende Krisis, die sich mehrenden Zweifel, die steigende Unzufriedenheit, nötigten Paulus zur Umgestaltung seiner Theologie. Hinzu kam die starke Einwirkung des Heidentums. Den Griechen war die jüdische Eschatologie im

Grunde fremd, suchten sie doch »Erkenntnis«, »Leben«, »Unsterblichkeit« in der Religion, und diese ihre Heilsgüter wurden eben durch Paulus die christlichen.

Er propagierte nun den schon vor ihm in den heidenchristlichen Gemeinden auf Jesus übertragenen, seit vielen Jahrhunderten bekannten Mythos vom sterbenden und wiederauferstehenden Gottessohn. Jesu Leben und Lehre, wie schon bemerkt, interessierten ihn kaum, so gut wie nicht. Nur eines war Paulus an Jesus wichtig: sein Tod. Nennt er doch sein Evangelium geradezu »das Wort vom Kreuz« und schreibt überdies: »Ich hatte mir vorgenommen, kein anderes Wissen bei euch zu zeigen als das von Jesus Christus, und zwar dem Gekreuzigten.«[206] »Ich vergesse alles, was hinter mir liegt«, lautet ein anderes, die Entwicklung charakterisierendes Bekenntnis Pauli, »und recke mich nach dem, was vor mir ist, und jage nach dem vorgesteckten Ziel, nach dem Kleinod.«[207]

Unter Verwendung des Mythos vom niedersteigenden Himmelsmenschen, der schon vorchristlichen gnostischen Lehre von der Herabkunft des Erlösers, des erstgeborenen Gottessohnes und seiner Himmelfahrt, machte Paulus die Lehre Jesu zu einer Mysterienreligion und ihn selbst zu einer Mysteriengottheit, projizierte er ihn immer mehr in den Bereich von Mystik und Metaphysik, bis schon relativ kurz nach seinem Tod aus einem menschlichen Individuum eine gleichsam kosmische Figur geworden war, ein überirdisches Geistwesen, der mythische Christus. »Wir stehen hier vor drei höchst merkwürdigen Tatbeständen. Erstens: Fünfundzwanzig Jahre nach dem Tode des Stifters (wenn wir die übliche Zeitrechnung annehmen) kommt in der Lehre seines größten Apostels nichts von des Stifters Erdenleben, Wirksamkeit und Lehre vor! Zweitens: Paulus ist sich dessen voll bewußt, aber er lehnt Berufungen auf Augenzeugenschaft und auf persönliche Bekanntschaft mit Jesus als unerheblich für den Glauben ausdrücklich ab. Drittens: Die einzig sichere und maßgebende Quelle seiner Predigt ist ihm die eigene innere Erleuchtung, die er auch den Geist nennt.

Aus dieser vermeintlich göttlichen Erleuchtung stammt also das Evangelium, das Paulus verkündigt und mit dem er christliche Gemeinden gegründet hat. Eine Überlieferung des Lebens Jesu ist in seiner Verkündigung nicht vorgekommen, konnte in einem solchen Evangelium nicht vorkommen. Für Paulus ist Jesus Christus nicht Subjekt, sondern Objekt der Lehre, nicht *Christi* Lehre wird von ihm verkündet, sondern *seine* Lehre *über* ihn, Christus ist nicht Urheber, sondern Gegenstand des neuen Glaubens.«[208]

Nicht bloß bezeichnend, daß Paulus mit lauter griechischen und hellenistischen Wendungen die Seligkeit beschreibt,[209] daß seine Schriften vom religiösen Formelschatz des Heidentums nur so strotzen, sondern sie dekken sich auch gedanklich oft frappierend mit Vorstellungen der Mysterienreligionen und der griechischen Philosophie.[210] Überdies hatte der Mithraskult, der enorm viele und verblüffende Parallelen zum Christentum aufweist – sieben Sakramente beispielsweise, darunter Taufe, Firmung, Kommunion, Hostien mit einem Kreuzzeichen, eine tägliche Messe, wobei der Priester über Brot und Wasser die heiligen Formeln sprach und dergleichen mehr[211] –, in Tarsos, der Heimatstadt des Paulus, einen Sitz, und zwar schon in vorchristlicher Zeit.[212] Aus Tarsos ist ferner der Kult einer sterbenden und auferstehenden Vegetationsgottheit, des Stadtgottes Sandan, bezeugt, dessen Tod und Auferstehung alljährlich gefeiert worden sind.[213] Und selbstverständlich kannte man in Tarsos die sterbenden und wiederauferstehenden Götter Adonis, Attis, Osiris.

Aber auch der mit Sterben und Auferstehung verbundene, im Christentum bald so zentrale Erlösungsgedanke, war vor Paulus längst geläufig. Nahmen doch schon die heidnischen Gläubigen durch kultische Vereinigung teil am neuen Leben des auferstandenen Gottes, dessen Passion sie erlöst hatte. »Getrost, ihr Mysten! Wie der Gott gerettet, so wächst für uns Errettung aus dem Leiden«, lautet ein bekannter Mysterienspruch.[214]

Von Jesus allerdings stammt der christliche Erlösungsglaube nicht. Darin besteht für die kritische Theologie weitestgehende Übereinkunft. »Wie tief sich auch diese Lehre unter den Christen eingebürgert hat«, schreibt der Theologe Grimm, »so hat doch der wirkliche Jesus nichts davon gewußt«.[215]

In *Abermals krähte der Hahn* führte ich dazu aus:

Nach allem, was von Jesus überliefert wird, lag seinem Denken die paulinische Erlösungslehre völlig fern. Verkündet er doch einen »Vater«, der nicht erst durch sühnende Mittlerschaft dem bereuenden Sünder vergibt, sondern jedem, der selbst zur Vergebung und Umkehr bereit ist; der den Sünder, wie im Gleichnis vom verlorenen Sohn, sogar sucht. Jesus macht Sündenvergebung nicht abhängig von seinem Tod, sondern, wie er im Vaterunser und an anderen Stellen lehrt, einzig vom vergebenden Verhalten des Menschen gegenüber seinem Mitmenschen. Wäre sein Tod von ihm als notwendig für Erlösung und Sündenvergebung erachtet worden, hätte er sagen können, der Kelch möge an ihm vorübergehen; und »Deine Sünden sind dir vergeben«? Die Erlösungstheorie entstand erst, als das überraschende Ärgernis des Kreuzestodes – »in Wahrheit ein Unglücksfall und nichts weiter« – die Christen zu einer Umdeutung zwang. Damit aber wurde die ursprüngliche Lehre nicht nur gewandelt, sondern entwertet.

Wie vieles, was später die Kirche betonte, spielt auch die Erlösungslehre bei den Synoptikern kaum eine Rolle. Nur an zwei Stellen wird sie überhaupt angedeutet, die aber nach Auffassung der meisten neueren Exegeten nicht echt sind. Die Wendung von der Hingabe des Lebens als Lösegeld für »viele«, die Matthäus und Markus Jesus in den Mund legen, während sie bei Lukas fehlt, geht entweder auf paulinische Gedanken zurück, oder sie ist eine Prägung der hellenistischen, vielleicht sogar schon der palästinensischen Jesusgemeinde, die Übernahme eines Verses aus dem 53. Kapitel des Jesaja. Die zweite und letzte Stelle, die Jesu Tod ausdrücklich mit der Vergebung der Sünden in Beziehung setzt, steht nur bei Matthäus und fehlt bei Markus, Lukas und im 1. Korintherbrief.

Es ist bezeichnend, daß für die Ebioniten, die unmittelbaren Nachkommen der Urgemeinde, Jesu Kreuzestod keinen Ver-

söhnungscharakter, keine Heilsbedeutung besaß. Sie hatten deshalb auch keinen Kelch bei der Eucharistie, sondern feierten sie, wohl die älteste Form derselben, bemerkenswert blutarm mit Brot und Salz. Bekanntlich leugneten die Nachfahren der Apostel auch Jesu Göttlichkeit und seine Jungfrauengeburt.

Woher also bezog Paulus die Erlösungstheorie?

Schon den Primitiven war die Abwaschung der Sünde durch einen Blutbrauch bekannt. Uralt ist aber auch der Glaube an die Erlösung der Menschheit durch den »Sohn«. So wurde in der altbabylonischen Religion Marduk von seinem Vater Ea zu den Menschen gesandt, um sie zu retten. Auch Herakles und Dionysos waren solche auf die Erde herabgekommene Erlösergötter. Im Mithraskult wusch das auf den Gläubigen träufelnde Blut eines getöteten Stieres die Sünde ab. Im Sanskrit bedeutet das Wort für »religiös verehren« (aradh) eigentlich »versöhnen«, »Zorn stillen«.

Allbekannt war in der Antike auch die Vorstellung vom König, der für sein Volk leidet und stirbt. Schon eine christliche Schrift des 1. Jahrhunderts verweist auf die vielen heidnischen Herrscher, die in Katastrophenzeiten nach empfangenem Orakelspruch ihr Leben hingaben, »um durch ihr Blut ihre Bürger zu retten«. Auch der Hohepriester Kaiphas spielt darauf an, wenn er den Juden rät, es sei besser für sie, »daß ein einzelner Mensch für das Volk stirbt, und nicht das ganze Volk zugrunde geht«. Um 200 schreibt Kirchenvater Tertullian: »Der Diana der Skythen, dem Merkur der Gallier und dem Saturn der Afrikaner war es in der Heidenwelt vergönnt, sich durch Menschenopfer versöhnen zu lassen; dem latinischen Jupiter zu Ehren wird noch heute mitten in Rom Menschenblut vergossen.« Um die Mitte des 3. Jahrhunderts bezieht sich auch Origenes klar auf jenen typisch antiken Gedanken vom König und Gerechten, der für die Vergehen seines Volkes leidet und stirbt, wenn er von den »vielen Erzählungen der Griechen und Barbaren« spricht, »die davon handeln, daß einige für das allgemeine Wohl gestorben sind, um ihre Städte und Völker von den Übeln zu befreien, die sie bedrückten«. Manchmal tötete man bei solchen Versöhnungsakten auch Verbrecher, wie noch spät im griechischen Rhodos und in Massilia.

Die Juden der ältesten Zeit hatten mit Kanaanitern, Moabitern und Karthagern den Brauch gemeinsam, Kinder zur Versöhnung der Gottheit zu töten. Nachher traten an Stelle der Kinder Verbrecher. Ein Ersatz für die Tötung des Erstgeborenen war auch das Passahlamm, das in der Form des Kreuzes gebraten wurde, das als religiöses Symbol ja schon in vorchristlicher Zeit erscheint.

Derartige Bräuche waren Paulus bekannt, der selbst einmal darauf anspielt und die ihnen zugrundeliegenden Vorstellungen um so leichter aufgreifen konnte, als man auch Jesus als Verbrecher hingerichtet hatte. Und wie das Blut all der vor ihm geopferten Menschen sühnende Kraft besaß, so auch das seine. Immer wieder predigt Paulus von Versöhnung (katallagé) und Erlösung (apolýtrosis), von dem Sühnemittel »in seinem Blute«, der Erlösung »durch sein Blut«, der Friedensstiftung »durch sein am Kreuz vergossenes Blut«. Der Gedanke, Gott könnte vielleicht auch ohne »offizielle« Satisfaktion eine Schuld vergeben, kommt ihm offenbar gar nicht.

Selbstverständlich waren Paulus auch die Sühnegedanken des Alten Testaments, insbesondere die Leiden des Gerechten als einer stellvertretenden Sühne für die Sünden vertraut. Ob und inwieweit er von diesbezüglichen theologischen Traditionen der Urgemeinde bestimmt ist, läßt sich nicht sagen. Die Dinge sind jedenfalls so geläufig gewesen, daß die Evangelien für Jesu Sühnetod überhaupt keine weitere Erklärung geben ...

Warum dies so spät geschah, warum die Menschen der vorausgehenden Jahrhunderttausende nicht gerettet wurden, bleibt natürlich unerfindlich. Dagegen ist klar, daß Jesus Erlöser werden mußte, kam man damit doch einem religiösen Bedürfnis der Massen entgegen, die allenthalben nach Heilanden, Rettern, Erlösern Ausschau hielten. Und wollte das Christentum entscheidenden Einfluß gewinnen, mußte auch bei ihm die Nachfrage das Angebot bestimmen. »Darum handelt es sich, was der Heide jener Tage brauchte und suchte.«[216]

Mit all dem aber hatte Paulus, seit frühester Kindheit von hellenistischem Geistesgut beeinflußt, die umwälzende Wandlung angebahnt: den Übergang vom apostolischeschatologischen Christentum zum kirchlich-sakramentalen, die Kompensation der Enttäuschung über das Ausbleiben des in Bälde zurückerwarteten Herrn durch den Jenseitsglauben. Anstelle des von den Judenchristen erhofften irdischen Messiasreiches setzte er den griechischen Unsterblichkeitsmythus, anstelle des alttestamentlichen Eingottglaubens bahnte er eine Zweigottlehre an, indem er aus dem jüdischen Propheten den christlichen Sohn Gottes machte. Ohne diese grundlegende Umgestaltung gäbe es keine christliche Kirche, wäre die jüdische Jesussekte erledigt gewesen, als das auf Erden erwartete Reich nicht kam.

So sehr aber auch Paulus Jesu Vergottung gefördert, identisch mit Gott ist Jesus für ihn keinesfalls. Die Gleichsetzung von »Sohn« und »Vater« fehlt bei ihm. Eindeutig vertritt er die von der Kirche im 4. Jahrhundert auf dem Konzil von Nicäa verworfene subordinatianische Christologie, die Jesus Gott unterordnet! Wie anders hätte der Apostel sonst schreiben können, Gott habe Jesus »über die Maßen erhöht«.[217] Oder: »Sobald ihm aber alles unterworfen ist, dann wird auch der Sohn selbst sich dem unterwerfen, der ihm alles unterworfen hat, damit Gott alles sei in allem.«[218] Ganz unbefangen spricht Paulus noch von dem »Gott und Vater unseres Herrn Jesus Christus« und nennt Gott das Haupt Christi in demselben Sinne wie Christus das Haupt des Mannes.[219] Ist es nicht bezeichnend, daß Paulus das Gottesprädikat fast durchgehend dem Vater allein vorbehält und bei Jesus sichtlich vermeidet? Noch die paulinische Christologie läuft darauf hinaus, schreibt der Theologe Bousset, »Christus als göttliches Wesen doch um eine Stufe unter Gott, wenn wir es einmal vergröbern wollen, als Halbgott, erscheinen zu lassen«.[220]

Noch im ganzen 2. Jahrhundert galt Jesus als untergeordneter Gott

Aber nicht nur Paulus bleibt gewaltig hinter dem späteren Christus-Dogma zurück, sondern auch der christliche Glaube im ganzen 2. Jahrhundert. Hielt man doch damals Jesus nicht für »wesensgleich«, sondern erkannte ihm, wie Justin der Märtyrer bezeugt, nur »die zweite Stelle nach dem unwandelbaren und ewigen Gott, dem Weltschöpfer« zu.[221] Und dies eben nicht nur außerhalb der großkirchlichen Kreise, sondern, wie schon das Zitat zeigt, genauso innerhalb derselben. Noch im 2. Jahrhundert war die subordinatianische Christologie, die den »Sohn« also dem »Vater« unterordnet, subordiniert, selbstverständlich und allgemeine Kirchenlehre. Und wie der johanneische Christus, zur Verzweiflung vieler Kirchenväter, bekennen kann »Der Vater ist größer als ich«,[222] so bekennt noch der hl. Irenäus, »der Vater der katholischen Dogmatik«, der Vater stehe über allem und sei größer auch als der Sohn.[223] Ebenso hielt Origenes, der führende Kirchentheologe in den ersten drei Jahrhunderten, Jesus für einen zweiten, geringeren Gott, der »nicht mächtiger sei als der Vater, sondern geringer an Macht. Wir lehren dies, indem wir seinen eigenen Worten glauben, wo er sagt: ›Der Vater, der mich gesandt hat, ist größer als ich‹ «,[224] weshalb Origenes sogar das Gebet an Christus verwarf.[225]

Die Apologeten werden mit dem Wort »Pater maior me est« inzwischen mühelos fertig. Da Jesus angeblich »wahrer Gott« und »wahrer Mensch« zugleich ist, betrifft der Ausspruch »nach dem Zusammenhange nur Christus *nach seiner Menschheit,* deren Abhängigkeit von Gott er demütig anerkennt«.[226] Und ist's auch Wahnsinn, hat es doch Methode. Denn kraft solcher Unterscheidung bekommt man auch andere, ähnlich fatale Bibelworte glatt in den Griff. Zum Beispiel Johannes 14,31, wo Jesus sagt, »aber die Welt soll erkennen, daß ich den Vater liebe und tue, wie mir der Vater geboten hat.« Oder im 1. Korinther 15,28: »Wenn aber alles ihm untertan sein wird, alsdann wird auch der Sohn selbst untertan sein dem, der ihm alles untergetan hat, auf daß Gott sei alles in allem.« Denn all dies »betrifft Christus nur nach seiner Menschheit«.[227]

Die älteste Lehre über Christus nennt man die adoptianische, weil hier, im Gegensatz zur natürlichen, von Geburt an vorhandenen Sohnschaft, ein Akt der Adoption angenommen wird. Es liegt dabei der – schon bei Jesu Taufe erwähnte (S. 61 f) – Gedanke zugrunde, »daß Jesus nicht von Anfang an Messias oder, wie dafür auch gesagt werden kann, Sohn Gottes war, sondern daß er es erst geworden ist in einem bestimmten, scharf abgegrenzten Willensakt Gottes. Das drückt sich besonders darin aus, daß das Psalmwort (Psalm 2,7): ›Du bist mein Sohn, heute habe ich dich gezeugt‹, auf den Augenblick der Erhöhung bezogen wird (Apostelgeschichte 13,33). Nach uralter semitischer Auffassung ist der König ein Sohn Gottes, sei es durch Abstammung oder wie hier durch Adoption am Tag der Thronbesteigung. Es ist also ganz aus orientalischem Geist gesagt, daß Jesus, als der zur Rechten Gottes Erhöhte, Sohn Gottes geworden ist ... Es kommt zum Verständnis des Problems der späteren dogmatischen Entwicklung vor allem darauf an, das Charakteristische der urchristlichen Christologie zu verstehen, ihren adoptianischen Charakter. Daß ein Mensch zu Gott erhöht wird, das ist ein Ausdruck der unbewußten vaterfeindlichen Regung dieser Masse, das bot die Möglichkeit einer Identifizierung, und dem entsprach die Erwartung, daß bald das neue Zeitalter beginnen und die jetzt Leidenden und Unterdrückten zu Glücklichen und Herrschenden machen werde. Indem man sich mit Jesus, weil er der leidende Mensch war, identifizieren konnte und identifizierte, war die Möglichkeit einer Gemeindebildung ohne Autoritäten, Statuten und Bürokratie gegeben, geeint durch die Gemeinsamkeit der Identifizierung mit dem leidenden und zu Gott erhobenen Jesus. Der urchristliche adoptianische Glaube war geboren aus der Masse, war Ausdruck ihrer revolutionären Tendenzen, bot eine Befriedigung für ihre stärkste Sehnsucht, und hieraus erklärt sich, warum er mit so außerordentlicher Schnelligkeit zur Religion auch der heidnischen unterdrückten Massen (wenn auch bald nicht ihrer allein) wurde.«[228]

Im späten 2. Jahrhundert spielte dann der Monarchianismus eine bedeutende Rolle. Um die Einheit Gottes zu sichern, sah er entweder in Christus Gott selbst oder aber, damit an den urchristlichen Glauben anknüpfend, einen Menschen. Bevor diese Anschauung verketzert wurde, haben sie in Gestalt des Modalismus, der in den göttlichen Personen nur Erscheinungsformen *eines* Gottes, in Gott somit eine ungeteilte Person annahm (nicht, wie das spätere Dogma, mehrere individuelle Personen), wenigstens drei Päpste als rechtgläubig verkündet: Viktor I., Zephyrin und Kallist.[229]

Kompliziert wurde das Verhältnis der Person des Vaters und des Sohnes noch durch Dazukunft einer dritten, des Heiligen Geistes; woraus ein pluralistischer Monotheismus entstand, eine verfeinerte Vielgötterei.

Das Nahen des Heiligen Geistes

Obwohl Gott laut Johannesevangelium bereits Geist ist, unterschied die Kirche noch einmal den Heiligen Geist von ihm, wie schon im Iran ein »Heiliger Geist« (spenta manju) verkündet worden war. Allerdings wurde die dritte göttliche Person im Christentum am spätesten entdeckt.

Wie nichts im Christentum originell ist, so selbstverständlich auch nicht die Lehre von der Trinität. Vielmehr gab es Trinitäten im Hinduismus und im Buddhismus ebenso wie in allen großen hellenistischen Religionen. Es gab eine Apis- und Sarapis-Trinitätslehre; gab eine Trinität in der Dionysosreligion: Zagreus, Phanes und Dionysos; gab eine Kapitolinische Trinität: Jupiter, Juno, Minerva. Auch in nachchristlicher Zeit setzen sich entsprechende Assimilierungen fort, erschallen Rufe wie: »Einer ist Bait, einer Athor, beider ist eine Kraft, einer ist Akori – o du teurer Vater des Alls, teurer dreigestaltiger Gott.« Oder: »Einer ist Zeus, Sarapis und Helios Hermanubis.« Oder: »Einer ist Gott: Zeus-Mithras-Helios, der unbesiegbare Weltherrscher.«[230] Und im Mittelalter kehrt auch die dreiköpfige Gottheit, schon im Hinduismus und im Buddhismus Symbol der Trinität ebenso wie im vorchristlichen Heidentum, in Bild und Plastik als Symbol der christlichen Trinität wieder. Darstellungen, die man begreiflicherweise bekämpft hat.[231]

Dem Urchristentum allerdings waren trinitarische Vorstellungen völlig fremd. Jesus hatte offenbar keine Ahnung davon. Erst dem »Auferstandenen« legte Matthäus den angeblichen Taufbefehl in den Mund: »So gehet hin und lehret alle Völker und tauft sie im Namen des Vaters und des Sohnes und des Heiligen Geistes ...«, nach Auskunft der gesamten kritischen Theologie eine Fälschung.[232] Auch bei Paulus gibt es weder eine Trinitätslehre noch trinitarische Anspielungen. Fand man doch das Trinitätsdogma so spärlich in der Bibel bezeugt, daß es deshalb, wahrscheinlich im 4. Jahrhundert, zu einer der bekanntesten neutestamentlichen Fälschungen kam, dem sogenannten »Comma Johanneum«. Dabei änderte man, in mehreren Codices, die Stelle im ersten Johannesbrief: »Drei sind es, die da zeugen: Der Geist, das Wasser und das Blut, und die drei sind eins« um in: »Drei sind, die da zeugen im Himmel, der Vater und das Wort und der Heilige Geist, und die drei sind eins.«[233]

Erst im 2. Jahrhundert entstand allmählich die Lehre vom Glauben an den Heiligen Geist. Doch ein Theologe wie Tertullian ordnete den »Geist« dem »Sohn« genauso unter, wie er diesen dem »Vater« unterordnete. Ebenso verfuhr Origenes, der auch die Anbetung der dritten göttlichen Person verbot, wie vor ihm bereits Kirchenvater Clemens von Alexandrien.[234] Noch im Hinblick auf das beginnende 3. Jahrhundert schreibt der Theologe Harnack, »an die Persönlichkeit des Heiligen Geistes dachte kaum einer«.[235]

Selbst der katholische Dogmatiker Michael Schmaus, übrigens ein enthusiastischer Verherrlicher des Nationalsozialismus,[236] muß zugeben, die vornizänischen »Väter« in ihren »theologisch-philosophischen Denkanstrengungen« sähen sich »außerstande, die Dreiheit und die Einheit, die Verschiedenheit und die Gleichheit zu versöhnen, und verfallen in unklare und auch unrichtige Vorstellungen und Redewendungen. Zudem legt die Schrift selbst durch manche den menschgewordenen Logos betreffende Äußerungen und durch ihre Lehre von den Hervorgängen eine *gewisse* Unterordnung der zweiten und dritten Person nahe.« Nach Schmaus bedeutet es natürlich »keine ernsthafte Trübung des altchristlichen Glaubensbewußtseins, wenn einzelne Väter nicht nur unrichtige Formulierungen, sondern unrichtige Lehren vortragen«.[237]

Mit der Zeit aber gewann auch der Heilige Geist Bedeutung, zwar nicht soviel wie der Sohn, doch kümmerte man sich immer mehr darum, wie denn nun der eine Gott zum anderen, der eine Geist – denn auch Gott ist ja Geist – zum anderen sich verhalte, der Vater zum Sohn, der Sohn zum Geist, der Geist zum Vater – ein weites Feld.

Im selben Jahrhundert freilich, in dem man das Dogma von der Dreieinigkeit definierte und die Trinitätslehre zum Staatsgesetz erhob, wurde die Wesensgleichheit – die Homousie von Vater, Sohn und Geist – noch einmal auf breiter christlicher Front bestritten unter Führung des Arius.

Arius und das Ende des arianischen Streites

...daß die Arianer mit ihrer Häresie nur scheinbar gegen uns ankämpfen, in der Tat aber gegen die Gottheit selbst den Kampf führen.

Kirchenlehrer Athanasius[238]

Wie von allen ihren maßgeblichen Gegnern, hat die katholische Kirche zwar auch von Arius ein scheußliches Zerrbild geschaffen, ihn als Lügner und Betrüger gebrandmarkt, als hochmütig und geizig. Doch soll Arius, Pfarrer an der Baukaliskirche, der angesehensten Kirche Alexandriens, hochgebildet und liebenswürdig gewesen sein, durchaus kein dogmatischer Fanatiker und Extremist, sondern von angenehmen Umgangsformen und großer Frömmigkeit. Auch leugnete Arius nicht die Trinität, sondern vertrat nur, indem er dem Vater den Sohn und dem Sohn den Geist unterordnete, einen entschiedenen Subordinatianismus. Damit aber stand er den Evangelien und der ganzen urchristlichen Tradition nahe; viel näher jedenfalls als die Kirche, die den Glauben an Christi Gottheit zum Dogma erhob. Arius dagegen legte, auch wenn er aus Jesus ein Zwitterwesen, einen Halbgott machte, das Schwergewicht nicht auf den Glauben, sondern auf das Ethos! »Arius«, schreibt der Theologe Walter Nigg, »wollte vor allem die Nachfolge Christi betonen, welche Forderung gerne durch einseitige Betonung von Christi Erlöserfunktion in den Hintergrund geschoben wird. Dies ist das große Recht Arius', das gewöhnlich übersehen wird, und das besser als alles andere zeigt, wie es diesem Menschen um Jesus zu tun war!«[239]

Sein Bischof Alexander freilich, zu dessen Gunsten er selber auf den Bischofsstuhl verzichtet hatte, exkommunizierte Arius, obwohl Alexander früher selbst ein Verfechter subordinatianischer Gedanken gewesen war.[240] Dann verwies man den »ketzerischen« Pfarrer samt seinen Anhängern, darunter die Bischöfe Secundus und Theonas, des Landes. Doch zahlreiche Kirchenführer setzten sich für Arius ein, eine Synode in oder bei Nikomedien ergriff gleichfalls Partei für ihn, eine weitere palästinensische Synode gab ihm und seinen Freunden wieder ihre Ämter zurück. Der Streit aber, dessen Kern die abendländische Kirche, deren geistige Kräfte zumal in Rom blamabel gering waren, lange kaum recht begriff, ging weiter, erlangte im Orient ungeheure Popularität und spaltete die gesamte Ostkirche in zwei Parteien. Dabei verliehen ihm allerdings weniger die dogmatischen Querelen Heftigkeit und Dauer als die hierarchischen Machtansprüche, die Kämpfe um die schon sehr begehrten Bischofsstühle. Es war eine besonders von Arius' Hauptgegner Athanasius häufig angewandte Taktik, kirchenpolitische Gegensätze auf dem Gebiet des Glaubens auszutragen, wo sich Anklagen jederzeit finden und begründen ließen.[241]

Auf dem berühmten Konzil von Nicäa (325), dessen Niveau derartig gewesen, daß ein boshafter Zeitgenosse von einer »Synode aus lauter Dummköpfen« sprach,[242] unterlagen die Arianer. Man entriß ihnen ihr Glaubensbekenntnis und zerfetzte es.[243] Und Kaiser Konstantin, damals noch nicht einmal getauft, oktroyierte den Prälaten im Nicäischen Glaubensbekenntnis eine Formel, die keine der streitenden Gruppen vertreten hatte: die Wesensgleichheit des Sohnes mit dem Vater, die Identität der einen göttlichen Substanz in beiden Personen, den Begriff »homousios« (lat. consubstantialis). Er entstammte nicht etwa, wie man bis zum Beginn unseres Jahrhunderts weithin geglaubt, der Theologie der Kirche – sie hatte ihn noch in der zweiten Hälfte des 3. Jahrhunderts ausdrücklich verworfen! –, er stammte, wie zahlreiche andere Termini technici der katholischen Dogmatik, aus der Theologie der »Ketzer«, der Lehre der Gnostiker.[244]

Trotz der Verbannung des Arius und seiner bedeutendsten Parteigänger tobte der Kampf unvermindert fort. Es kam zu neuen Synoden, neuen Rehabilitierungen, neuen Verbannungen. Schließlich starb Arius im Jahr 336 eines mysteriösen Todes in Konstantinopel auf der Straße – nach den Katholiken ein Gottesurteil, nach den

Arianern Mord. Und 45 Jahre später, 381, wurde im sogenannten nicänokonstantinopolitanischen Glaubensbekenntnis zum erstenmal das Dogma von der Dreieinigkeit aufgestellt und die Trinitätslehre Staatsgesetz; im Widerspruch zum Neuen Testament, zum Glauben der gesamten Urchristenheit und zur Vernunft.

Das frühe Christentum war autoritäts- und staatsfeindlich. Es befriedigte in der Phantasie die revolutionären, vaterfeindlichen Wünsche der untersten unterdrückten Schichten, schreibt Erich Fromm in seinem großen Essay »Das Christusdogma«, dessen Hauptmotiv er herausstellt. *Das neue Christentum stand unter der Führung der herrschenden Klasse. Das neue Jesusdogma war von ihr und ihren intellektuellen Vertretern, nicht von der Masse geschaffen und formuliert. Das Entscheidende war die Wandlung von der Vorstellung des zu Gott erhobenen Menschen zu der Vorstellung von dem zum Menschen gewordenen Gott.*

Indem die neue Vorstellung von dem Sohne, der zwar ein zweites Wesen neben Gott, aber doch eins mit ihm ist, die Spannung zwischen Gott und seinem Sohn in eine Harmonie verwandelt, indem sie die Vorstellung vermied, daß ein Mensch Gott werden könne, eliminierte sie den vaterfeindlichen, revolutionären Charakter der alten Formel. Das in der alten Formel enthaltene Ödipusverbrechen, die Beseitigung des Vaters dadurch, daß sich der Sohn an seine Stelle setzt, wird im neuen Christentum ausgemerzt. Der Vater bleibt in seiner Stellung unangetastet, und kein Mensch, sondern sein eingeborener und vor aller Schöpfung existierender Sohn rückt neben ihn. Jesus wird selber Gott, ohne Gott zu stürzen, weil er immer schon ein Bestandteil Gottes war. Bis hierher verstehen wir aber nur das Negative, warum Jesus nicht mehr der zu Gott erhobene, an die Seite des Vaters gesetzte Mensch sein darf. Dem Bedürfnis nach Anerkennung des Vaters, nach passiver Unterordnung unter ihn, hätte aber auch der große Konkurrent des Christentums, der Kaiserkult, genügt. Warum siegte nicht er, sondern das Christentum als Staatsreligion des römischen Imperiums? Weil das Christentum eine Qualität hatte, die es für die soziale Funktion, die es erfüllen sollte, überlegen machte. Das war der Glaube an den gekreuzigten Sohn Gottes. Mit ihm konnten sich auch weiterhin die leidenden und gedrückten Menschen identifizieren. Aber die Phantasiebefriedigung war nun eine andere geworden. Die Masse identifiziert sich mit dem Gekreuzigten nun nicht mehr, um in der Phantasie die Entthronung des Vaters vorzunehmen, sondern um dessen Liebe und Gnade zu genießen. Daß der Mensch Gott wird, war Ausdruck der aggressiven, aktiven vaterfeindlichen Tendenzen. Daß Gott zum Menschen ward, wurde Ausdruck der zärtlichen passiven Bindung an den Vater. Die Masse fand ihre Befriedigung daran, daß ihr Repräsentant, der gekreuzigte Jesus, gleichsam im Rang erhöht war, ein präexistenter Gott selber. So wie man nicht mehr auf eine bald eintretende geschichtliche Veränderung wartete, sondern glaubte, daß die Erlösung schon geschehen, das Erhoffte schon eingetreten sei, so hatte man auf die vaterfeindliche Phantasie verzichtet und statt deren eine andere, die harmonisierende des vom Vater freiwillig neben sich gesetzten Sohnes geschaffen. Hier liegt der Kern der Bedeutung des logischen Widersinns des Trinitätsdogmas.

Der logische Widersinn ist der Ausdruck eines soziologischen Zweckstrebens, d. h. der Veränderung der sozialen Funktion des Christentums. Aus einer Religion von Empörern und Revolutionären wurde eine Religion der herrschenden Klasse, bestimmt, die Masse zu gängeln und zu führen.[245]

Taufe, Abendmahl und Buße

Der Christ hält
das Christentum für etwas,
das es nie war:
für die Lehre Jesu.

Die Taufe

Auch die Heiden, aller Einsicht in die geistigen Kräfte bar, messen ihren Idolen dieselben Wirkungen bei. Allein sie täuschen sich mit bloßem Wasser.

Tertullian[1]

Nach katholischer Lehre wird der Mensch durch die Taufe zum sogenannten übernatürlichen Leben wiedergeboren, er wird ein Kind Gottes und Mitglied der Kirche sowie von sämtlichen Sünden, der Erbsünde ebenso wie von schweren und läßlichen Sünden, nebst allen Sündenstrafen befreit.[2] Doch die Auslassung des Paulus: »Aber ihr seid abgewaschen, ihr seid geheiligt, ihr seid gerecht geworden durch den Namen des Herrn Jesu und durch den Geist unseres Gottes«,[3] kommentierte schon im 3. Jahrhundert einer der größten, vielseitigsten und fruchtbarsten Gelehrten seiner Zeit, der Christengegner Porphyrios:[4] »Darüber wundern wir uns und sind wirklich ganz ratlos, daß ein Mensch von solchen Befleckungen und Greueln ein für allemal reingewaschen und als unbefleckt angesehen werden kann, daß er, der sich in seinem Lebenswandel die Schandmale solcher Zügellosigkeit zugezogen hat – der Hurerei, des Ehebruchs, der Trunkenheit, des Diebstahls, der Knabenliebe, der Giftmischerei und tausend anderer übler und abscheulicher Handlungsweisen –, allein dadurch, daß er sich taufen läßt und den Namen Christi anruft, mit Leichtigkeit davon befreit wird und die ganze Schuld abstreift wie eine Schlange ihre alte Haut.«[5]

Indes weist schon das obenstehende Motto Tertullians darauf hin: Wie im Christentum nichts neu ist – vom periphersten Brauch bis zum zentralen Dogma –, so auch nicht die Taufe.

Rituelle Waschungen und Aufnahmeriten waren bereits in vorchristlicher Zeit üblich. Insbesondere hatten die meisten hellenistischen Mysterienreligionen eine Taufe:[6] der Attiskult eine Bluttaufe, die eleusinischen und dionysischen Mysterien eine Wassertaufe; bei Mithras, wo die Einweihungen, wie viele Taufen in der antiken Kirche, im Frühjahr stattfanden, wusch das auf den Gläubigen träufelnde Blut eines Stiers die Sünden ab, doch kannte man hier auch eine Wassertaufe.[7] Die Essener, die ein Abendmahl feierten, an die Naherwartung des Gottesreiches glaubten und die Jetztzeit für die Endzeit hielten, praktizierten eine Taufe zur Vergebung der Sünden.[8] Bei den Juden spielte die Proselytentaufe eine Rolle, und auch Johannes taufte am Jordan.

Jesus hat weder getauft noch die Taufe gepredigt

Nach den Worten des Heilandes (Joh 3,5) ist die Taufe zur Erlangung des Heiles *unerläßlich notwendig.*

Der katholische Theologe Otto Schöllig[9]

Jesus, auf den man die christliche Taufe zurückführt, taufte nie selbst. Das Johannesevangelium, das im 3. Kapitel die Taufe von ihm herleitet und zweimal betont, er habe getauft, beteuert im 4. Kapitel das Gegenteil.[10]

Der Katholizismus lehrt zwar die Einsetzung der Taufe durch »Christus«. Doch wo und wann das geschehen sein soll, weiß man selbst nicht recht. »Zu einer *sicheren* Entscheidung der Frage reichen die Angaben der Hl. Schrift und der Überlieferung nicht aus.«[11] Denn der synoptische Jesus, ein Antiklerikaler, der zugleich antilegalistisch und antikultisch war, konnte kaum eine Taufe befehlen. Die Beobachtung eines bestimmten Brauchtums im Verkehr mit Gott stieß ihn ab. Stets auf das Wesentliche, die mutatio mentis, das unum necessarium dringend, verwarf er das Unwichtige, Überflüssige, das die Pharisäer oft zur Hauptsache machten. In offenkundiger Anknüpfung an entsprechende Tendenzen älterer Propheten schätzte er keine Rituale, keinen Kodex leerer Gebräuche, kein Weihen, Waschen, Fasten, »Mückenseihen«. Eindeutig löste er das Ethische aus der unnötigen und schädlichen Verflechtung mit dem Kult.

Scharf polemisiert Jesus gegen den Routinegottesdienst des Klerus. Er sprengt allen Formalismus und Kleinkram des Gesetzes. Er bricht den Sabbat, kümmert sich wenig um Fasten, verachtet die leeren Übungen der Frömmler, lehnt Bekenntnisformeln ab, leugnet die Verdienstlichkeit von Reinigungsvorschriften und verwirft eine Fülle weiterer Kultsitten. Die radikalsten Stellen seiner antikultischen Attacken scheint man sogar getilgt zu haben. Jedenfalls war durch ihn jedes rituelle Postulat annulliert, jeder äußerliche Gottesdienst für nichtig und, in Übereinstimmung mit den alttestamentlichen Propheten, die tätige Nächstenliebe als das wahre, Gott wohlgefällige Opfer erklärt worden.[12]

Nach Auskunft der gesamten kritischen Forschung erhielten auch die Apostel von Jesus keinen Taufbefehl. Sind doch nicht einmal die Katholiken sich einig darüber, wann er angeblich die Taufe eingesetzt hat.[13] Der trinitarische Auftrag des Matthäusevangeliums, »So gehet hin und lehret alle Völker und taufet sie auf den Namen des Vaters und des Sohnes und des heiliges Geistes...«,[14] schon seit der Aufklärung immer wieder angezweifelt, ist eine Fälschung.[15] Das ganze erste Jahrhundert kannte keine christliche Trinität. Wohl aber gab es eine Fülle von Götterdreiheiten: die Apis-Trinitätslehre und die Sarapis-Trinitätslehre, die Trinität der Dionysosreligion, die kapitolinische Trias, Jupiter, Juno, Minerva; es gab den dreimal großen Hermes, den dreieinigen Weltgott, von dem man glaubte, er sei »allein ganz und dreimal einer«, um aus der Vielzahl antiker Trinitäten nur einige zu nennen.[16]

Jesu eigener Predigt aber fehlte jede trinitarische Vorstellung. Auch wurde er selbst bis weit ins 3. Jahrhundert meist nicht mit Gott identifiziert. Dachte er jedoch an einen Geist, so vielleicht im Sinn von »Jahves Geist« (ruach Jahve), den das Alte Testament 378 mal anführt.[17] Ebenso kennt Paulus weder eine Trinitätslehre noch trinitarische Anspielungen. Der »Geist«, von dem er spricht, ist gänzlich mit Christus verbunden, was wörtlich seine Gleichung ausdrückt: »Der Herr aber ist der Geist.«[18]

Wie auch hätte Jesus, der sich »nur zu den verlorenen Schafen Israels gesandt« glaubte, der seinen Jüngern gebot: »Den Weg zu den Heidenvölkern schlagt nicht ein«, der prophezeite: »Ihr werdet mit den Städten Israels noch nicht zu Ende sein, bis der Menschensohn kommt«,[19] plötzlich die Weltmission befehlen sollen? Diese Zitate aber gelten als echt, gerade weil die Christenheit bald Heidenmission trieb, somit das Gegenteil der Worte Jesu praktizierte. Erfunden hätte man sie sicher nicht, da sie der eigenen Praxis widersprechen. Um diese freilich zu rechtfertigen, schmuggelte man, im Widerspruch zu seinen Worten, an den Schluß des Matthäusevangeliums später den Taufbefehl, in dem der »Auferstandene« die Weltmission gebietet. Dieser Befehl, den die Christen ausführten, bevor er gegeben war, gilt allen kritischen Theologen als Fälschung.

Es ist bezeichnend, daß die nachapostolische Kirche durch den Taufbefehl Matthäus 28,19 die Taufe gar nicht gestiftet sah, sondern durch Jesu Tod! Mittels oft haarsträubender Allegorese wurde dies aus dem Alten Testament dann »bewiesen«. So fand man das Taufsakrament überall dort prophezeit, wo irgendwelches Wasser irgendwelches Holz (Kreuz!) berührte: bei der Arche Noahs; dem Stab, mit dem Moses die Wasser des Roten Meeres teilte; bei den Stöcken, die Erzvater Jakob zwecks besserer Zuchtresultate in die Tränkrinnen der Schafe stellte. Ja, Bischof Cyprian behauptete schließlich, sooft die Bibel Wasser (aqua sola) erwähne, werde die Taufe verkündet![20]

Heute aber, da die gesamte kritische Forschung den trinitarischen Taufbefehl Jesu als ungeschichtliche Fälschung erkannt hat, schließt ein christlicher Theologe verblüffend paradox, »daß der historisch nicht greifbare Auftrag des Auferstandenen die naheliegendste historische Erklärung für die Entstehung der christlichen Taufe ist«.[21] Und Erzbischof Konrad Gröber, Förderndes Mitglied einst der SS, ignoriert in einem ganzen Kapitelchen über die Taufe deren Ursprung völlig, eingangs lediglich betonend, die »Alten« hätten »das heilige Sakrament der

Taufe gebührend hoch geschätzt«. Die Alten, das sind bei ihm: König Ludwig IX., Dante und Petrus Canisius![22]

Die Apostel, die selbst nicht getauft wurden, tauften zwar; doch keinesfalls, wie sich genau nachweisen läßt, »auf den Namen des Vaters, des Sohnes und des heiligen Geistes«, sondern allein auf Jesus oder »den Namen Jesu«, im 1. Jahrhundert die übliche Taufformel.[23] Auch Paulus taufte, ja förderte die Taufe besonders, obwohl er ausdrücklich bekennt, Christus habe ihn nicht gesandt, um zu taufen.[24] Doch »vertieft« er sie nun »mystisch-ekklesiologisch«, indem er, statt der traditionellen Taufformel »auf den Namen Jesu«, die »Taufe in Christus hinein« propagiert, »in den Leib des Christus hinein«, »in den Tod des Christus hinein«.[25]

Die christliche Taufe entstand in Nachahmung der heidnischen Taufen

...eine genaue Parallele.
Martin P. Nilsson[26]

...ein ganz analoger Fall.
Der Theologe Wilhelm Bousset[27]

Warum die vielen Zeremonien bei der hl. Taufe? Sie dienen zum *äußeren Schmuck* dieses notwendigsten aller hl. Sakramente, aber auch vor allem zur *Belehrung* über die Bedeutung dieses hl. Sakramentes.
Der Jesuit Franz Xaver Brors[28]

Wie sich die altkirchliche Taufe im allgemeinen vollzog, erhellt aus einer Beschreibung durch Pseudo-Dionysius Areopagita:

Hat jemand die heilige Gemeinschaft in diesen wahrhaft überweltlichen Gütern liebgewonnen, so begibt er sich zu einem der Eingeweihten (das heißt Getauften) und redet ihm zu, seinen Wegweiser zum Hierarchen (Bischof) zu machen. Er selbst verspricht, mit voller Hingabe alle Weisungen zu befolgen, die ihm erteilt würden. Er bittet jenen Christen auch, er möge das Patenamt bei der Zulassung (zur Taufe) und für das ganze folgende Leben übernehmen. Jener trägt nun zwar ein heiliges Verlangen nach der Rettung der Menschen; während er aber die menschliche Schwäche mit der Erhabenheit des Amtes vergleicht, erfaßt ihn alsbald ein Schauer und das Gefühl der Ohnmacht. Gleichwohl willigt er zuletzt gütig ein, die Bitte zu erfüllen. Er nimmt sich um ihn an und führt ihn zu dem Manne, der nach der Hierarchie Hierarch, das heißt Bischof, benannt ist.

Der Bischof nimmt die beiden Männer wie das auf die Schultern gelegte Schaf mit Freuden auf. Von Ehrfurcht erfüllt, preist er mit Danksagung des Geistes und Niederwerfen des Körpers die eine Urquelle aller Wohltaten, von der an alles, was gerufen wird, der Ruf ergeht, und allem, was gerettet wird, die Rettung zuteil wird. Dann versammelt der Bischof die ganze heilige Priesterschaft am heiligen Ort, damit sie bei der Rettung des Mannes mitwirke und an der Feier teilnehme und um der göttlichen Güte zu danken. Zu Beginn betet er zugleich mit dem ganzen in der Kirche versammelten Volke einen in den heiligen Schriften enthaltenen Lobgesang. Darauf küßt er den Altar und tritt vor den anwesenden Mann und fragt ihn nach dem Grunde seines Kommens.

Von der Liebe Gottes bewegt, klagt der Täufling, so wie sein Pate es ihm eingegeben hat, seine Gottlosigkeit, seine Unkenntnis des wahrhaft Schönen, seine Erstorbenheit in Hinsicht auf das gotterfüllte Leben an. Er bittet den Bischof, daß er durch dessen heiliges Mittleramt Gottes und der göttlichen Güter teilhaftig werde. Der Bischof stellt ihm mit Nachdruck vor, die Bekehrung zu Gott müsse eine vollständige sein, weil Gott ganz vollkommen und makellos ist. Hat er ihm dann den Lebenswandel in Gott erläutert und dazu die Frage gestellt, ob er ein solches Leben führen wolle, dann legt er ihm nach erhaltener Zusage die Hand aufs Haupt, bezeichnet ihn mit dem Siegel (des Kreuzes) und heißt die Priester den Taufkandidaten zugleich mit dem Taufpaten in das Taufregister eintragen.

Haben die Priester die Eintragung vollzogen, dann verrichtet der Bischof ein heiliges Gebet. Nachdem die ganze Gemeinde es zusammen mit ihm vollendet hat, entgürtet er den Täufling und läßt ihn durch die Diakone entkleiden. Dann stellt er ihn mit dem Gesicht nach Westen hin, die Hände nach der gleichen Richtung abgekehrt und wegstoßend. In dieser Stellung gebietet er ihm, dreimal gegen den Satan zu blasen und dabei die Worte der Abschwörungsformel zu sprechen. Dreimal sagt er ihm die Abschwörungsformel vor, dreimal spricht der Täufling diese nach. Dann führt ihn der Bischof auf die andere Seite gegen Osten, läßt ihn zum Himmel aufblicken, die Hände emporhalten und Christus und allen von Gott geoffenbarten Lehren zuschwören.

Hat der Täufling auch das getan, so spricht ihm der Bischof wiederum ein dreimaliges Gelöbnis vor und nach dessen dreimaliger Ablegung segnet er ihn und legt ihm die Hand auf. Die Diakone entkleiden ihn vollständig, und die Priester bringen das heilige Salböl herbei. Der Bischof beginnt die Salbung unter einer dreimaligen Besiegelung (durch das Kreuzzeichen) und überläßt dann den Täufling des weiteren den Priestern, um ihn am ganzen Leibe zu salben. Er selbst tritt zum mütterlichen Schoß der Kindesannahme heran, heiligt das Wasser des Taufbeckens mit heiligen Anrufungen, weiht es durch dreimaliges Aufgießen des allerheiligsten Öles in Kreuzesform und singt dabei in entsprechender Zahl zu den hochheiligen Aufgüssen des Myron (Salböles) das heilige Lied, das der Inspiration der gottergriffenen Propheten entsprungen ist. Dann läßt er den Mann herbeibringen. Einer von den Priestern liest die Namen des Täuflings und des Taufpaten von der Liste ab, der Täufling wird von den Priestern zum Taufbrunnen geführt und zu den Händen des Bischofs geleitet. Dieser steht oben am Taufbecken, die Priester rufen wiederum mit lauter Stimme dem Bischof über das Wasser hin den Namen des Taufkandidaten zu, der Bischof taucht ihn dreimal unter und ruft bei den drei Untertauchungen und Auftauchungen des Täuflings die drei göttlichen Personen an.[29]

Die anschaulich geschilderte Taufzeremonie, zu der es manche Varianten in der alten Kirche gab, hängt bis in Einzelheiten ab von den Aufnahmeriten der Mysterienkulte. Ich habe dies in meiner kritischen Kirchengeschichte *Abermals krähte der Hahn* ausführlich aufgezeigt und fasse hier das Wesentliche zusammen.

Bei seiner Einweihung, dem Tauchbad, erlebte der Myste das Schicksal des Gottes, sein Sterben und Auferstehen, wie der Christ bei der Taufe Tod und Auferstehung Christi. »Getrost, ihr Mysten! Wie der Gott gerettet, so wächst für uns Errettung aus dem Leiden«, heißt es bei der Attistaufe.[30] »Ihr seid mit Christus in der Taufe begraben, ihr seid in Christus auch auferweckt«, schreibt Paulus, »euch, die ihr tot wart in den Verfehlungen . . ., hat Gott mit Christus lebendig gemacht.«[31]

Die grundlegende Vorstellung der Taufe als »Wiedergeburt« war fast allen Kulten längst bekannt. »In Ewigkeit wiedergeboren« (in aeternum renatus) nannte sich der Attisgläubige; »wiedergeboren« der durch Isis Erlöste; »die aus Gott Geborenen« eine große Mystenklasse der Dionysosreligion.[32]

Der christliche Täufling zieht, nach Paulus, Christus an wie ein Gewand. »Denn ihr alle, die ihr in Christus getauft worden seid, habt Christus angezogen.« Oder wie der Apostel im Römerbrief sagt: »Ziehet den Herrn Jesus Christus an«.[33] Dies Bild entstammt der »Gewandmystik« verschiedener Mysterienreligionen, besonders ausgeprägt in Eleusis oder im Isiskult, wo der Gläubige das Gewand der Gottheit anzog und somit selbst unsterblich oder gar vergottet wurde.[34] Auch für Paulus ist die Taufe nicht nur symbolische Handlung, sondern ganz real und substantiell verstandener Vergottungsakt.

Wie man in den heidnischen Mysterien die Taufe als »Erleuchtung« empfand und bezeichnete, so auch, freilich erst seit Mitte des 2. Jahrhunderts, im Christentum. Es hat den Terminus technicus der Mysterien in derselben Bedeutung übernommen.[35]

Wie in den Mysterienreligionen gehen der christlichen Taufe sowohl Taufunterricht wie Vorbereitungszeit, ein in manchen Gemeinden vierzig Tage, in manchen bis zu drei Jahren dauerndes Katechumenat voraus; auch dies angereichert mit üppigem Zeremoniell: tägliche Dämonenbeschwörung, Anblasen, Bekreuzigung, Servieren von geweihtem Salz usw.[36] Wie in den Mysterienreligionen gehören dazu Fasten und Beten; muß fünf Tage vor der Taufe ein Bad genommen, drei Tage besonders streng gefastet und die letzte Nacht durchwacht werden. Wie im Isiskult muß auch der Taufspender vorher fasten und entscheiden, wann der Täufling reif für die Taufe ist. Wie in der Mithrasreligion tauft man vorzugsweise zu Beginn des Frühjahrs (um Ostern). Wie bei der eleusinischen oder der orphischen Taufe ist man auch bei der christlichen Untertauchtaufe meist nackt. Wie im Isiskult kann der Taufort zunächst jeder Fluß, jede Quelle, jeder Strand sein. Erst später folgt ein Taufhaus, das Baptisterium, das ebenfalls schon in den zu Taufzwecken errichteten Brunnenbauten und Wasseranlagen der Mysterienreligionen, vor allem des Mithraskultes, ein freilich einfacheres Vorbild hatte. Sogar eine Art Weihwasserbecken gab es in seinen Tempeln.[37] Im weißen Taufkleid setzt sich die hellenistische Gewandmystik fort – weiß und rot waren in den Mysterienreligionen die häufigsten Farben für kultische Feierkleider. Im 4. Jahrhundert endlich wird das Sakrament zu einem mit Gratulationsbriefen gefeierten gesellschaftlichen Fest.[38]

Es gibt eine solche Fülle weiterer Gemeinsamkeiten, daß die Theologen sich stets mühten, ihre eigene Taufsitte von der älteren abzuheben und das vermeintlich Neue, Originelle zu betonen: den mystischen Spiritualismus der christlichen Taufe, ihr Freisein von jeder Magie – nichts als apologetische Vernebelung.

Denn was sich da vollzieht, ist nur eine Wiederholung aller möglichen Formen sakramentaler Mystik vorchristlicher Zeit, ist das Mitauferstehen mit dem antiken Kultgott, weshalb die Taufzeit auch lange ausschließlich Ostern war. All das im christlichen Taufbrauch Wiederkehrende, der Schutz- und Abwehrzauber, die Handauflegung, der Segens- und Übertragungsgestus, die Salbung des Körpers oder Kopfes, exorzistische Handlungen wie Anblasen, Einspeicheln, das dreimalige Untertauchen, die Gewandmystik etc., all dies sind nur Imitationen, Plagiate, die Unterschiede bestenfalls relativ.

Winter ist's und Nacht, ja Mitternacht in jeder Seele, bevor sie getauft ist.

Der katholische Theologe Andreas Gaßner[39]

Machen wir uns einmal bewußt, welcher Wust von Magie, Teufelsbeschwörung, Aberglauben etc. im Taufritus steckt. Denn daß Glaube etwas ganz andres sei als Aberglaube, ist unter allem Aberglauben der größte. Ein Exorzismus folgt auf den andern.

Zum Beispiel – ich zitiere nur aus Büchern katholischer Theologen mit Imprimatur – das »*Anblasen* oder vielmehr *Wegblasen* (›exsufflet‹) ist ein Zeichen der Abwehr und des Abscheus, womit man ein lästiges Wesen zu entfernen sucht und sinnbildet die Vertreibung des Teufels als Wirkung der Taufe«.[40] Danach macht der Priester auf Stirn und Brust des Täuflings ein Kreuz und legt ihm die Hand aufs Haupt. Derart soll er »Geschmack gewinnen an der Lehre des Heiles, an der Weisheit des Kreuzes und so von der Sünde befreit werden. *Daher wird dem Täufling unter Gebet etwas gesegnetes Salz in den Mund gelegt.*«[41] Darauf folgt gleich eine weitere Teufelsaustreibung und weiteres Kreuzschlagen, *»folgt ein zweiter Exorcismus, an dessen Schlusse auf die Stirne des Täuflings ein Kreuz gezeichnet wird,* gleichsam als Wache und Schutzwehr wider die entflohenen Mächte«.[42] Nachdrücklich betont man, dieser Exorzismus sei »nicht etwa bloß ein Ausdruck oder Symbol der Wirkungen der Taufe, er deutet nicht bloß an, sondern hat auch selbst eine geistliche Wirkung«.[43]

Im zweiten Teil des Taufritus schließt sich ein dritter, jetzt gesprochener Exorzismus an mit der Bedeutung, »daß das Reich der Finsternis niemals mehr Gewalt erhalten möge über den Täufling«, worauf der Priester *»mit dem mit Speichel befeuchteten Daumen zuerst die Ohren des Täuflings«* berührt, »dann die *Nase*«, um anzudeuten, daß dessen »äußerer und innerer Sinn von nun an dem Worte Gottes geöffnet und dieses seine höchste Lust sein solle«.[44]

Diese Einspeichelungszeremonie geht tatsächlich auf Jesus selbst zurück, der bei Markus den Taubstummen durch Einspeichelung von dessen Zunge heilt[45] und, laut Johannes, den Blindgeborenen wieder sehend macht: »Dieweil ich bin in der Welt, bin ich das Licht der Welt. Da er solches gesagt, spie er auf die Erde und machte einen Brei aus dem Speichel und legte den Brei auf des Blinden Augen ...«[46] Der Erfolg konnte nicht ausbleiben. Ein uralter, im Orient verbreiteter, auch von Tacitus und Plinius mehrfach erwähnter Volksglaube über die heilende und unheilabwehrende Kraft des Speichels lebt hier fort.[47] Gegen Schlangenbiß sollte er gut sein, gegen Fallsucht, Lähmung und Hexen. »Wir speien in unsern eigenen Busen«, sagt Plinius, »wenn wir von den Göttern Schutz und Beistand zu einem Unternehmen erflehen«.[48] Also mußte auch der Herr mit Speichel operieren und Mutter Kirche durch alle Jahrhunderte. Um die heidnische Sitte »zu verdrängen«, nahm sie »die Speichelsalbung in den christlichen Taufexorzismus auf und gab ihr einen tieferen, heiligen Sinn«.[49] Denn was früher Aberglaube war, wurde dann Glaube, was flach war, wurde tief und das Unheil Heil. »Nach neueren Bestimmungen verzichtet die Kirche auf die Anwendung dieser Zeremonien in solchen Gegenden, wo sie untragbar wären.«[50]

Im Taufritus aber folgt nun »die *Abschwörung des Satans,* welche gewissermaßen dem Exorcismus entspricht«.[51] Der Täufling entsagt dadurch feierlich dem Fürsten der Finsternis und seinen Werken und gelobt gegen sie »lebenslänglichen Kampf«. Zur Stärkung dafür »wird er dann gleich den Athleten des Altertumes mit *Oel gesalbt,* und zwar *auf der Brust* und *zwischen den Schultern ...*«; denn die Brust ist der Sitz »der bösen Neigungen«, und zwischen den Schultern der Sitz »der Stärke«.[52]

Erst nach alldem und mehr kommt es zur Spendung des eigentlichen »Sakraments«, wobei unter Aussprechung der Taufformel *»dreimal in Kreuzesform das Taufwasser über das Haupt des Täuflings«* gegossen wird; über das Haupt, weil es »am würdigsten den ganzen Leib vertritt; sie geschieht *dreimal* zur Verehrung der heiligsten Dreieinigkeit und *in Kreuzesform*, um anzuzeigen, daß die Wiedergeburt durch das Verdienst des Kreuzesopfers bewirkt werde«.[53]

Tatsächlich steht hinter der christlichen Taufpraxis nichts anderes als die uralte heidnische und jüdische Anschauung von der geheimnisvoll reinigenden und weihenden Kraft des Wassers, besonders des fließenden, des »lebenden« Wassers, das man sich von göttlichen Kräften erfüllt, ja von der Gottheit kommend oder gar von ihr bewohnt dachte. Deshalb schrieb man Quellen und Flüssen Heilkraft zu, und die Christen übertrugen fast alles, was Juden und Hellenisten, nicht zuletzt die stoischen Naturmetaphysiker, über Art und Bedeutung des Flüssigen gelehrt, auf die Taufe.[54]

Gewichtung des Gewichtlosen oder Pastoraltheologisches Aufplustern

Da die Taufe in Wahrheit nur ein Ritus ist, der nichts bewirkt, nichts als die verheerende Zwangsmitgliedschaft freilich in den Kirchen, muß möglichst viel in sie hineingeheimnißt werden. Und weil keinerlei innere Wirkung vorhanden ist, bekommt alles Äußere ein übertriebenes Gewicht.

Das zeigt sich beispielsweise auch bei der peinlich detaillierten moral- bzw. pastoraltheologischen Erörterung des Taufwassers, »aqua vera et naturalis« (Conc. Trid. sess. 7. c. 2 Rit. 5), ein Haupterfordernis »zur heiligen Taufe«.[55] Man unterscheidet »materia certe invalida«, »materia dubia«, »materia valida«, »materia licita seu praescripta«.[56] Welche Flüssigkeiten sind heilfördernd, welche nicht? Welches Wasser ist »materia dubia«, also »noch wahres Wasser... oder nicht«?[57] Wie steht es mit Reif oder Hagelkörnern als Taufwasser, mit Branntwein, dicker Fleischbrühe, Blut, Speichel, Kaffee oder Suppe?[58]

In der *Moraltheologie* Franz Adam Göpferts, einem immer wieder aufgelegten und verbesserten Standardwerk heißt es u. a.:

I. Materie der Taufe. 1. Materia remota der Taufe, und zwar gültige Materie ist wahres, natürliches Wasser. Darunter ist aber jedes einfache, elementare Wasser zu verstehen, sei es Meer-, Fluß-, Quell-, Brunnen-, Zistern-, Sumpf-, Regenwasser, Wasser aus Eis, Schnee und Hagel aufgelöst, Mineral-, Schwefelwasser, Wasser aus Tau, aus Dämpfen gesammelt. Wasser, wie es sich zur Regenzeit an den Wänden niederschlägt und niederläuft, Wasser, das mit etwas anderem gemischt ist, wenn nur das Wasser vorherrscht, überhaupt was immer für Wasser, wenn es nur noch überhaupt wirkliches Wasser ist, auch destilliertes Wasser, soweit es durch die Destillation bloß von fremden Bestandteilen gereinigt ist.

Dagegen sind ungültige Materie alle organischen Sekrete, wie Milch, Blut, Speichel, Tränen, Schweiß, der aus Kräutern und Blumen ausgepreßte Saft, ebenso Wein, überhaupt alle Flüssigkeiten, welche nach dem gemeinsamen Urteil der Menschen vom Wasser verschieden sind, so auch Bier, Tinte.

Zweifelhafte Materie ist das aus Salz aufgelöste Wasser, künstlich aus Blumen und Kräutern gewonnenes Wasser, der aus den Weinreben und den Bäumen strömende Saft, künstliche Mischungen von Wasser mit anderen Bestandteilen, z. B. Lauge, dünne Suppe, dünnes Bier, dünne Tinte, obwohl diese oft auch ungültige Materie sein werden. Eine solche Materie kann und muß in der Todesgefahr, wenn eine sichere nicht vorhanden ist, bedingt angewendet werden mit der Formel: si haec materia est sufficiens, und zwar selbst dann, wenn nur eine schwache Probabilität für die Gültigkeit spricht. Wenn aber der so Getaufte länger lebt, ist er nachher mit einer sicher gültigen Materie bedingt wiederzutaufen: Si non es baptizatus. Wäre auch die neue Materie zweifelhaft, aber doch sicherer als die erste, so wäre unter der doppelten Bedingung: Si non es baptizatus et materia sit sufficiens zu taufen. Nicht aufgelöstes Eis oder Schnee sind ebenfalls zweifelhafte Materie; doch wird hier praktisch kaum eine Schwierigkeit entstehen, weil man sie ja durch die Wärme der Hände auflösen kann.[59]

Bei der »materia proxima«, der Anwendung des Taufwassers (ablutio corporalis) »immersione«, »aspersione« oder

»affusione«, »seu effusione«, durch Untertauchen, Besprengung oder Aufgießen, erörtert man die Quantität des Wassers: Viel ist gut, wenig weniger gut, die »applicatio« nur des einen oder anderen Tropfens »jedenfalls materia dubia«.[60] Man ventiliert »die Abwaschung mit einem durchnäßten Schwamm«, mit »naßgemachtem Finger«, »mit dem naßgemachten Daumen«, man erörtert das Halten unter »die Regentraufe« oder »wenn man jemand als Trank das Wasser eingibt« oder »wenn man jemand in das Wasser wirft«.[61]

Wichtig ist auch der Zeitpunkt der Weihe des Taufwassers. Es »muß nach strenger Vorschrift am Karsamstag und am Samstag vor Pfingsten geweiht werden, in hinreichender Quantität und mit entsprechender Solemnität... Sind die neugeweihten heiligen Öle noch nicht angekommen, dann gebraucht man die noch vorhandenen, falls eine Taufe sogleich zu spenden ist... Kommen die heiligen Öle regelmäßig zu spät an, dann gebraucht man zur Taufwasserweihe die alten (can. 734). Wollen die heiligen Öle, welche zur Spendung der heiligen Sakramente gebraucht werden, ausgehen, so kann man Olivenöl nachgießen, auch wiederholt, doch stets in geringerer Menge als das noch vorhandene geweihte. Ist das Taufwasser nicht mehr in genügender Menge vorhanden, dann kann man...«[62] usw. usw.

Offen bleibt, ob der Satz »Bei feierlicher Taufe von Erwachsenen ist es schicklich, daß Täufer und Täufling nüchtern sind«[63] den Schluß zuläßt, bei nicht feierlicher Taufe sei das Gegenteil erlaubt. Die Beschaffenheit des Taufwasserbeckens (ob aus Holz, Kupfer, Stein, Zinn, gut verzinntem Kupfer, Aluminium) wird ebenso diskutiert[64] wie die Taufe von Mißgeburten (monstra). Denn hängt schon bei gesunden Personen die Wirkung der Taufe u. a. auch vom Körperteil ab, der getroffen wird,[65] so kompliziert sich die Sache noch erheblich bei Anomalen:

Im Zweifel, ob eine Mißgeburt eine oder mehrere Personen sind, ist, wenn zwei (oder mehrere) Köpfe vorhanden sind und ebensoviel Brustorgane (Herz, Lungen), die Taufe auf jedes Haupt absolut zu erteilen, weil es mehrere Personen sind. Wenn die Zeit nicht reicht, können beide gleichzeitig getauft werden: Ego vos baptizo etc. – Dies ist um so mehr der Fall, wenn zwei vollständig ausgebildete menschliche Leiber nur an einer Stelle miteinander verwachsen sind oder ein doppelter Rumpf auf einem einfachen Untergestell ruht. Ist ein doppeltes Haupt, aber nur einfache Brustorgane vorhanden, so ist die Taufe auf das eine Haupt absolut, auf das andere bedingt zu erteilen (si non es baptizatus), weil es nicht gewiß ist, ob zwei getrennte Personen vorhanden sind. Ist nur ein Kopf vorhanden, aber doppelte Brustorgane, dann ist die Taufe auf das eine Haupt absolut, auf jede Brust für sich bedingt zu erteilen (si non es baptizatus). Überhaupt bei allen Doppelbildungen, wenn irgendwie ein Zweifel bleibt, ob es zwei Personen sind, ist in analoger Weise, wie angegeben, zu verfahren.[66]

Viel erörtert ist auch die Taufe eines Kindes vor vollendeter Geburt: wenn eine Hand aus dem Mutterschoß hängt, ein Fuß, ein Kopf; wenn eine Fehlgeburt (foetus abortivus) vorliegt, ein scheinbar totgeborenes Kind.[67] »Bei einem *ausgestoßenen Fötus,* welcher noch von der Netzhaut umschlossen ist, muß diese sorgfältig zerrissen, das ganze Gebilde in warmem Wasser untergetaucht und emporgehoben werden, während man die Taufformel spricht.«[68]

Etwas größere Fötus können schon per infusionem getauft werden. Nur wenn eine vollständig degenerierte Fleischmasse oder Ähnliches aus dem Mutterschoße austritt, ist kein Mensch vorhanden, also auch die Taufe nicht zu spenden. Doch sind solche Massen zu untersuchen, weil sie manchmal einen belebten Keim enthalten. Der sog. Acardius, eine Mißgeburt, die nur aus Bauch und Beinen besteht, ist wohl nicht als menschliches Individuum anzusehen. Weil es jedoch schwer zu erkennen ist, sagt Capellmann-Bergmann, ob jeder Ansatz der wesentlichen Organe wirklich geschwunden ist und jedes selbständige sei es auch nur vegetative Leben aufgehört hat, wird kaum in diesem Fall die bedingte Taufe zu unterlassen sein.[69]

Kein Fall bleibt unbedacht. Und keine Seele geht verloren! »Würde ein Kind in utero getauft ..., und es kommen nachher mehrere Kinder zur Welt, ohne daß man weiß, welches bereits getauft ist, so sind alle bedingt zu taufen (si non es baptizatus)«.[70]

Genug. Wieviel leeres Stroh wird da mit Wichtigtuerei gedroschen, mit wieviel »Wissenschaft«, auch wenn all dies hier nur angedeutet werden kann, welche Veräußerlichung! Und was für Aberglaube steht dahinter! Allzu begreiflich bloß, befürchtet man jetzt selbst auf kirchlicher Seite die »Gefahr eines Absinkens der Taufpraxis ins Konventionelle, ins Magische oder auch Esoterische«.[71]

Wodurch unterscheidet sich die christliche Taufe von der heidnischen?

Du wäschst dich in Wasser, in dem sich auch Schweine waschen ... Wir aber waschen uns in lebendigem Wasser.

Nazarenerevangelium[72]

Irreführend ist es, die Verknüpfung der Taufe mit ethischen Verpflichtungen als spezifisch christlich zu bezeichnen. Denn die meisten Mysterienkulte kannten schon die Verbindung von Moral und Religion, legten Wert auf sittliche Erziehung und anständiges Leben. Sehr ernst waren beispielsweise die Anforderungen, die im 2. oder 1. vorchristlichen Jahrhundert das der Göttin Agdistis geweihte Heiligtum in Philadelphia in Lydien stellte. Auch in der Isisreligion hielt man strenge Gebote, mußte man das »Joch« der Gottheit tragen und ihr »Diener« oder »Streiter« sein.[73]

Sogar die Anhänger des Dionysos, denen man alles mögliche nachsagte, waren um Läuterung bemüht; wie auch Dionysos selbst ein reines Leben forderte, bereits die Bacchen des Euripides von der »Reinheit des Wandels« und den »läuternden Bräuchen« in den Dionysosmysterien singen.[74]

Besonders Eleusis, das »Mekka der Hellenen«, verinnerlichte und veredelte Jahrhunderte hindurch die Gemüter. Betet doch schon um 400 v. Chr., in den *Frö-*

schen des Aristophanes, der in Eleusis Eingeweihte: »Demeter, die du meinen Geist befruchtest, gib, daß ich deiner Weihen würdig sei.«[75] Aber auch von den heiligen Mählern und Getränken zahlreicher Mysterienreligionen ging eine stark ethisierende Wirkung aus.[76]

Angesichts der verblüffenden Parallelen fragte freilich bereits die Frühpatristik, was denn die heidnische Taufe von der christlichen unterscheide. Theologe Tertullian erwidert darauf nach allerlei tiefsinnigen Spekulationen: »Der Geist wird im Taufwasser körperlich abgewaschen und das Fleisch in ebendemselben Wasser geistig gereinigt.«[77] Aber: »Auch die Heiden, aller Einsicht in die geistigen Kräfte bar, messen ihren Idolen dieselben [!] Wirkungen bei. Allein sie täuschen sich mit bloßem Wasser.«[78] Und das Nazarenerevangelium legt Jesus gegenüber dem jüdischen Hohenpriester, der kultische Waschungen vorschreiben will, die Worte in den Mund: »Du wäschst dich im Wasser, in dem sich auch Schweine waschen, und wäschst deinen Körper, wie es die Dirnen tun. Wir aber waschen uns in lebendigem Wasser.«[79]

Da also bloßes Wasser, dort lebendiges. Im übrigen war das eine dem andern so ähnlich, daß der hl. Justin, der bedeutendste Apologet des 2. Jahrhunderts, über »die bösen Dämonen« klagt, die Taufe und Abendmahl der Christen – gestohlen hätten![80] Doch auch Tertullian eifert und beteuert: »Woher, frage ich, haben die Philosophen oder Dichter diese so verwandten Vorstellungen? Nur aus unseren Heilsgeheimnissen.«[81]

Die ältesten Kirchenväter waren nämlich durch die Gemeinsamkeiten derart betroffen, daß sie den Heiden den Diebstahl anlasteten, den die Christen begangen hatten. Da die heidnischen Mysterien aber den christlichen vorausgingen, konnte der »Diebstahl der Hellenen« selbstverständlich nicht natürlicherweise geschehen sein. Das Übernatürliche war wieder im Spiel: Der Teufel und seine Helfershelfer, die bösen Dämonen, hatten die christlichen »Geheimnisse« schon in vorchristlicher Zeit den Heiden verraten. Philosophie der Christen, Logoslehre, Sakramente, alles war aus dem Alten Testament, dem

Buch der Juden (!), den unschuldigen Christen entwendet worden![82] Weshalb schon Justin das große Wort sprach: »Wir lehren also nicht dasselbe wie die übrigen, sondern alle andern sprechen nur das Unsrige nach«,[83] womit er allerdings noch gesteht, was er bestreitet, wenn auch in Umkehrung der Abhängigkeit.

Justin nennt übrigens zur Rolle des Wassers im Kult weitere Parallelen. So berichtet er das Besprengen der Heiden oder ihr vollständiges Baden beim Betreten der Heiligtümer.[84] Enthielten doch zahlreiche antike Kultstätten Weihwasserbecken. In den Tempeln der Isis gab es dafür sogar Automaten; und ihre Priester benutzten, wie noch heute die katholischen, bereits Weihwasserwedel.[85] Wie die Heiden brachten die Christen an ihren Kirchen Wasserbehälter an und wuschen sich beim Eintreten die Hände. Selbst das Baden des ganzen Körpers war, nach heidnischem Vorbild, bei den Christen in Gebrauch und geschah auch vor dem Gebet.[86]

Nachdem man aber mit dem »Diebstahl der Hellenen«, der von fast allen älteren Kirchenvätern vertretenen Geschichtsfälschung, jahrhundertelang Erfolg hatte, gab man die weder mehr glaubwürdige noch nötige gelassen preis. Als erster ersetzte sie wohl Augustinus durch eine Art Uroffenbarung, vermöge derer die göttliche Vorsehung schon zu den Heiden gesprochen.[87] Im 20. Jahrhundert freilich erklärt der Theologe Hermann Raschke, in Übereinstimmung mit der kritischen Forschung: »Die Kirche ist dessen schuldig, was sie den andern vorwirft, sie hat gestohlen; es ist das alte Lied: Haltet den Dieb! Das ist die Taktik, wenn man die Verfolger von sich ablenken will, während man doch selber der eigentliche Dieb ist.«[88]

Die Taufe, an der auch die Reformation festhielt, sosehr sie die Siebenzahl der Sakramente bestritt, durfte ursprünglich jeder Christ spenden. Vom 2. Jahrhundert an wurden jedoch die Laien immer mehr entmachtet, besonders die Frauen als Taufspender bekämpft, diffamiert, entrechtet, schließlich übten allein die Geistlichen die Sakramentspraxis aus.[89] Das entsprach freilich nur der allgemeinen Entmachtung des Laien durch den Priester.[90] Dagegen wurde die Macht des Klerus gewaltig gestärkt durch das Aufkommen der Kindertaufe.

Säuglingstaufe oder »Schluckimpfung«

Der Einwand, es sei *unbillig*, unmündige Kinder zu taufen und ihnen dadurch *ohne ihre Zustimmung* die schweren Pflichten der christlichen Religion aufzubürden, setzt fälschlich voraus, daß die *Taufverpflichtungen* von der Einwilligung des Menschen abhängen. Jeder Mensch *muß* sie seit der Verkündigung des Evangeliums auf sich nehmen.

Der katholische Theologe Franz Diekamp[91]

Welch ungeheure Anmaßung spricht aus diesen Sätzen! Welch grauenhafte Vergewaltigung des Menschen sogleich nach seiner Geburt! Doch auf die sehr gute Ansicht, man sollte keine kleinen Kinder taufen, sondern warten, bis sie erwachsen sind und sie selbst bestimmen lassen, ob sie Christen sein wollen oder nicht, repliziert ein Katholik: »Genauso könnte man sagen: Man sollte die Kinder nicht bei ihren Eltern lassen, sondern sie irgendwo anders aufziehen, dann sollen sie später wählen, ob sie zu ihren Eltern wollen oder nicht.«[92] Welch billige Sophistik! Als gehörte der Katholizismus (oder das Christentum) so natürlich und notwendig zu einem Menschen wie Vater und Mutter. Doch behauptet ein weiterer Katholik kaum minder dummdreist: »Daß ein Kind ungefragt getauft wird, ist ebensowenig ein Unrecht, wie wenn ihm jemand, ohne zu fragen, ein großes Erbe vermachte.«[93] Als wären mit einem großen Erbe nicht vor allem große Rechte und Möglichkeiten verbunden, mit der Taufe aber vor allem schwere lebenslange Pflichten und Hemmnisse!

Im ganzen Neuen Testament ist von einer Kindertaufe nirgends die Rede, und die ältesten christlichen Generationen praktizierten ausschließlich die Taufe Erwachsener. Selbst auf katholischer Seite muß man so immer wieder zugeben, daß sich die Kindertaufe aus der Bibel »nicht schlüssig beweisen« ließe, daß sie daraus »nicht sicher zu belegen« sei.[94] Vermutlich hat man erst Ende des 2. Jahrhunderts in der Kirche Kinder getauft – und diese Neuerung dann gleich, auch das war üblich, auf »apostolische« Tradition zurückgeführt.[95]

Im 3. Jahrhundert schrieb das Taufritual der Hippolytischen Kirchenordnung die Kindertaufe (baptismus infantium) bereits vor.[96] Tertullian allerdings bekämpfte sie damals noch – mit sehr vernünftigen Argumenten. Die Menschen sollen kommen, schrieb er, wenn sie herangewachsen seien, »mögen Christen werden, sobald sie imstande sind, Christus zu kennen«. »Aus welchem Grunde«, fragte der später abgesprungene Patristiker, »hat das Alter der Unschuld es so eilig mit der Nachlassung der Sünden?«[97]

Doch nicht das Alter der Unschuld hatte es eilig, sondern die Kirche. Schon im 3. Jahrhundert behauptete sie, der erste Schrei des Kindes bei seinem Eintritt in die Welt sei kein Klageschrei, sondern ein Schrei nach Taufe.[98] Immerhin möchte noch im 4. Jahrhundert der hl. Gregor von Nazianz die Menschen erst mit drei Jahren taufen lassen.[99] Ja, bis zum Beginn des Mittelalters war die Erwachsenentaufe die Regel. Erst seit dem 6. Jahrhundert etwa setzt sich die (besonders von Augustin propagierte) Kindertaufe durch. Pflicht aber wurde sie erst seit dem Konzil von Trient. »Die Pfarrer sollen demnach lehren, daß die Kinder allerdings getauft und darnach allmählich im zarten Alter durch die Vorschriften der christlichen Religion zur wahren Gottseligkeit herangebildet werden müssen; denn, wie der Weise treffend sagt: ›ist der Jüngling seinen Weg gewohnt, so weicht er nicht davon, wenn er auch alt geworden‹.«[100] Statt Jüngling ließe sich noch treffender wohl Esel sagen ...

Auch Luther trat heftig für die Kindertaufe ein, die bis dahin, in enger Anlehnung an den urchristlichen Brauch, nur kleine Sekten bekämpften, Pelagianer, Albigenser, Waldenser. Und weil man diesen »Ketzern« überall den Garaus machte, die Kindertaufe sich jedoch erhielt, war für Luther »solch Wunderwerk Gottes« der Beweis, »daß die Kindertaufe muß recht sein«; obwohl sie seinem eigenen Sakramentsverständnis ziemlich widersprach.[101]

Die Täufer, aus denen laut Reformator nur »der Satan« sprach, gingen denn auch konsequent zur »Wiedertaufe«, zur Taufe der Erwachsenen über, worauf sie Katholiken und Protestanten gemeinsam verfolgten. Wir »ordnen, setzen, machen und declariern demnach aus ksl. macht vollkommenheit und rechter wissen und wollen«, verfügte 1529 das Wiedertäufermandat, »das alle und jede widerteufer und widergetauften mann und weibspersonen verstendiges alters von natürlichem leben zum tode mit dem feuer, schwerd oder dergleichen nach gelegenheit der personen, one vorgeend der geistlichen richter inquisicion, gericht[et] und gepracht werden.«[102]

Melanchthon forderte seinerzeit die Todesstrafe für »Ketzer«, Luther das Standrecht, damit noch über die katholische Inquisitionspraxis hinausgehend. Mit Recht glossiert der Theologe Ahlheim: »Kaum hatte sich die protestantische Kirche etabliert, da klebte auch schon das Ketzerblut an den Händen ihrer Führer, da setzte man die gut katholische Tradition barbarischer Intoleranz fort. Mancher Täufer verdankte seinen Tod dem tatkräftigen Wirken der Wittenberger Reformatoren, ›die der weltlichen Gewalt den Rücken stärkten, wenn die Begründung für Todesurteile gegen Taufgesinnte nicht ausreichte‹. Tausende von Täufern (man schätzt wenigstens 5000 Opfer) fanden im 16. Jahrhundert den Henkerstod, von den ›milderen‹ Strafen wie Verstümmelung, Kerker und Verbannung ganz zu schweigen.«[103]

Protest gegen die Kindertaufe in der Gegenwart

Die Kindertaufe hat in besonderer Weise den Charakter einer religiösen Ersatzhandlung. Die wehrlosen Sprößlinge müssen stellvertretend das vollziehen, wozu die Eltern selbst sich nicht mehr aufraffen können, was ein verinnerlichter sozialer Zwang ihnen aber doch noch nahelegt, zu tun.

Joachim Kahl[104]

Gegen den Mißbrauch der Säuglingstaufe wurde in jüngerer und jüngster Zeit von einzelnen evangelischen Gelehrten scharf protestiert. Karl Barth prangerte sie als kirchliche »Schluckimpfung« an. Andere theologische Gegner zogen sich Lehrverfahren oder die Zwangspensionierung zu. Es ist klar, daß die Kirche hier nicht nachgibt. Die scheinbar harmlose Zeremonie des Wasserspritzens sichert erstens ihren Mitgliederbestand, zweitens ihren Reichtum. Zumal in der Bundesrepublik Deutschland zahlt jeder Bürger, kraft seiner einst erlittenen Begießung als Säugling, acht bis zehn Prozent der Lohn- und Einkommensteuer an die Kirchen, die *allein schon derart,* Jahr für Jahr, Milliarden Mark kassieren![105]

Jährlich nämlich werden hier etwa eine Million Säuglinge zwangsgetauft. Und obwohl viele später nur nominell Christen sind – denn die meisten Gläubigen sind »Gläubige« nicht, weil sie glauben, sondern weil sie einmal geglaubt haben –, fließen doch auch ihre Moneten den Kirchen zu, zählen auch sie statistisch, mehren sie, ob sie wollen oder nicht, den Einfluß des Klerus. Den Austritt aber scheut selbst die Mehrzahl der religiös Gleichgültigen noch, aus verschiedenen Motiven, die freilich vor dem Forum intellektueller Redlichkeit sämtlich nicht zählen.

Kein Zweifel, die Kirchen hörten als Massenkirchen innerhalb einer Generation auf zu bestehen, entfiele die Säuglingsbespritzung. So hat denn vor genau einem Jahrzehnt Joachim Kahl, in seinem lesenswerten Aufsatz »Erziehung ohne Religion«, gleich eingangs zu einer bündigen Kritik des »blinden Automatismus des Kindertaufrituals« angesetzt und ihn mit allem Recht dem reichhaltigen »Arsenal der Zwangschristianisierung« zugezählt.[106] Kahl betont in diesem Zusammenhang die beginnende Zwangsmission durch Augustin; die beginnende Kreuzzugsideologie unter Papst Gregor I. (um 600); das spätere dynastische Modell der Zwangsmission, das cuius regio eius religio, wonach der Landesfürst die Konfession der Untertanen bestimmte; und schließlich die Christianisierung der Menschen nicht mehr als Untertanen ihres Landesfürsten, sondern ihrer Eltern – cuius generatio eius religio.

Der einstige Theologe prangert die Säuglingstaufe als

Verstoß gegen das Grundrecht des Kindes auf Religionsfreiheit an und nennt sie hierzulande verfassungswidrig. Er beruft sich auf Art. 4 Abs. 1 des Grundgesetzes: »Die Freiheit des Glaubens, des Gewissens und die Freiheit des religiösen und weltanschaulichen Bekenntnisses sind unverletzlich.« Weiter stützt er sich auf Art. 136 Abs. 4 der Weimarer Reichsverfassung, der dem Grundgesetz durch Art. 140 inkorporiert ist: »Niemand darf zu einer kirchlichen Handlung oder Feierlichkeit oder zur Teilnahme an religiösen Übungen oder zur Benutzung einer religiösen Eidesform gezwungen werden.«
Dazu Kahl:

Was aber geschieht mit der Kindertaufe? Ein Mensch, ein unmündiger Säugling – aber was besagt das? Menschenrechte stehen jedem Menschen unabhängig vom Alter zu –: ein Mensch, der sich nicht wehren kann, wird ungefragt zu einer kirchlichen Handlung gezwungen. Schlimmer: er wird zum willenlosen Objekt einer kultischen Handlung anderer degradiert.

So belanglos der äußere Vorgang sein mag – auf Verlangen der christlichen Eltern sprengt ein kirchlicher Funktionär handwarmes Wasser über den Kopf eines meist schreienden Babys –: entscheidend ist der juristische Tatbestand, der dadurch geschaffen wird. Vor *der Zeremonie war der Säugling ein »Heidenkind«.* Nach *der Zeremonie erhält er einen Taufschein und ist Christ, Mitglied einer Kirche mit allen Rechtsfolgen. (Beispielsweise muß ein getaufter Säugling, der eine Erbschaft gemacht hat, sofort Kirchensteuer zahlen.) Das Ungeheuerliche dieses Vorgangs mag man daran ermessen, daß selbst der autoritärste NPD-Vater seinem Kind nicht sofort nach der Geburt ein Parteibuch anlegt, was rechtlich auch kaum möglich wäre.*

Was also geschieht in der Kindertaufe? Menschen dürfen sich anmaßen, einen anderen hilflosen Menschen religiös zu vergewaltigen und zum Zwangsmitglied einer Organisation zu machen, die nach ihrem theologischen Selbstverständnis einen Austritt nicht eigentlich vorsieht, da Gottes Handeln durch die Taufe am Kind unwiderruflich sei. Damit verletzt die Kindertaufe nicht nur das Grundrecht auf Religionsfreiheit, sondern auch das Recht des Kindes auf die freie Entfaltung seiner Persönlichkeit (Grundgesetz Art. 2 Abs. 1).

Statt dem Kind in der Erziehung zur Autonomie zu verhelfen, besiegeln die Eltern mit der Taufe die gesellschaftlich vorgegebene Unfreiheit. Die Ideologie des Elternrechts entpuppt sich als das sozialdarwinistische Loblied des Stärkeren. Physische Überlegenheit wird zur pädagogisch-moralischen Instanz verbrämt. Der Gang in die Kirche ans Taufbecken besagt objektiv, daß es mit der Selbstbestimmung des Individuums in dieser Gesellschaft schlecht steht. In der Kindertaufe wird die erstrebte Identifikation des Kindes mit dem Kollektiv zwangsweise vorweggenommen. Bereits das Neugeborene wird zum Mitmachen genötigt. Die Kindertaufe als ein Akt der Gleichmacherei lebt von latenter Gewalt. Sie entspringt der christlichen Wut auf alles, was anders ist. Im Nichtertragenkönnen eines »Heidenkindes« im Schoße einer christlichen Familie ist – pointiert formuliert – der Pogrom potentiell mitgesetzt.[107]

Die meisten von uns werden in der Tat derart von der Geburt an vergewaltigt. Sie übernehmen ihr Bekenntnis von den Eltern, wie die Tiere die Gewohnheiten ihrer Erzeuger. Der Mensch muß glauben, bevor er zu denken beginnt, und dann muß er denken, was die Kirche lehrt. Nein, nicht denken. Nachbeten! (»Nachbeten« ist ein Schmähwort – »nachdenken« nicht!)

Der Säugling ist *das* ideale Notzuchtobjekt für die Kirche. »Die Kinder sind durch die potentia oboedientialis befähigt, die Wirkungen [der Taufe] aufzunehmen, und zugleich außerstande, ihnen ein Hindernis (obex gratiae) entgegenzusetzen.«[108] Die meisten haben die Religion, in die man sie hineingeboren, die ihre Eltern, Voreltern, Ureltern schon hatten, ihr Glauben ist hereditär, ein Familienübel. »Sehr wenige Leute«, so Pfarrer Jean Meslier (wie Kahl ein Apostat), dessen literarisches Testament Voltaire 1764 teilweise edierte, »hätten einen Gott, wenn man nicht dafür gesorgt hätte, ihnen einen zu geben.[109]

Erbsünde? Vererbung des Glaubens! Die Taufe!

Das Abendmahl

Es gibt wohl kaum ein Dogma, das dem Denken des katholischen Christen so viel zumutet, nämlich schlicht: den totalen Verzicht zu denken.

Der Theologe Klaus Ahlheim[110]

Heilige Mahlzeiten gehen bis auf die Zeit des Kannibalismus zurück

Das christliche Abendmahl ist ein besonders deutliches Beispiel für den Zusammenhang des Christentums mit der gesamten Religionsgeschichte, vor allem mit der antiken Religionsmischung.

Der Theologe Friedrich Heiler[111]

Das war eine von unzähligen Mysterien her geläufige Sache.

Der Theologe Adolf von Harnack[112]

...nur der Nachhall eines sehr viel realistischeren, nämlich wirklich kannibalischen Mahles.

Gustav Wyneken[113]

Das Ritual der Verspeisung eines Gottes ist uralt und der Glaube an die Vereinigung mit ihm durch Essen und Trinken in der Religionsgeschichte wohlbekannt. Ja, offenbar geht von der über die ganze Welt verbreiteten Anthropophagie, den Totemmahlzeiten der Australier, über den Genuß rohen Fleisches im Dionysoskult und die heiligen Speisen der hellenistischen Mysterienreligionen, eine kontinuierliche Linie zur Eucharistie in ihren verschiedenen liturgischen Formen.[114]

Schon die Kannibalen, die freilich nicht im Urstadium der Menschheit auftraten, sondern auf einer späteren Stufe ihrer religiösen Entwicklung, fraßen ihre Opfer nicht aus Rachsucht oder Raubtierinstinkt. Vielmehr wähnten sie deren leibliche oder seelische Vorzüge zu erwerben, wie gewisse Wilde die Stärke eines Bären, den sie aßen – oder gewisse Christen die übernatürlichen Kräfte des hl. Sebastian, hl. Erhart zu Regensburg, hl. Theodulphus von

Trier u. a., wenn sie aus deren Hirnschalen tranken; ein früher häufig geübter katholischer Brauch, in dem die theologische Forschung einen Nachklang des kultischen Kannibalismus, etwa indonesischer Kopfjägerei, sieht.[115]

Auf den kultischen Menschen- folgte der kultische Götterfraß, wodurch man Leben und Kraft der Himmlischen zu gewinnen glaubte. Drastisch demonstriert dies eine der berühmtesten ägyptischen Pyramideninschriften, der sogenannte Kannibalenhymnus, der den Einzug des gestorbenen Königs Unas ins Götterreich beschreibt: »Seine Diener haben die Götter mit der Wurfleine gefangen, haben sie gut befunden und herbeigeschleppt, haben sie gebunden, ihnen die Kehle durchschnitten und ihre Eingeweide herausgenommen, haben sie zerteilt und in heißen Kesseln gekocht. Und der König verzehrt ihre Kraft und ißt ihre Seelen. Die großen Götter bilden sein Frühstück, die mittleren bilden sein Mittagessen, die kleinen bilden sein Abendessen... Der König verzehrt alles, was ihm in den Weg kommt. Gierig verschlingt er alles, und seine Zauberkraft wird größer als alle Zauberkraft. Er wird ein Erbe der Macht, größer als alle Erben, er wird der Herr des Himmels; er aß alle Kronen und alle Armbänder, er aß die Weisheit jedes Gottes.«[116]

Zur Steigerung magischer Macht genoß man im mexikanischen Sonnenkult auch die »Menschenmaiskörner«: Das Fleisch der durch einen Priester geschlachteten Gefangenen wurde in einer Maiskörnersoße gekocht und dann vom König und Clan desselben gegessen, während Herz samt Blut der Opfer der Sonnengott bekam.[117] In diesen Zusammenhang gehört auch das altmexikanische »Gottessen« (Teoquale); König, Priester sowie andere »Gläubige« verspeisten das aus Mehl, Honig und Kinderblut gefertigte Bild des Gottes Uitzilopochtli, eines Jungfrauensohnes, um dessen Kraft zu erringen.[118]

Nur etwas zivilisiertere Riten kennzeichnen die sakralen Mähler und Tränke der Mysterienreligionen.

Das sakramentale Mahl in den hellenistisch-römischen Mysterienkulten

Ein reines Leben führe ich, seitdem ich als Hirte und die Nacht durchschwärmender Zagreus das Mahl mit dem rohen Fleisch vollzogen habe.

Bekenntnis des Dionysosmysten[119]

Aus der Trommel habe ich gegessen, aus der Pauke habe ich getrunken; ich bin ein Myste des Attis geworden ...[120]

Bekenntnis des Attismysten[120]

Schon in den totemistischen Mysterien gibt es, wenn auch in primitiver Form noch, ein Opfermahl, das Kommunion mit der Gottheit ist: Das Totemtier wird in sakraler Mahlzeit genossen, um eins zu werden mit dem göttlichen Wesen.[121] Ein solches Opfertier bei den Griechen, deren Vorstellung von der Himmelsspeise, die Unsterblichkeit verleiht, bis auf Homer zurückgeht, war der Bock im Dionysoskult.[122]

Dionysos, ein leidender, sterbender, wieder auferstehender Gott, Sohn des Zeus und einer sterblichen Frau, erlangte in Griechenland schon vom 8. vorchristlichen Jahrhundert an Geltung und wurde zum Lieblingsgott der antiken Welt.[123] Er war bereits Arzt, Gottessohn in Menschengestalt, Gott des »Geistes« und der Weissagung, auch eng mit dem Wein verbunden – dann erscheint Jesus so im Johannesevangelium, das einen der bekanntesten Titel des Dionysos, »der Weinstock«, auf Christus überträgt, nun »der wahre Weinstock«.[124] Auch das Wunder auf der Hochzeit in Kana, die Verwandlung von Wasser in Wein, wurde bereits von Dionysos vollbracht.[125] Endlich bezieht das Johannesevangelium die Wendung für das Abendmahl, »Wer nicht mein Fleisch mit den Zähnen zerbeißt und mein Blut austrinkt«, von der Dionysosreligion. Sie findet sich weder bei Paulus noch Jesus. Wohl aber tritt in der Dionysosreligion der Gott in den Leib seiner Verehrer ein: Im Dionysosmythos zerfleischen die Titanen das göttliche Kind, verspeisen seine Glieder, und im Taumel des Dionysoskultes zerrissen und aßen die Mänaden rohes Fleisch (Omophagia), um in sakramentaler Vereinigung mit dem Gott unsterblich zu werden.[126] Verehrten die Dionysosgemeinden ja auch, wie feststeht, bereits in vorchristlicher Zeit ihren Gott über einem Altartisch mit Weingefäßen am Kreuz.[127] Schon diese Parallelen sind entlarvend. Doch gab es das heilige Mahl noch in anderen Kulturen.

Die sakrale Speise bei Attis bestand wahrscheinlich aus Brot und Wein. Sie wurde nach Fastenübungen aus Musikinstrumenten verzehrt und drückte sowohl die Verbundenheit der Mysten als auch ihr Verhältnis zur Gottheit aus.[128]

In den Mysterien der Attargatis genossen syrische Priester die Göttin beim Essen von Fischen. Sie waren ihr heilig, wurden in Teichen nahe den Tempeln gehalten und in einem sakralen Mahl als Fleisch der Göttin verspeist. Einer ihrer Tempel, wiederholt im Alten Testament erwähnt, stand in Karnion, westlich vom See Genezareth. Später wurde der Fisch, Sinnbild weitverbreiteter heidnischer Fischmysterien, das Symbol der christlichen Eucharistie, die nun als »das wahre Fischmysterium« galt, als »der eine reine Fisch«.[129]

Bezeichnenderweise erfolgte die Übernahme des Fisches als Kultsymbol zuerst durch die Christen in Syrien, wo die Fischverehrung am bekanntesten war. Dann bildete das griechische Wort für Fisch, »ichthys«, ein Anagramm für den griechischen Namen »Jesus Christus, Gottes Sohn, Heiland«.[130]

Auch der Mithraskult – dessen Priester sich häufig »Vater«, dessen Gläubige sich »Brüder« nannten und der, wie dann die katholische Kirche, sieben Sakramente kannte – besaß außer Taufe und Firmung eine Kommunion. Sie bestand aus Brot und Wasser oder einem Gemisch aus Wasser und Wein und wurde, wie im Christentum, zum Gedächtnis an eine letzte Mahlzeit des Meisters mit den Seinen begangen. Die Hostien trugen ein Kreuzzeichen, die Messe fand täglich statt, die wichtigste jedoch am Sonntag, wobei der Zelebrant über Brot und Wasser die heiligen Formeln sprach.[131]

Üblich sind in antiken Religionen auch »heilige Getränke« gewesen.

Das persische Haoma und sein indisches Äquivalent waren ein berauschender Trank, von dem man glaubte, er vertreibe den Tod. In der vedischen Religion galt Soma als Göttergetränk, aber auch als Unsterblichkeitstrank für die Menschen. »Wir haben den Soma getrunken, wir sind unsterblich geworden, wir sind zum Licht gekommen, wir sind zu den Göttern gelangt. Was kann das Üble uns nun tun, wie kann die Feindschaft eines Sterblichen uns, die Unsterblichen, bekümmern.«[132]

Beim Gottesdienst des Mithraskultes gebrauchte man die gleichen Mahlgeräte wie bei der christlichen Eucharistie, Kelch und Patene. Auch vermischte man bei Mithras, wie meist bei der Messe, den Wein mit Wasser und verbeugte sich vor dem heiligen Kelch. Doch gab es heilige Getränke auch in den eleusinischen und dionysischen Mysterien.[133]

Schon jetzt sind die Parallelen zum christlichen Abendmahl verblüffend. Bevor wir aber weitere ziehen, sei mit allem Nachdruck betont:

Weder Jesus noch die Urapostel praktizierten ein sakramentales Mahl

Die synoptische Stiftung des Herrenmahles ist seit W. Heitmüller als Kultlegende erkannt und bleibt... für Aussagen über den historischen Jesus besser außer Betracht.

Der Theologe Herbert Braun[134]

Die Kirche behauptet die Stiftung des Abendmahles durch Jesus. Als Beweis dienen seine angeblichen Worte beim letzten Mahl mit den Jüngern: »Dies ist mein Leib, der für euch gebrochen wird; tut das zu meinem Gedächtnis!« »Dieser Becher ist der neue Bund in meinem Blut; das tut, so oft ihr trinkt, zu meinem Gedächtnis!«[135]

Nun erheben sich gegen die Einsetzung eines sakramentalen Mahles durch Jesus aber schwere Bedenken.

Einmal schließt dies schon seine antikultische Haltung aus, seine Geringschätzung äußerer Handlungen, sein leidenschaftlicher Kampf gegen allen Formalismus und Gesetzeskleinkram, den wir bereits zu Beginn des Taufabschnittes streiften (S. 100 f). Weiter dagegen spricht Jesu Erwartung des nahen Weltendes, freilich eine Täuschung. Und er vermied auch jede genaue Voraussage, war er doch überzeugt, daß einige seiner Jünger »den Tod nicht schmecken werden, bis daß sie sehen das Reich Gottes kommen mit Macht«! Daß sie mit der Mission in Israel nicht zu Ende sein würden, »bis der Menschensohn kommt«! Daß sich das Strafgericht Gottes noch »an diesem Geschlecht« vollziehe! »Wahrlich, ich sage euch«, weissagt er, »dieses Geschlecht wird nicht vergehen, bis dies alles geschehen ist.«[136]

Wie die Propheten, die Essener, die jüdischen Apokalypsen und Johannes der Täufer, hat also auch Jesus seine Generation als die letzte betrachtet, mit ungeheurer Intensität das nahe Ende prophezeit – und sich geirrt: eine Erkenntnis, die inzwischen, als kopernikanische Tat der modernen Theologie, deren nicht dogmatisch gebundene Repräsentanten fast allgemein vertreten.[137] Wer aber das Weltende erwartet, stiftet weder Kirche noch Sakramente, weder Taufe noch Abendmahl.

Unwahrscheinlich ist dessen Einsetzung durch Jesus jedoch aufgrund der Berichte über dieses letzte Mahl selbst: vermutlich ein einfaches Abschiedsmahl, wobei er, in der Ahnung seines Todes, seinen Leib mit gebrochenem Brot, sein Blut mit dem Wein im Kelch verglich.

Der angebliche Stiftungsbefehl »Tut dies zu meinem Gedächtnis!« hat dabei größte Bedeutung. Liegt ohne ihn doch gar keine Einsetzung des Abendmahls vor, da erst er diesem Mal den Charakter eines ständig wiederholbaren und zu wiederholenden Sakraments gibt. Aber gerade der wichtige Stiftungsbefehl steht in drei von vier Evangelien überhaupt nicht. (Genauso verhält es sich ja mit dem vermeintlichen Kirchengründungswort!) Der sogenannte Stiftungsbefehl steht nur bei Lukas; doch auch da bloß für den Ritus des Brotbrechens. Und er fehlt auch in mehreren alten Handschriften bei Lukas ganz!

Erschwerend kommt hinzu, daß die Urapostel selber

kein sakramentales Mahl praktizierten, sondern nur die Form des gemeinsamen Essens wie zur Zeit Jesu. Bloß brachen sie jetzt, in der fiebrigen Erwartung seiner baldigen Wiederkunft, das Brot mit »Frohlocken«, ohne Priester und Kult.[138]

Etwas entscheidend Neues aber beginnt, wie so oft, bei Paulus, dem eigentlichen Gründer des Christentums. Unter weitestgehender Ignorierung Jesu und seiner Predigt[139] führte er lauter neue Dogmen ein: die Erlösungslehre, die Lehre von der Erbsünde, die von der Prädestination; auch beginnt bei Paulus der Einbruch der Askese, die Verachtung der Frau und die Diffamierung der Ehe.[140]

Paulus wurde der Begründer des christlichen Abendmahls

Nur bei Paulus steht der sogenannte Stiftungsbefehl des Abendmahls für Brot *und* Wein. Und von Paulus drang der Wiederholungsbefehl ins Lukasevangelium ein; während ihn sonst weder Markus noch Matthäus, noch das Johannesevangelium überliefern, das nach Meinung führender Theologen das Abendmahl geradezu abgelehnt oder für überflüssig gehalten hat.[141]

Paulus aber, in dessen Gemeinde in Korinth das Abendmahl zunächst ein ganz gewöhnliches Essen war, ein Sättigungsmahl für die Armen, wie in der Urgemeinde von Jerusalem, machte nun aus einem Liebes- ein Kultmahl, ein Scheinmahl, einen supranaturalen Erlösungsritus. Zu dieser einschneidenden Änderung veranlaßten ihn Klassenunterschiede in Korinth, ein Tafeln, wobei der »eine hungert, der andere betrunken ist«.[142] Aufgrund solcher Mißstände schon in der ältesten Zeit des Christentums, im Jahr 56, regte der Apostel an, in Zukunft daheim zu essen und sich während der Zusammenkünfte auf eine verkürzte Feier, ein bloß symbolisches Speisen, zu beschränken.[143]

Bezeichnenderweise berief sich Paulus bei Propagierung des neuen Mahltyps nicht auf die Urgemeinde, sondern auf eine himmlische Offenbarung![144] Auch suchte er nach einer Stütze im Alten Testament und lehrte, wie die jüdischen Väter einst alle in der Wolke und im Meer »getauft« worden seien, so haben sie »auch allesamt dieselbe Speise gegessen und sämtlich denselben geistlichen Trank getrunken; sie tranken nämlich aus einem geistlichen Felsen, der sie begleitete, und dieser Fels war Christus.«[145]

Eine haarsträubende Allegorese, wovon es freilich in jenen Zeiten wimmelte (und nicht nur in jenen). Tatsächlich gibt es keinen Zweifel:

Das christliche Abendmahl entstand in genauer Nachahmung heidnischer Bräuche

Um den Zusammenhang des Abendmahls mit den antiken Mysterienkulten wußte niemand so gut wie die Kirchenväter.

Der Theologe Friedrich Heiler[146]

Paulus war aufgewachsen in der Umwelt der Mysterienkulte. Sie kannten unter all den Lehren und Riten, die er ins Christentum überführte, auch eine heilige Kommunion. So schreibt der Theologe Carl Schneider, dessen große *Geistesgeschichte des antiken Christentums* ich nicht genug empfehlen kann: »Paulus und seine griechischen Gemeinden haben das gleiche erlebt wie die Mysten von Eleusis bei dem heiligen Kykeon, die des Dionysos bei dem herumgereichten Weinbecher, die der Kybele bei dem Essen und Trinken aus dem heiligen Kymbalon und Tympanon und die des Mithras bei Brot und Wein. Die Einsetzungsworte werden schon bei Paulus ähnlich wie die Deuteworte in Eleusis gebraucht.«[147]

Denn hier geht es durchaus nicht, wie die Kirche vorgibt, nur um äußere Ähnlichkeit: Die inhaltlichen Übereinstimmungen sind noch evidenter. Kein Gedanke, den es nicht schon in den Mysterienreligionen gegeben hätte, denen die beiden ältesten christlichen Kulthandlungen, Taufe und Eucharistie, entstammen. Beim sakramentalen Mahl vereinigte der Myste sich mit dem gestorbenen und wieder auferstandenen Gott, er wurde neu geboren und erhielt die Gewähr für die ewige Seligkeit.

Dasselbe Sakramentsverständnis kehrt im paulinischen Abendmahl wieder. Wie nach kirchlicher Lehre die Jünger das Blut Christi, von ihm selbst vor seinem Tod gereicht, aus dem Weinkelch tranken, so trank Isis vor dem Tod des Osiris dessen Blut, das er ihr selbst in einem Weinbecher reichte.[148] Wie die Empfänger des Abendmahls, nach Paulus, Tischgenossen Christi sind, so waren die Mysteriengläubigen Tischgenossen des Gottes.[149] Wie das Abendmahl die volle Vereinigung mit Christus bewirkt, so gingen schon Dionysos und Mithras beim mystischen Mahl und Trinken des heiligen Weines ganz in die Ihren ein.[150] Wie die Teilnehmer am Abendmahl, so fühlten sich auch die Besucher der Sarapis- und Isiskultmahle kraft der sakramentalen Magie untereinander verbunden.[151] Wie bei der frühchristlichen Eucharistie der Gedanke des Trostes eine Rolle spielt, so schon beim Genuß des heiligen Gerstenweintranks in den eleusinischen Mysterien.[152] Wie der von Paulus propagierte Brauch ein Erinnerungsmahl ist, verknüpft nämlich mit dem Gedanken an Jesu letztes Mahl und seinen Tod, so erinnerten alle Mysterienkultmahle an eine bestimmte Situation aus der Geschichte des Gottes.[153]

Mit Recht schreibt der Theologe Lietzmann: »Dem Opfermahl der Heiden und Juden entspricht bei den Christen das Abendmahl. Und so wie die Heiden durch den Genuß ihrer Opfermahlzeiten in eine geheimnisvolle Gemeinschaft mit ihren Göttern treten, so wir mit dem erhöhten Herrn.«[154]

Wie groß die Ähnlichkeit ist und wie stark sie empfunden wurde, möge kurz Firmicus Maternus, ein Kirchenvater des 4. Jahrhunderts, bezeugen. Den Mysterienspruch des Attiskultes: »Aus der Pauke habe ich gegessen, aus der Zimbel habe ich getrunken und habe die religiösen Geheimnisse gründlich kennengelernt«, kommentiert er: »In böser Weise bekennst du, elender Mensch, die verübte Freveltat. Einen verpestenden Giftsaft hast du geschlürft, und du leckst den todbringenden Kelch, von ruchloser Raserei angetrieben ... Eine andere Speise ist es, welche Heil und Leben spendet, eine andere Speise ist es, welche den Menschen dem höchsten Gott empfiehlt und versöhnt, eine andere Speise ist es, welche die Ermatteten erleichtert, die Irrenden zurückruft, die Gefallenen aufrichtet, welche den Sterbenden die Wahrzeichen ewiger Unsterblichkeit schenkt. Suche Christi Brot, Christi Kelch ... Süß ist die himmlische Nahrung, süß die Gottesspeise.«[155]

Das Kriterium für das »wahre« Mahl sieht dieser Kirchenautor in den Worten des Johannesevangeliums: »Ich bin das Brot des Lebens ...«, oder: »Wenn ihr nicht das Fleisch des Menschensohnes essen und sein Blut trinken werdet« – Wendungen, die unverkennbar an ältere heidnische anklingen, zum Beispiel an die bekannte Asklepiosformel: »Wenn du stirbst, bist du nicht gestorben«, oder an ein altes Kultwort der Osiris-Isis-Mysterien: »So wahr Osiris lebt, wird er auch leben, so wahr Osiris nicht tot ist, wird er auch nicht sterben, so wahr Osiris nicht vernichtet ist, wird er auch nicht vernichtet werden.«[156]

Das Abendmahl wird zum Mittelpunkt der Messe

Das Abendmahl hat allmählich aufgehört Mahl zu sein und am Abend begangen zu werden.

Der Theologe Reinhold Seeberg[157]

Gegen die Einführung des sakramentalen Abendmahls durch Paulus hatten sich dessen Arme in Korinth, denen anstelle einer vollen Schüssel plötzlich ein Scheinmahl kredenzt wurde, verständlicherweise gesträubt. Und so erkennen wir denn noch in der Didache, zwei Generationen nach Paulus, im Abendmahl ein wirkliches Essen.[158]

Erst um die Mitte des 2. Jahrhunderts wurde die Eucharistie (die gute Gabe oder Danksagung), wie das Abendmahl inzwischen heißt, die »Arznei zur Unsterblichkeit, die Medizin, die den Tod verhindert«,[159] wurde sie von den abendlichen Gemeindemahlzeiten getrennt, auf den Vormittag verlegt und im Anschluß an den Wortgottesdienst gefeiert, wodurch die Urform des katholischen Gottesdienstes entstand.[160] »Der gesamte Gottesdienst gewann Mysteriencharakter«, schreibt der Theologe Heussi, »insbesondere die Eucharistie.«[161]

Die Eucharistie hat man in der Frühchristenheit allerdings noch recht verschieden vollzogen; nicht nur mit Brot und Wein, sondern, bei den nordafrikanischen »Aquariern«, bei Markioniten, Enkratiten, Apostolikern, mit Brot und Wasser; bei den Ebioniten, den bald verketzerten Nachkommen der Urgemeinde, mit Brot und Salz; bei den Montanisten mit Brot und Käse; und selbst in großkirchlichen Kreisen genoß man offenbar als Eucharistie Brot, Wasser und Gemüse.[162] Überall schimmerte hier der ursprüngliche Charakter des Mahles noch durch.

Und von der Lehre der »Transsubstantiation«, der Wesensverwandlung, wonach bei der »Wandlung« aus Brot und Wein Leib und Blut Christi werden, aus begreiflichen Gründen nur unsichtbar, war in den ersten christlichen Jahrhunderten überhaupt nicht die Rede. Die Wendung »Transsubstantiation« ist bei katholischen Theologen nicht vor dem 12. Jahrhundert nachweisbar. Weder das apostolische noch nachapostolische Zeitalter kannte sie. Wohl aber trat sie erstmals bei »Ketzern« auf, in der Eucharistie der valentinianischen Markosier, einer gnostischen Sekte. Damals verdammte die Kirche durch ihren führenden Theologen, den hl. Irenäus, die angebliche Wesensverwandlung als krasses Mißverständnis – und erhob sie auf dem Vierten Laterankonzil 1215 unter Papst Innozenz III. zum Dogma![163]

Auch Reformator Luther übernahm die Abendmahlfeier der Katholiken, insistierte wie sie auf leibhafte Gegenwart des Herrn und behauptete, die Welt werde durch den unwürdigen Genuß von Brot und Wein »mit Seuchen, Kriegen und anderen greulichen Plagen überfallen«.[164]

Sind aber Kriege und Greuel erst da, unterstützen sie die christlichen Prediger, die sie häufig (mit) herbeigeführt haben und herbeiführen, noch durch die – dann stets besonders begehrte – Eucharistie! So erinnert sich ein früherer Feldkleriker Hitlers 1964 in einem Opus mit Vorwort von Militärbischof Kunst und dem Generalinspekteur des Heeres, Foertsch: »Der Feldkoffer war praktisch eingeteilt. Er enthielt neben den Geräten für die

Feier des heiligen Abendmahls ein Kruzifix, zwei Leuchter, zwei Antipendien und Kerzen. Die aus edlem Metall hergestellten Einzelteile waren in ihrer Form durchaus würdig... Der Feldkoffer war der treue Begleiter der Kriegspfarrer auf allen Schauplätzen des modernen Krieges. Er tat seinen guten Dienst überall da, wo Gottes Wort verkündet und Christi heiliges Mahl gespendet wurde.«[165]

Der evangelische Theologe Ahlheim kommentiert: »Neunzehnhundert Jahre Geschichte des christlichen Abendmahls: vom Liebes- und Gemeinschaftsmahl zum priesterlichen Opfermahl und schließlich zum Feldkoffer, zur bitteren Satire.«[166]

Doch wollen wir das Wunderbare der Sache nicht übersehen.

Von der wundervollen »Erfindung« des »heiligen Sakramentes«

Auch dieses ist eine Erfindung der unendlichen Liebe Gottes... Es ist das größte aller Wunder, die Christus gewirkt hat, wie der hl. Thomas sagt.

Der Jesuit Alfons Rodriguez[167]

Der Brautstand einer katholischen Seele oder Gemeinde... in der mystischen Ehe mit dem eucharistischen Gotte: das ist ihr Frühling, ihr Grünen und Blühen; da gründet jenes selige Gefühl, welches den ganzen Leib der Kirche durchzuckt, und alle Schönheit, mit welcher sie sich nach außen schmückt.

Der Theologe Andreas Gaßner[168]

Der »Gipfel der Christuserfahrung«, wie in dem umfangreichen, von Ferdinand Klostermann, Karl Rahner und Hansjörg Schild herausgegebenen *Lexikon der Pastoraltheologie* steht,[169] der Sakramentenempfang, wird durch die »Wandlung«, die korrekte Rezitation der »Einsetzungsworte« ermöglicht, die gleich eine ganze »Reihe von Wundern« bewirkt.[170] Der Jesuit Alfons Rodriguez, dem ich folge, rühmt immerhin sieben – wahrhaftig keine Kleinigkeit: sieben Wunder in einem! (Ich erlaube mir in aller Bescheidenheit, dies das achte zu nennen.)

Wunder eins: Durch die »Konsekration« werden aus Brot und Wein Leib und Blut Christi. »Und zwar derselbe Leib unseres Heilandes, der aus dem jungfräulichen Leibe der heiligsten Jungfrau geboren wurde, der am Kreuze hing, der von den Toten wieder auferstand und jetzt zur Rechten des Vaters thront in unendlicher Herrlichkeit.«[171] Und wie viele Messen zur selben Zeit allüberall auf der Welt auch gelesen werden, immer und überall ist im selben Augenblick, tausendmal, zehntausendmal, Leib und Blut Christi gegenwärtig, und immer und überall ist es natürlich (oder vielmehr übernatürlich) derselbe Christus! Auch wiederholt sich das Wunder, Tag für Tag, durch die Jahrtausende von neuem ...

Wunder zwei: Bleibt bei sonstigen Sakramenten die Materie dieselbe Materie, Wasser bei der Taufe Wasser, Öl bei der Firmung Öl, auch bei der Letzten Ölung (ein katholischer Theologe nannte letztere einmal mir gegenüber »Abschmierung«), ist es bei der »Transsubstantiation« umgekehrt. Die Materie ändert sich, wird Fleisch und Blut Christi. Es ist – dies das zweite *»staunenswerte Wunder«* – nun keinerlei Brot und Wein mehr da, *»obschon das unsern Sinnen so scheint«*.[172] Wir sehen, o Wunder, Brot und Wein, die doch jetzt – ich wage es zu sagen: in Wirklichkeit – Leib und Blut des Herrn sind! Wer's bezweifelt, bedenke das Wort des hl. Ambrosius: »Der aus nichts Himmel und Erde erschuf, der wird wohl auch aus einem Dinge ein anderes machen und ein Wesen in ein anderes verwandeln können.«[173] Eben – vorausgesetzt, er erschuf Himmel und Erde. Doch schließt auch Rodriguez scharf: »Lehrt uns denn nicht die Erfahrung, daß das Brot, das wir essen, durch ganz natürliche Vorgänge zum Wachstum unseres Leibes dient? Sollte da dem allmächtigen Gott die Kraft fehlen, jene wunderbare Umwandlung zu bewirken?« Wobei sich der Pater auch noch auf die Worte des Engels zur »allerseligsten Jungfrau« berufen kann: »Bei Gott ist kein Ding unmöglich.«[174]

Wunder drei: Es besteht darin, daß die wundervolle Metamorphose nicht nur eine natürliche Umgestaltung, Formveränderung, Transformation ist, sondern »Transsubstantiation«, *»eine Wesensveränderung«.*[175] Mir scheint dies Wunder drei zwar schon in Wunder eins zu stecken, wie übrigens auch Wunder zwei, doch ein, zwei Wunder mehr machen die Sache noch wunderbarer.

Wunder vier: Die Substanz von Brot und Wein verschwindet, jede Eigenschaft aber von Brot und Wein, Form, Farbe, Geruch, Geschmack, kurz, alles bleibt! »Und das ist ein neues großes Wunder, da sonst die zufälligen Eigenschaften eines Wesens nicht für sich allein fortbestehen können ... Hier aber bestehen die Gestalten von Brot und Wein ganz gegen alle natürliche Ordnung [!] fort, obwohl die Substanz von Brot und Wein nicht mehr vorhanden ist. Sie werden also von Gott durch ein fortwährendes Wunder erhalten.«[176] Meines Erachtens freilich – doch fehlt mir das Ingenium unsres Jesuiten – steckt auch Wunder vier, wie Wunder drei, schon in Wunder zwei bzw. eins.

Wunder fünf: Hier wartet Rodriguez wirklich mit einem neuen phänomenalen Mirakel auf. Enthält das Brot ja nicht nur den Leib, der Wein nicht nur das Blut Christi, *»sondern unter jeder der beiden Gestalten ist der ganze Christus zugegen,* als wahrer Gott und wahrer Mensch, so wie er jetzt im Himmel ist.« Das heißt nichts anderes, als daß in der Hostie außer dem Leib auch Christi Blut, im Wein des Kelchs außer dem Blut »auch sein heiligster Leib mit seiner Seele und seiner Gottheit« ist und man, egal, was man kommuniziert, Hostie oder Wein, immer den Herrn komplett genießt.[177]

Wunder sechs: Es ist ebenfalls wahrhaftig *»ein anderes großes Wunder: Christus ist ganz zugegen nicht bloß in der ganzen Hostie, sondern auch in jedem Teilchen derselben, so klein es auch sein mag«.*[178]

Wunder sieben: *»Werden ferner die Gestalten gebrochen oder geteilt, so wird nicht Christus gebrochen oder geteilt, sondern er bleibt ganz und vollständig in jedem Teilchen.«*[179] Auch dies Wunder wieder scheint mir allerlei mit dem vorausgehenden gemeinsam zu haben. Doch wie immer, wir müssen, betont Pater Rodriguez, all *»diese wunderbaren Geheimnisse ... in heiliger Demut glauben, ohne sie neu-*

gierig erforschen zu wollen«.[180] Das dürfte uns auch etwas überfordern.

Der Gelehrte bemerkt noch, bei den anderen Geheimnissen müßten wir »nur« glauben, was wir nicht sehen; bei diesem »erhabenen Sakrament« aber müssen wir das Gegenteil dessen glauben, was wir sehen oder doch zu sehen meinen, das Gegenteil dessen, »was uns die Sinne sagen«, und schließt messerscharf: »Und eben deshalb ist unser Glaube von großem Verdienste.«[181]

Welche Wohltaten sich mit all dem verbinden, welche Probleme freilich auch, Aporien, die ungezählte, ganze Bibliotheken stopfende Folianten füllen, läßt sich hier nicht einmal andeuten. Doch eine Schwierigkeit sei wenigstens gestreift, eine Frage, die ich in der gelehrten Literatur, es mag an meiner Unkenntnis liegen, nie erörtert fand, so wichtig, ja naheliegend sie erscheint, nämlich:

Dürfen Vegetarier die heilige Kommunion empfangen?

Leider ist es nicht möglich ... die Gründe darzulegen, warum Fegetarier [sic] kommunizieren können.

Domherr Max Hofer[182]

Mönche der Gascogne hielten eine Maus für heilig, die eine Hostie gefressen hatte – überliefert zumindest Lichtenberg. Wie heilig aber halten Vegetarier (aus ethischer Überzeugung) diese Überzeugung, wenn sie Fleisch und Blut Christi verspeisen, wahres Menschen- und Gottesfleisch zugleich?

Dies ernste, in den einschlägigen moral- wie pastoraltheologischen Traktaten jedoch vielleicht noch nie behandelte Dilemma bewegte einen Schweizer unserer Tage tief. Am Weihnachtsfest (am 26. Dezember) 1982 richtete er an den Oberhirten der Diözese Basel folgenden Brief: »Lieber hochwürdiger Herr Bischof Wüst, Entschuldigung, wenn ich direkt an Sie schreibe, aber ich glaube, daß es das beste ist, weil ich bis jetzt keine richtigen Antworten bekommen habe von andern. Mein Problem ist dies: Ich bin seit einem halben Jahr Vegetarier, und zwar konsequent und esse kein Fleisch mehr. Als Katholik ging ich auch regelmäßig zur heiligen Kommunion, bis mich jemand einmal aufmerksam machte, daß die heilige Kommunion ja eigentlich Fleisch und Blut Christi sei. Dies wird ja vom Priester in jedem Gottesdienst auch ausdrücklich betont. Ich möchte Sie nun fragen, wie es wirklich ist. Muß ich als Vegetarier auf das Fleisch und Blut Christi verzichten oder kann man die heilige Kommunion auch anders verstehen, da es ja eigentlich Brot ist? Ich bin froh, wenn Sie mir sobald als möglich antworten können. Ich grüße Sie hochachtungsvoll [gez.] Fredi Kummer«

Dies Schreiben blieb längere Zeit unbeantwortet. Der sich dann doch anschließende Briefwechsel erlaubt aber kaum den Schluß, man habe am Solothurner Bischofshof der überraschenden Gewissensnot kein theologisches Gewicht beigemessen. Das Gegenteil mag zutreffen: vielleicht um so mehr Kopfzerbrechen, als auch die geistlichen Herren in der gelehrten Literatur offenbar nicht fündig wurden. Jedenfalls nötigte erst eine weitere Anfrage unseres Skrupulanten das Bischöfliche Ordinariat der Diözese Basel, 4500 Solothurn, am 21. März 1983 (HO/js) zu einer ersten Reaktion: »Sehr geehrter Herr Kummer, Bischof Otto Wüst hat mich beauftragt, Ihnen auf Ihr Schreiben vom 7. März 1983 zu antworten. Im von Bischof Otto Wüst verfaßten Wort zur Fastenzeit 1977 finden Sie im Abschnitt ›Die Gegenwart Jesu‹ die Aussagen unseres katholischen Glaubens über das tiefe Geheimnis der Wandlung von Brot in den Leib und von Wein in das Blut Jesu. Ich entbiete Ihnen für die noch verbleibende Fastenzeit und die Feier des Leidens, des Todes und der Auferstehung unseres Herrn meine besten Segenswünsche. [gez.] Max Hofer, Bischofssekretär«

Fredi Kummer bedankte sich im Juni – »aber ehrlich gesagt, ganz klar ist es für mich halt immer noch nicht: Darf ich als Vegetarier nun Fleisch und Blut Jesu bei der Heiligen Kommunion essen oder nicht? Da ich die Broschüre erst einige Tage vor Ostern erhielt, mußte ich vorsichtshalber die diesjährige Osterkommunion auslassen. Ich habe mich entschlossen, die siebenseitige Broschüre an Pfingsten nochmals zu lesen, in der Hoffnung, erleuchtet zu werden. Inzwischen ist aber ein Monat vergangen, und ich weiß immer noch nichts. Ich möchte Sie daher nochmals bitten, mir zu sagen, wie es nun wirklich ist. Muß ich als konsequenter Vegetarier auf das Fleisch und Blut Jesu Christi verzichten, oder darf ich die Heilige Kommunion auch nur bildlich verstehen, da alles eigentlich nur Brot und Wasser ist?«

Domherr Max Hofer, dem Problem offensichtlich nicht gewachsen, bespricht es nun, wie er am 23. Juni Kummer mitteilt, »auch noch mit dem Leiter des Pastoralamtes, Bischofsvikar Anton Hopp ... Wir beide sind der Ansicht, daß Sie als Vegetarier durchaus die Heilige Kommunion empfangen können«.

Fredi Kummer, zunächst erfreut, bekommt freilich bald erneute Zweifel. »Konsequenterweise«, meldet er am 28. August nach Solothurn, »habe ich diesen Sommer wieder das Fleisch und Blut Jesu Christi verspiesen, bis mir jedoch wieder Ungewißheiten auftauchten. Ich realisierte, daß Sie mir zwar die Erlaubnis, nicht aber eine Begründung gaben, warum ich als Vegetarier Fleisch und Blut Christi verspeisen darf. So habe ich mich entschlossen, auf die Heilige Kommunion zu verzichten, bis ich von Ihnen eine nähere Erklärung erhalte. Ich bitte Sie darum, mir so bald wie möglich Ihre Erlaubnis zu begründen.«

Der bischöfliche Sekretär replizierte am 7. September u. a.: »Leider ist es nicht möglich, im Rahmen eines Briefwechsels Ihnen *eingehend* die Gründe darzulegen, warum Fegetarier [sic] kommunizieren können. Ich rate Ihnen, darüber mit einem Priester zu sprechen. Es wird zweckdienlich sein, wenn Sie diesen Priester auf unseren Briefwechsel hinweisen«.

Herr Kummer ist weiter »enttäuscht«. Sei es doch schon, registriert er am 23. September, der achte Brief, den man wechsle, »und ich weiß immer noch nicht, warum ein überzeugter Vegetarier das Fleisch und Blut Jesu Christi verspeisen kann, ohne seine vegetarischen Grundsätze zu übertreten! Ich sehe nicht ein, warum Sie die Gründe nicht im Rahmen eines Briefwechsels darlegen können. Meine Frage ist doch so einfach: Der Priester sagt doch bei der Heiligen Messe, daß er im Namen Gottes gewöhnliches Brot und gewöhnlichen Wein in Blut und Fleisch Jesu Christi verwandelt. Ist dieses verwandelte Brot und Wein nun echtes Fleisch und Blut, oder meint man das nur so? Ich habe mich entschlossen, daß ich ab heute in einen katholischen Hungerstreik trete und nicht mehr die Heilige Kommunion empfange, bis sie [sic] mir auf obige Frage klar und eindeutig antworten.«

Herr Hofer kann nur abermals bedauern und leider »nichts anderes tun«, als seinem Briefpartner bereits vier Tage später »erneut die Ausführungen von Bischof Dr. Otto Wüst ›Die Gegenwart Jesu‹ zuzusenden. Darin finden Sie eine klare Antwort auf Ihre Frage, z. B. in dem Satz: ›Daß dieses Brot wahrhaft der Leib des Herrn ist, daß dieser Wein wahrhaft sein Blut ist, ist ein uns geschenktes Geheimnis, das all unser Scharfsinn nie einzufangen vermag, das wir nur glaubend annehmen können...!‹«

Um nichts Heilsnotwendiges zu unterlassen, vielleicht aber auch, um den lästigen Frager loszuwerden, zieht Domherr Hofer einen dritten Kollegen ins Vertrauen. Er schickt Kopien des Briefwechsels dem Vertreter des Bischofs in Basel, dem Regionaldekan und Domherrn Andreas Cavelti, und empfiehlt Kummer diesen für »weitere Auskünfte über Ihr Anliegen«.

Der Hingehaltene aber tut darauf etwas anderes.

Am 16. Dezember 1983, ein Jahr immerhin nach seinem ersten Brief an Bischof Wüst, bittet er den Basler Kantonschemiker »um Hilfe ... in einem schweren Konflikt, weil ich ein überzeugter Vegetarier bin und Katholik«. Er streift das Problem, den Briefkontakt mit dem Bischöflichen Ordinariat, »sage und schreibe neun Briefe zwischen uns, und immer noch weiß ich nicht woran ich bin! ... Habe ich jetzt als überzeugter Vegetarier Fleisch gegessen oder Brot?« Nicht einmal der Bischof Dr. Otto Wüst sehe einen Ausweg, er selbst, Fredi Kummer, wisse »soviel wie am Anfang, und ich bitte Sie, mir doch zu helfen, indem Sie mir die folgenden Fragen beantworten: – Haben Sie schon selber untersucht, oder wissen Sie von Untersuchungen, die kompetent Bescheid geben können, ob sich bei der Heiligen Wandlung Brot und Wein in Fleisch und Blut verwandelt? – Darf man etwas jemandem zum Essen anbieten, ohne daß man über den Inhalt informiert ist? Sind Geheimnisse erlaubt? Wie steht es mit der Lebensmittelkontrolle?«

Wirklich erfüllt sich jetzt Kummers Hoffnung, anstelle der unklaren amtskirchlichen Auskünfte wenigstens vom Kantonschemiker eine relativ klare Antwort zu erhalten. Unter dem 23. Mai 1984 berichtet der gläubige Skeptiker dem hochwürdigen Herrn Bischof, inzwischen habe sich alles zum Guten gewendet, »und zwar dank dem Kantonschemiker von Basel. Er schrieb mir, daß nach seiner persönlichen Meinung Vegetarismus und Hl. Kommunion nicht zu vergleichen seien. Es gibt zwei verschiedene Ebenen: – Vegetarismus = Überzeugung, Ansicht über Nahrungsaufnahme – Hl. Kommunion = Glauben, Weltanschauung über rel.-geistige Probleme. Bei der Hl. Kommunion ist nicht substantielle Gleichheit gemeint im vulgären, materialistischen Sinn. Es handelt sich nicht um grob materielle Verwandlungen, sondern um feine geistige Wirkungen. Der Kantonschemiker findet daher, daß ich als Vegetarier die Hl. Kommunion empfangen kann.

Zu meiner anderen Frage, ob die Hl. Kommunion unter die Lebensmittelkontrolle gestellt sei, meint er, es gebe keine amtliche Kontrolle. Der Staat solle nur das leibliche Wohl der Mitbürger im Auge haben. Für das geistige Wohl bestehe die Gewissens- und Glaubensfreiheit, so daß Sie als Vertreter der Kirche keine staatliche Kontrolle befürchten müssen. Sie sehen also, Herr Bischof, daß die Fragen über Vegetarismus sowie einer allfälligen Fleischkontrolle der Hl. Kommunion vom Kantonschemiker beantwortet wurden. Er hat durch klare Gedankengänge Licht in die dunklen Verwirrungen und Unsicherheiten gebracht und somit schlußendlich auch seelsorgerische Arbeit geleistet«.

Der dankbare Kummer regt deshalb den Kirchenfürsten an, dem Basler Kantonschemiker die offizielle Erinnerungsmedaille zum Papstbesuch zu verleihen, erkundigt sich in einem späteren Brief auch, wofür man sich entschieden habe: »Gold oder Silber?«, wird aber wiederum enttäuscht. Die Überstellung einer bischöflichen Medaille, bedauert der Domherr Hofer, sei aus »Konsequenzgründen nicht möglich«. Doch bekundet er noch im Mai: »Der Herr Bischof und ich freuen uns, daß der Kantonschemiker von Basel Ihre Fragen beantworten konnte.« Eigentlich ja ein peinliches Armutszeugnis. »Mit Genugtuung habe ich auch festgestellt, daß der Herr Kantonschemiker und ich zum gleichen Ergebnis gekommen sind: Sie können also auch als Vegetarier die Heilige Kommunion empfangen.« Indes, Kummer rügt diese Genugtuung, »da es einen großen Unterschied zwischen Ihnen und dem Kantonschemiker gab: er legte mir Gründe dar für seine Sichtweise, während Sie mir unbegründet einen Entscheid mitteilten!«

Der Bischofssekretär übermittelte dennoch seinen Dank an den Kantonschemiker, sah aber nach Veröffentlichung der gesamten Korrespondenz in der Zürcher *Wochenzeitung* (16. November 1984) und in der Berliner *tageszeitung* (24. November 1984), wie er, durchaus auskunftsfreudig, mir telefonisch am 22. Dezember 1986 sagte, »die ganze Sachlage lächerlich gemacht«. Die Zeitung, meinte er, wolle nur ihre Seiten füllen, man habe »lang« korrespondiert, doch Fredi Kummer existiere gar nicht; womit der Domherr sich täuschte (oder mich). Denn noch am selben Tag sprach ich auch mit Fredi Kummer, der durchaus, nur unter anderem Namen, in Basel lebt. Als Kind, hörte ich, klebte ihm einst die Hostie am Gaumen, und er hatte »schreckliche Angst, den Herrn zu zerbeißen«. Fredi Kummer, damals noch sehr gläubig, war bei seinen Anfragen in Solothurn aber schon aus der Kirche ausgetreten, der Briefwechsel »eine Gratwanderung«. Die Authentizität aller Texte bestätigte er mir, übrigens tat dies am selben Tag auch die Zürcher *Wochenzeitung* und nicht zuletzt, tatsächlich zuerst, Domherr Max Hofer, worauf sich nun jeder selber seinen Reim mache.

Die Frage bleibt allerdings, warum die Korrespondenz, vom Bischöflichen Ordinariat der Diözese Basel doch so ernst genommen, nach der Publikation »die ganze Sachlage lächerlich« macht – wenn sie es nicht schon vorher war!

Zwar wird man mir wegen meiner Dokumentation wieder einmal mangelnde Seriosität ankreiden, aber die Seriosität fehlt woanders: Denn beim Licht der Vernunft betrachtet – und bei der Nacht der Dogmengeschichte! –, behandelt Fredi Kummer die »ganze Sachlage« doch weit angemessener als die aufgeblasene und buchstäblich unglaubliche theologische Scheinwissenschaft, die ihre sachliche Inkompetenz durch die formale Systematik der stofflichen Gliederung – A, B, C ... I, II, III ... 1, 2, 3 ... a, b, c ... α, β, γ ... – wenigstens nach außen hin zu kaschieren sucht, um derart Schwachköpfen oder sich selbst etwas Halt zu geben.

Als Beispiel – gewiß eine geradezu ohnmächtige Andeutung dessen, was vorliegt – mögen hier einige Auslassungen der Experten dienen über

Die »Materie« der Eucharistie
oder
Man nennt es Religion

Auch sag ich, nützlicher als alle Bibeln
sind momentan uns unsre Volksschulfibeln!
Denn nur ein Narr beugt heut noch seinen Nacken
vor Göttern, die – aus Weizenmehl gebacken!

Arno Holz[183]

Als Arno Holz so dichtete, als er »die Überschwemmung dieser Welt / mit Branntwein, Christentum und Seife« geißelte, als er schrieb: »Der größte Schwindel dieser Weltgeschichte, / der größte Humbug ist das Christentum!« als er bekannte: »Ich bin also aus Religion gegen die Religion!«,[184] da kletterte Franz Adam Göpferts *Moraltheologie* von Auflage zu Auflage und von (religiösem) Detail zu Detail:

A. Materie der Eucharistie.

I. Materia remota ist Weizenbrot und Wein vom Weinstock (panis triticeus et vinum de vite), vgl. can. 814, 815.

1. Zur gültigen Konsekration ist erforderlich Weizenbrot. Das Weizenbrot muß bereitet sein aus Weizenmehl, mit Wasser gemischt, am Feuer gebacken, d. h. Weizenbrot im eigentlichen Sinne sein.

Ungültige Materie ist: a) Brot aus Linsen, Hafer, Hirse, Gerste, Buchweizen und Mais, b) gänzlich verdorbenes Weizenbrot, roher Weizenteig oder nicht als Brot gebackener, sondern mit Öl oder Butter gebackener Teig (weshalb die Hostieneisen nicht mit Öl oder Fett zu bestreichen sind), ebenso ein Gebäck, wo das Weizenmehl mit Milch, Eiern, Butter, Öl und Zucker vermischt ist, überhaupt sooft dem Weizenmehl eine gleiche oder größere Quantität anderer Stoffe beigemischt ist (S. Th. 3. q. 74. a. 3. ad 3). Zweifelhafte Materie ist Brot aus Roggen (Korn) oder aus Spelt. Manche halten Brot aus Spelt für gültige Materie, weil Spelt der nämlichen Spezies angehöre wie Weizen. Zu beachten ist hier, was in einzelnen Gegenden als Weizen gebraucht wird ... Brot aus Mehl mit Rosenwasser oder einer anderen destillierten Flüssigkeit gilt als zweifelhafte Materie. – Unerlaubte, wenn auch gültige Materie ist Brot, das zu verderben beginnt. – Mit einer zweifelhaften Materie darf nie konsekriert werden, weil die Gefahr der Idololatrie vorläge; außer etwa, meint Lehmkuhl II. X. n. 163, zu Vollendung des angefangenen Opfers, wenn eine sichere Materie nicht zu haben wäre; ist sie aber konsekriert, so darf sie nicht unwürdig behandelt werden, sondern ist vor der Purifikation zu sumieren.[185]

Ersparen wir es uns, was der Experte über die Erforderlichkeit zur erlaubten Konsekration unter 2., a), b), α, β und c) schreibt. »Ungültig« nennt er dann die Konsekration der Hostien:

welche hinter einer Wand sich befinden, zweifelhaft wenigstens ist die Konsekration, wenn sie im Tabernakel eingeschlossen sind. Ungültig ist die Konsekration so kleiner Teilchen, daß sie mit den Sinnen nicht wahrgenommen werden können, wenn sie nicht in einem größeren Ganzen enthalten sind. Gültig dagegen ist die Konsekration der Hostien, welche der Priester wegen Blindheit oder in der Dunkelheit nicht sieht, wenn er nur sonstwie, z. B. durch Berührung oder den Bericht anderer weiß, daß sie gegenwärtig sind. Ebenso ist gültig die Konsekration der Hostien, welche unter einer größeren Menge verborgen oder im geschlossenen Ziborium enthalten sind, ebenso die Konsekration des bedeckten Kelches. Für mindestens zweifelhaft erachte ich die Konsekration, wenn zufällig vor der Konsekration einzelne Partikeln in die Blätter des Meßbuches, unter das Korporale oder sonst ein Tuch geraten, auch wenn sie durch die Intention und die Opferung unter die zu konsekrierenden einbezogen waren. Denn nach vernünftiger Interpretation ging die Intention des Priesters doch dahin, nur diejenigen zu konsekrieren, die er in dem dazu bestimmten Gefäße oder auf dem Korporale vor sich hat. Sicher nicht konsekriert wären sie, wenn er bei der Konsekration nur die Intention hatte, die auf dem Korporale befindlichen Partikeln zu konsekrieren, eine Intention, die zu empfehlen ist, wenn viele Partikeln nur auf dem Korporale zu konsekrieren sind, weil da sehr leicht die eine oder die andere durch Zufall vom Korporale hinwegkommen kann. Anders liegt der Fall . . .[186]

Ersparen wir ihn uns wieder und weitere Fälle, ersparen wir uns auch, was der einstige Würzburger Professor der Moral- und Pastoraltheologie, der Homiletik wie der christlichen Sozialwissenschaft über die »Materie des Kelches« lehrt, den »Wein vom Weinstock«.[187] Es geschieht mit derselben penetranten Akribie, die auch seine Gebrauchsanweisungen hinsichtlich des aus Weizenmehl gebackenen Gottes kennzeichnen. Und wie er da ventiliert: Was, wenn der Priester nur zwanzig Partikel konsekrieren wollte, aber dann 21 im Ziborium sich finden; wenn er beabsichtigte, 25 zu konsekrieren, doch nur zwanzig da sind; wenn er zwei oder mehr Hostien in der Hand hat, während er glaubt, nur eine zu haben . . .[188] (lauter denkbare Fälle aus der Praxis, der Praxis einer *Religion!*). Wie er all dies und viel mehr noch einbezieht, erwägt, beurteilt (prüfet alles, das Beste aber behaltet!), so untersucht er beispielsweise auch bei der »Materie des Kelches« die »Streitfrage ..., ob die einzelnen von der Hauptmasse des Weines getrennten Weintropfen im Kelche gültig konsekriert seien. Die einen halten sie für konsekriert, die anderen nicht, wieder andere sehen zwar die näheren, nicht die entfernteren Tropfen als konsekriert an. Praktisch »ist zu empfehlen, daß man ein für allemal die Intention mache, sie von der Konsekration auszuschließen und nur die eine zusammenhängende Hauptmasse zu konsekrieren. Nur wenn man zu binieren hat, ist für die erste Messe die Intention vorzuziehen, die getrennten Tropfen zu konsekrieren, weil sonst durch den Genuß der nichtkonsekrierten Tropfen mit dem heiligen Blute des Jejunium gebrochen werden kann; doch braucht man deswegen nicht ängstlich zu sein, weil die Kirche ihr Gebot nur so weit urgiert, als es humano modo erfüllt werden kann. Die außen am Kelche hängenden Tropfen sind sicher nicht konsekriert.«[189]

Über allem vergißt die Würzburger Koryphäe nicht: Der Wein sollte nicht bloß »materia valida«, sondern möglichst auch »digna« sein, »d. h. es soll nicht der schlechteste Wein als Meßwein verwendet werden«.[190]

Nicht zufällig wohl hat der Meßwein seinen Ruf. Und kaum zufällig auch insistieren Theologen gern auf diesem Punkt, wollen sie etwa den Wein »nur von vereidigten und über die geltenden wesentlichen Bestimmungen aufgeklärten, gewissenhaften, christlich lebenden *Weinlieferanten,* die für volle Echtheit und Unverfälschtheit bürgen«, beziehen, ja, dies ist geradezu eine Voraussetzung für die *Würde des Sakraments.*[191] Otto Schöllig schreibt in seiner *Verwaltung der heiligen Sakramente* über »die sakramentalen Gnadenschätze«, die er »den Bedürfnissen der Gegenwart entsprechend ausgewertet und in einem innigen Leben mit der Kirche in den Dienst der Heiligung der Menschen gestellt« sehen will:[192]

Am besten wird der Wein in Flaschen aufbewahrt. Doch darf die Abfüllung erst bei Flaschenreife des Weines vorgenommen werden. Das Faß muß nach dem Transport mindestens acht bis zehn Tage ruhig liegen, damit sich das Geläger setzen kann. Die Flaschen sollen in reinem Wasser ausgekocht und kalt nachgespült, nach der Füllung sofort mit neuen Korken verschlossen und dann liegend bis zum Gebrauche aufbewahrt werden: liegend, damit der Kork immer feucht bleibt und den Luftzutritt verhindert; sonst entwickelt sich, namentlich bei größerer Wärme, der Essigsäurepilz, der sich in kleinen Mengen in jedem Wein, in größeren im Rotwein findet, und läßt den Wein zu Essig werden. Beim fortschreitenden Zersetzungsprozeß wird der Wein unerlaubte, beim zu Ende gehenden ungültige Materie (De Def. IV,2). Auch die Bildung von Kahm oder Kuhnen wird durch den Zutritt der Luft gefördert, da der Kahmpilz viel Sauerstoff braucht und namentlich in alkoholarmen Weinen gedeiht. Beeinträchtigt die Kahmbildung auch zuerst die Gültigkeit nicht, so läßt sie doch durch die Zersetzung des Alkohols in Wasser und Kohlensäure und die Vernichtung anderer Säuren den Wein allmählich schal und trüb werden und macht ihn in fortgeschrittenen Stadien zum vinum putridum, von dem das Missale sagt, es könne nicht konsekriert werden (De Def. IV,1). In geringerem Maße zeigt sich namentlich im Sommer die Kahmbildung schon, wenn der Meßwein in einer Flasche in der Sakristei aufbewahrt wird. Er sollte jeden Tag in der benötigten Menge aus dem Keller geholt werden, da auch das Herumschwimmen einiger Kahmflocken, die die Gültigkeit noch nicht gefährden, den Wein indezent und unappetitlich, bei größeren Mengen aber auch unerlaubt macht ... »Weinfälschungen« in der Sakristei müssen durch ernste Belehrung des Mesners und der Ministranten und durch stete Wachsamkeit des Seelsorgers verhindert werden.[193]

In der evangelischen Kirche, beiläufig bemerkt, gibt es, zumindest seit 1979, auch das alkoholfreie Abendmahl, das Abendmahl mit Traubensaft, um den »alkoholkranken Mitbrüdern und Schwestern die Teilnahme am Abendmahl ohne Gefahr für ihre Gesundheit« zu ermöglichen.[194] Etwas seltsam mutet es schon an, daß ausgerechnet die »Arznei der Unsterblichkeit« der Gesundheit schade. Jahrelange Überlegungen, wie man »die Teilnahme alkoholkranker Gemeindemitglieder am besten ordnen könne«, gingen denn auch dem Abendmahl mit Traubensaft voraus. Doch dann fand der bayerische Landesbischof Hanselmann, daß auch der Traubensaft Gewächs des Weinstocks sei und der Prozeß der Gärung nicht zum Status confessionis gemacht werden könne, zur alles entscheidenden Glaubensfrage. Das entspreche weder, weiß Hanselmann, der Absicht Jesu Christi, noch zerbreche daran die Treue zum lutherischen Bekenntnis. Sonderregelungen habe es immer gegeben, und die Pointe des Abendmahls liege nicht im Alkoholgehalt des Kelches, sondern darin, daß »die Gläubigen an der Gemeinschaft des Leibes und des Blutes des Herrn teilnehmen«.[195]

Auch nach unserer, freilich ganz unmaßgeblichen Meinung bleibt es sich völlig gleich, ob man da Wein oder Traubensaft zu sich nimmt oder Mineralwasser, wenn es auch, kein Zweifel, gerade die »Materie des Kelches«, der »Wein vom Weinstock«, vielen Jüngern des Herrn besonders angetan hat. Ein älterer Kollege Göpferts, Andreas Gaßner, Seiner päpstlichen Heiligkeit Ehrenkämmerer, Kapitular-Kanonikus des Stiftes Mattsee, k. k. Pastoralprofessor an der theologischen Fakultät zu Salzburg und Redakteur des *Salzburger Kirchenblattes,* wie – wegen der christlichen Demut – gleich auf dem Titelblatt steht, Dr. Gaßner, ein Kenner der Materie gewiß, schreit in seinem Abschnitt »Erneuerung der eucharistischen Spezies« – unter Anrufung Gottes und mit direktem Bezug auf ihn – fast auf: ». . . und ach Gott! oft welcher Wein! der eher dem gleichet, wie sie ihn dem Herrn am Kreuze gereicht haben, von dem es heißt: *Et noluit bibere.* Den ganzen Kelch der Leiden mit allen seinen Bitterkeiten hat er bis auf die Hefe geleert und freudig getrunken. Aber solch eine Mixtur von einem Wein zu trinken, sträubte sich seine göttliche und seine menschliche Natur – *et noluit bibere.* Wenn dann ein solches Getränk überdies ein halbes Jahr im Tabernakel stünde – es ist schauerlich auch nur daran zu denken.«[196]

Schauerlicher sicher ist es, an ein anderes Sakrament zu denken und an die vergiftenden Folgen, die es für ungezählte Menschen hatte und hat.

Beichte – Buße – Ablaß

Die Beichte

Wie der dogmatische Apparat ein Kerker für den Verstand ist, so ist die Beichte ein Kerker für den ganzen Menschen.

Der Jesuit Alighiero Tondi[197]

Sie haben recht, das ist eine ziemlich ungemütliche Sache. Soll man sie aber deswegen abschaffen? Das Zahnziehen ist auch ungemütlich, wir gehen aber dennoch zum Zahnarzt.

Alois Stiefvater[198]

So knallhart und schief argumentiert der Apologet in seinem Heftchen *Schlag auf Schlag*, in dessen erster Auflage er rät, gegen Gegner (»meist toller Unsinn, was sie verzapfen«) »Schlag auf Schlag« vorzugehen – »Nur nicht zögern... nur keine Minderwertigkeitskomplexe«[199] –, während er das Vorwort zur dritten Auflage mit dem Satz beschließt: »Eine schlagfertige Bemerkung hält sogar dem Jüngsten Gericht stand«,[200] was zeigt, daß Theologen sich selbst Gott gegenüber durchsetzen können, der freilich ohnedies nichts als das trojanische Pferd aller Pfaffen ist, der einzige Herr der Welt, der weniger zu sagen hat als seine Diener.[201]

Unter allen Sakramenten gibt es wohl keines, das so die Aufmerksamkeit der Theologen fand wie die Beichte. Kein Wunder, kettet sie doch mehr als alle andern immer wieder an die Kirche. So schrieb der Jesuit Adolf von Doß: »Gib Almosen, pflege Kranke, begrabe Tote, faste, wache, bete, quäle dich, kasteie dich, weine dir die Augen blind; – *nichts* von alledem ersetzt die Beichte.«[202]

Wie das meiste im Christentum, geht auch die katholische Sündenlehre und Beichtpraxis nicht auf Jesus zurück, demonstriert aber drastisch das kirchliche Anpassen an die Verhältnisse und die anscheinend unbegrenzte menschliche Dummheit.

Zumal von letzterer hatten schon andere profitiert. Eine Beichte kannte bereits der Buddhismus, der dem Bekenntnis reinigende Kraft zuschrieb: »Wo einer seine Sünden bekennt, so wohnt dem die Kraft inne, ihm die drückende Last derselben zu erleichtern oder ihn zu reinigen von seinen Sünden.«[203] Eine Beichte gab es im Jainismus, im Kult der Anaitis, in den samothrakischen Kabirenmysterien oder bei Isis, wo die reuigen Sünder unter den Drohungen der Priester sich auf den Tempelboden warfen, die heilige Tür mit dem Kopf rammten, die Reinen mit Küssen anflehten und Wallfahrten machten, während man im Bereich der Primitivreligion (denn das andere nennt man »hoch«) nach dem Bekenntnis Holzsplitter und Strohhalme in die Luft schleuderte und frohlockte: »Alle Sünden sind fortgegangen mit dem Wind.«[204]

In einigen Mysterienkulten bekannte man dem Priester als dem Stellvertreter der Gottheit seine Schuld, um so von den Folgen wieder frei zu werden. Manchmal unterließ man es auch. Als Antalkidas vor seiner Weihe zu Samothrake seine Sünden gestehen sollte, meinte er: »Wenn ich mich vergangen habe, werden es die Götter selbst wissen.«[205] Bei Isis hockten die Büßer vor dem Altar der Göttin, indes die Priester drohten: »Hüten mögen sich die Gottlosen und ihren Irrtum anerkennen!« Ja, in dieser Religion, wo man selbst für Abfall Erlaß fand, gab es schon eine komplette Ablaßpraxis, wie später im Katholizismus.[206]

Der mutmaßliche historische Jesus hat allerdings die Beichte nie eingesetzt. Deshalb legt sie erst das Johannesevangelium dem »Auferstandenen« in den Mund: »Nehmet hin den Heiligen Geist! Welchen ihr die Sünden nachlassen werdet, denen sind sie nachgelassen; und welchen ihr sie behalten werdet, denen sind sie behalten.«[207] Doch noch auf katholischer Seite muß man zugeben, die Heilige Schrift spreche die Notwendigkeit des Sündenbekenntnisses »nicht mit ausdrücklichen Worten aus«, und andere sichere Zeugnisse für die sakramentale Beichte biete sie nicht; »es bleibt überall zweifelhaft, ob es sich um die sakramentale Beichte handelt«,[208] was noch sehr schöngefärbt ist. »Wir geben zu«, gesteht ein anderer Katholik, »daß sich eine ausdrückliche Erwähnung der Beichte in den uns überlieferten Worten Jesu nicht findet«.[209] So haben auch alle Reformatoren ihre Einsetzung durch ihn bestritten.[210]

Jesus selber predigte zwar Vergebung, unterschied jedoch nicht, wie die Kirche, zwischen leichten und schweren Sünden.[211] Überhaupt verstand er offenbar etwas ganz anderes unter Sünde, nämlich ein Vergehen gegen die rechte Gesinnung des Herzens, nicht gegen bestimmte Verordnungen.[212] Gewiß verwendet er den Lohn-Straf-Gedanken, da er im Judentum viel zu stark verankert war. Entscheidend aber ist, daß Jesus das eudämonistische Lohnschema häufig durchbricht, daß er anstelle des jüdischen Vergeltungsdogmas immer wieder eine altruistische Gesinnungsethik, gelegentlich auch die völlige Verwerfung jeder Lohnerwartung vertritt.[213]

Für die Orthodoxie jedoch wird, im Unterschied zu manchen »Ketzern«, den Markioniten etwa, ein naiver Egoismus das entscheidende Motiv. Die guten Werke tut man nicht selbstlos, sondern im Interesse vermeintlichen Heils. »Wir, die wir aus Furcht vor dem angekündigten Gericht uns dieser Lehre in die Arme werfen«, gesteht Tertullian.[214] Do ut des, ich gebe, damit du wiedergibst, ist das jeder kirchlichen Lohnspekulation zugrundeliegende Prinzip. Alles geschieht bloß, wie Gregor von Nazian bekennt, »mit Rücksicht auf das andere Leben«,[215] ein religiöser Materialismus, der das Denken der gesamten (antiken) Kirche beherrscht.[216]

Immerhin kannte das Urchristentum nur eine einmalige Buße, die Taufe. In apostolischer Zeit galt sie als Bad, dem man rein entstieg, worauf eine zweite Buße ausgeschlossen war. Sie wird im Neuen Testament, im Widerspruch zu Jesus, als »unmöglich« bezeichnet[217] – Stellen, welche die Kirchenväter gern ignorieren oder, wie Athanasius, nur zur Hälfte zitieren.[218] Auch Paulus freilich schloß Christen mit schweren Sünden aus.[219] Dabei ist nirgends von einer Rekonziliation, der Möglichkeit einer Rückkehr, die Rede, weshalb viele die Taufe bis zu ihrer letzten Stunde verschoben.

Doch dieser Brauch, offenbar im irrtümlichen, von der ganzen Urchristenheit aber geteilten Glauben an die nahe Wiederkunft des Herrn entstanden, erwies sich als viel zu rigoros. Deshalb unterschied man, nach dem Vorbild der Mysterienkulte, zunächst zwischen vergebbaren, »läßlichen«, das heißt nicht zu ewiger Strafe führenden Sünden und »Todsünden«: Abfall vom Glauben, Unzucht (Ehebruch oder Hurerei) und Mord. Eine solche Unterscheidung macht bereits im frühen 2. Jahrhundert der erste Johannesbrief, was zu seiner Kanonisierung nicht unerheblich beitrug. Doch an der Existenz unvergebbarer Sünden hält auch diese neutestamentliche Schrift fest, ja, sie erlaubt nicht einmal, für den »Todsünder« zu beten.[220]

Die Lehre von den unvergebbaren Sünden aber ließ sich mit dem Ausbleiben Jesu nicht halten, zumal die Gemeinden immer mehr wuchsen. So verkündete im frühen 2. Jahrhundert der Christ Hermas, Bruder bezeichnenderweise eines römischen Bischofs, von einem Engel des Herrn unterrichtet (!), die Möglichkeit einer *einmaligen* zweiten Buße, damit den Ansatz zum katholischen Bußinstitut schaffend. Denn aus dem Einmal wurde bald ein Zweimal und Dreimal und schließlich ein Immerwieder – wie man's eben brauchte. Dabei hatte selbst Hermas seine Buße nicht generell, nicht für immer verkündet, sondern bloß bis zu dem ganz nahen Endgericht. Da es aber weiterhin ausblieb, verstand man Hermas generell.[221]

Freilich gewährte erst 217 oder 218 der römische Bischof Kallist, nach einem Selbstmordversuch, einer Unterschlagung und einem Sträflingsaufenthalt in Sizilien Heiliger Vater geworden,[222] die Möglichkeit einer zweiten Buße, und zwar den besonders zahlreichen »Unzucht«-Sündern. Erlaubte Kallist doch, um mit seinem

Konkurrenten, dem Kirchenvater Hippolyt, zu sprechen, »Frauen vornehmen Standes, einen Beischläfer nach ihrer Wahl zu haben, sei es einen Sklaven, sei es einen Freien und diesen auch ohne rechtmäßige Ehe für ihren Mann anzusehen«.[223] Papst Kallist gestattete indes nicht nur »Frauen von Stand« wilde Ehen, sondern zeigte sich auch sonst weitsichtig genug. Ein Bischof, lehrte er, dürfe, wie sündig auch immer, nicht abgesetzt werden, nicht einmal wegen einer Sünde gegen den Heiligen Geist.[224]

Weniger »fortschrittlich« denkende Christen widersetzten sich. In Karthago protestierte Tertullian. Die Jungfrau, die Braut Christi, rief er, werde zu einer Höhle der Ehebrecher und Hurer.[225] In Rom kam es zum Schisma des Hippolyt, das erst 235 mit dessen Verbannung endete. Nachdem er und sein Gegner Bischof Pontianus auf Sardinien gestorben waren, schaffte man ihre Leichen nach Rom, begrub sie zur gleichen Zeit, doch an getrennten Plätzen und feierte beide als Märtyrer.

Nach dem riesigen Abfall in der decischen Verfolgung Mitte des 3. Jahrhunderts aber nahm man auch Renegaten wieder auf, wogegen sich der sittenstrenge römische Kleriker Novatian erhob. Doch obgleich er bloß den alten Brauch beibehielt, persönlich untadelig war, ja als Märtyrer starb, exkommunizierte und diffamierte ihn die Kirche, nannte ihn feig, leugnete sein Martyrium und ließ dafür seinen Gegner, Bischof Cornelius, die Märtyrerkrone erringen, obwohl er nie Märtyrer geworden ist![226] Und nach der Synode von Arelate (314) und dem beginnenden Kriegsdienst der bisher streng pazifistischen Christen holte die Catholica selbst Mörder wieder in ihren Schoß. Im Lauf der Zeit wurde immer offensichtlicher, daß es gar nicht um Sittlichkeit, eine »Besserung« der Sünder ging, sondern um die Massen, die Schaffung von Abhängigen.

Die Methoden, dies zu erreichen, ändern sich von Zeit zu Zeit, änderten sich besonders im 20. Jahrhundert. Der Zweck bleibt immer derselbe.

Natürlich lehrt man heute nicht mehr, einem Kind Angst zu machen wie noch zu Beginn des Jahrhunderts und so lange schon davor: »Schaut einen Augenblick hinein in die Hölle. Da ist ein ganzes Feuermeer. Jesus redete von einem Feuer, das nicht erlischt (Mk 9,43). Wollt ihr etwa hinein in das unauslöschliche Feuer? Brennen, ewig brennen, nie verbrennen! Und doch hat vielleicht schon das eine oder andere Kind solche Sünden getan, die Gott mit der Hölle straft. Wenn so ein armes Kind in der Sünde gestorben wäre? Man kann nicht daran denken, ohne zu erschrecken. O guter Vater im Himmel, Dank dir! daß du mich nicht in den Sünden hast sterben lassen.«[227] (Ja, aber einen andern dafür, ungezählte andere! Und daß du sie in die Hölle steckst, guter Vater, bester aller Endlöser!)

Also derart macht man's inzwischen kaum noch. Gott bleibt zwar ewig derselbe, doch seine Diener zeigen ihn von Zeit zu Zeit, je nach Zeitgeist, etwas anders.[228] Ergo sollen die Eltern jetzt nicht mehr zum Kind sagen: »Du bist ein ganz böses Kind! Das sind ja alles Sünden! Das darfst du doch nicht tun!« Oder: »Peter, du warst heut so böse. Du hast den Hansi blutig geschlagen. Da mag dich der Vater im Himmel nicht, weil er das Böse nicht mag. Du mußt erst zu ihm sagen: Bitte, verzeih mir. Dann mag er dich wieder.« Nein: So geht das nicht... *Sondern:* »Vater im Himmel, der Hansi hat heut ein Weh, weil ich ihn geschlagen hab'. Laß ihn bitte gut schlafen, und laß das Weh wieder heilen.«[229]

Der Ton, gewiß, ist anders. Doch die Sache dahinter, die Absicht, der Zweck, die Machtgier, das alles hat sich nicht geändert, nicht im geringsten! Wie eh und je sucht man den Menschen so bald wie möglich geistlich zu gängeln, zu knebeln. Denn nach wie vor ist es »klar, daß die Gewissensbildung schon sehr früh ansetzen muß, aber nicht um dem Kind falsche Motive seines Handelns, nämlich eine Auflehnung gegen die Ordnung Gottes, zu unterschieben, nicht, um es ein Leben lang mit einem unverdauten Sündenbewußtsein zu belasten!«[230] Sondern mit einem verdauten! Das Sündenbewußtsein muß selbstverständlich bleiben. »*Sünde*«, heißt es in dem kirchlich abgesegneten *Lexikon der Pastoraltheologie* von Klostermann, Rahner und Schild, »bezeichnet einen streng theologischen Sachverhalt.« Sündenerfahrung sei

»nur im Horizont der Glaubenserfahrung möglich«. Folglich bedürfe es der »Augen des Glaubens«, um Sünde als solche wahrzunehmen. »Außerhalb des Glaubenszusammenhanges hat das Wort Sünde keinen Sinn, hat es eher den Beigeschmack des Komischen und Seltsamen.«[231]

So ist es – und den des Demagogischen dazu. Nur der Zungenschlag, mit dem man die alte Seelenfängerei betreibt, der Jargon, mit dem man die alten Lügen den Schäfchen weiter unterjubelt, ist etwas anders, die Gaunerei dieselbe. Erst macht man krank, dann »heilt« man! Erst macht man blind, dann führt man die Blinden! Von der »eigenen innersten Schönheit und Gnadenfülle« des Bußsakraments, einem »der größten Gnadengeschenke Gottes«, faselte man schon in früheren Jahrhunderten. Doch daß man nicht beichten »muß«, sondern »darf«, daß man mit »besonderer Absicht... vom *lieben* Beichten« spricht,[232] das liest man wohl erst seit einigen Jahrzehnten, seit man und weil man »in aller Deutlichkeit und Ehrlichkeit« erkannte und zugibt, »daß die vergangene Beichtpraxis uns auch in Sackgassen geführt hat«.[233] Ob man nun aber Gott mehr so oder so zeichnet, ob man diese »Sünde« mehr, jene weniger gewichtet, ob man überhaupt das »sündige« Wesen des Menschen schlimmer erscheinen läßt oder milder, ob man für die Häufigkeit der Beichte plädiert, wie »alle Heiligen durch Beispiel und Wort. – Es gibt Heilige, die alle Tage gebeichtet haben«,[234] ob man eher seltenere oder seltene Beichten anrät, ein mittleres Maß, das alles ist im Grunde ganz egal, ist nichts als ein Zugeständnis jeweils an den Tag: Gebeichtet wird auf jeden Fall. Man »darf« es weiter, und dieses »Dürfen« ist genauso kanonisch geregelt wie fast alles da. Nur ist es eben jetzt »ein frohes Beichten. Und frohes Beichten ist auch ein gutes Beichten. Und beides, gutes und frohes Beichten, führt uns zum lieben Beichten.«[235] Jawohl. »Selig die Beichtenden« lehrte Jesus zwar nicht. Doch die Theologen lehren es. »Selig die, deren Sünden weggewaschen sind; neuer Boden ist wieder da, darum können wir wieder froh beginnen...« – mit dem nächsten Sündchen, wie schon Nietzsche sich mokiert:

Man lispelt mit dem Mündchen,
Man knixt und geht hinaus,
Und mit dem neuen Sündchen
Löscht man das alte aus.[236]

Der Klerus braucht die Sünde, er lebt davon. Und am besten lebt er natürlich von der, die am häufigsten und darum die ihm liebste ist, der sexuellen. Noch 1963 fragt man so im »Beichtspiegel« (wie man auch im 21. Jahrhundert noch fragen wird) zur »Keuschheit« (6. Gebot – ich zitiere aus dem damals bereits im 260. Tausend vorliegenden Schwärtchen Simon Scherzls *Selige Buße:*

Habe ich freiwillig unkeusche Wünsche gehegt (Begierde?) ... im Ernst etwas Unkeusches tun wollen? ... an meinem Körper Unkeusches getan? ... unkeusche Blicke und Berührungen bei mir zugelassen? ...

Habe ich freche Berührungen an anderen vorgenommen? ... sie zu unkeuschen Taten verleiten wollen (ohne daß es gelang)? ... mit ihnen Unkeusches getan (im Brautverhältnis, mit Kindern, Ledigen, Verheirateten, Verwandten, unvernünftigen Geschöpfen)? ... Habe ich mich ohne hinreichenden Grund dem Ehegatten versagt? ... die Ehe mißbraucht (Verhütung der Empfängnis)? ... die Ehe gebrochen?

Schamhaftigkeit (sie dient dem Schutz der Keuschheit): Habe ich gesündigt durch unschamhafte Gedanken, Blicke, Reden? ... durch anstößiges Benehmen, aufreizende Mode, unschickliche Tänze ... durch Anschauen schlechter Filme, Theater und Fernsehsendungen?[237]

Gewiß fragt man heute nicht mehr so drastisch wie das frühmittelalterliche *Poenitentiale Ecclesiarum Germaniae,* das *Deutsche Kirchenbußbuch,* ob man seinen Schwanz (virgam) nach Art der Sodomiten in den Hintern eines Mannes oder leiblichen Bruders einmal, zweimal oder gewohnheitsmäßig gesteckt hat;[238] fragt man nicht mehr: »Hast du, wie es einige zu machen pflegen, derart gehurt, daß du eines andern Schamglied in die Hand genommen und der andere deins in seine Hand, und habt ihr so wechselweise die Schamglieder bewegt, daß du infolge dieser Lust Samen verspritztest?« »Hast du, wie es einige zu machen pflegen, derart Fornikation getrieben, daß du dein Glied in eine durchlöcherte Holzpuppe (lignum perforatum) oder in irgend etwas Derartiges gebohrt und so durch diese Bewegung und Lust Samen verspritztest?«[239] usw. usw. So derb und anschaulich detailgeladen also nicht mehr. Aber das inquisitorische Schnüffeln blieb! Das Insistieren! Das Indoktrinieren!

Wenn das Gewissen spricht,
Schweig und sei still!
Hör, was es leise sagt,
Tu, was Gott will![240]

Gott, das ist hier immer der Klerus, man kann das nicht oft genug sagen, bedenken! Und hinterließen die Finger der Seelsorger – das sind nicht Leute, die sich um die Seele sorgen, sondern die der Seele Sorgen machen! –, hinterließen sie am Gewissen Fingerabdrücke, sähe man sofort, daß auch das Gewissen der Gläubigen nur das Produkt der Seelsorger ist seit vielen Generationen. *Sie* sind »Gott«, *sie* sind das »Gewissen«, von dem am meisten und liebsten immer die reden, die keins haben – die Gewissenlosen. *Sie* brauchen Hörige, *sie* brauchen Abhängige. »Sobald du einmal recht beichten willst«, predigen sie, »kannst du gar nicht ungültig beichten, auch wenn du in der Verwirrung alles verkehrt machen würdest«.[241] Alles kann verkehrt sein – das ist's ja sowieso! –, Hauptsache, man kommt; natürlich in der rechten Gesinnung, in der, die dem Klerus nützt.

»Die Sexualunterdrückung hat die Funktion«, schreibt treffend Wilhelm Reich, »die Hörighaltung der Menschen zu erleichtern, ebenso wie die Kastration der Hengste und Stiere willige Zugtiere zu sichern hat.« Fährt Reich jedoch fort: »An die vernichtenden Folgen der *seelischen Kastration* hatte freilich niemand gedacht, und niemand kann voraussagen, wie die menschliche Gesellschaft mit ihnen fertig werden wird«,[242] so möchte man vermuten, daß gerade der Geistlichkeit diese Folgen eher früher als später durchaus bewußt gewesen sind, wenn auch wohl kaum, wie man einst damit fertig werden werde.

Wie auch immer, bis in die innerste Windung seines Hirns und den letzten Winkel seines Betts wird der Christ noch heute von der Kirche versklavt, von klein auf triebfeindlich erzogen – nach Augustinus sündigt schon der Säugling –,[243] der Sündenwahn ihm eingeimpft: nicht damit er sich frei von Sünde halte, was unmöglich ist, sondern auf daß er immer wieder in Konflikte gerate, immer wieder sündige, immer wieder scheitere, weil er doch nur als Sünder, Schuldiger, Gescheiterter die kirchliche Hilfe, die Lossprechung von seiner Sündenlast und Anwartschaft auf das begehrte ewige Heil bekommt, mit anderen Worten, eben zum Infantilen, Gegängelten, Beherrschten wird. »Die Menschen«, sagt Lichtenberg, »die erst die Vergebung der Sünden durch lateinische Formeln erfunden haben, sind an dem größten Verderben in der Welt schuld.«[244]

Der Klerus propagiert und will das Opfer, den Verzicht. Doch er rechnet mit der »Schwachheit« der menschlichen Natur, die er scheinheilig beklagt, während sie in Wahrheit sein großer Trumpf ist. So lehrt Luther, manchmal der Aufrichtigste noch seiner Zunft: »Sei ein Sünder und sündige wacker, aber vertraue und freue dich in Christus.« Und womöglich noch prägnanter: »Die rechten Heiligen Christi müssen gute, starke Sünder sein und solche Heilige bleiben.«[245]

Dieser Taktik und den schließlich doch freisinniger werdenden Zeiten entsprechend, wurde die Buße allmählich immer laxer, die man für »Sünden« zu leisten hatte.

Die Buße

Wie streng und hart werden bei uns die Sünder gezüchtigt, besonders die, welche mit Unzucht sich besudelt haben; sie werden aus der Gemeinschaft der Gläubigen verstoßen...

Origenes[246]

Welch ein rührendes Schauspiel muß es gewesen sein, wenn der Bischof, selber gleich einem zärtlichen Vater weinend, in Begleitung seiner Geistlichkeit, diese Sünder, mit Bußsäcken bedeckt, mit Asche bestreut, mit bloßen Füßen, und Tränen in den Augen vor die Kirche führte...

Der Theologe Gregorius Rippel[247]

Die Buße ist eine *Selbstverdammung* zum Tode, den man auch täglich und stündlich geistigerweise an sich vollzieht. Die Buße ist eine *Auslieferung* seiner selbst, eine Übergabe in die Hände wohlbewaffneter *Henker,* die man zu eigener Pein gedungen. Die Buße ist ein nie verstummender *Schrei* des Herzens: *stets mehr,* o Gott...

Der Jesuit Adolf von Doß[248]

Der Priester der Gesellschaft Jesu setzt seine Bußlitanei über drei Seiten fort. Natürlich feiert er sie nicht nur negativ als heiligen Ingrimm, heilige Tyrannei, eine »*Kriegserklärung* gegen den *alten Menschen*«, einen »*Vertrag* gegen die Sinne und das *Fleisch:* – keine Ruhe mehr diesseits des Grabes«, sondern auch als Quelle geistigen Trostes, als Freiheit, Liebe, »eine *Schatzkammer* unberechenbaren Verdienstes«,[249] und wenigstens dies ist sie unter den Positiva: eine Schatzkammer für den Klerus. Nicht zuletzt deshalb erörtert er sie stets so liebevoll.

Bereits um die Wende zum 2. Jahrhundert weiß Clemens Romanus, daß das Sündenbekenntnis der Christen verbunden ist mit Gebet, Trauer, Weinen, Niederfallen – »Unterwerft euch den Priestern!«[250] Hundert Jahre später gebietet Tertullian den Frevlern, »in Sack und Asche zu liegen, den Körper durch Vernachlässigung der Sauberkeit zu verunstalten, den Geist in Trauer zu versenken... zu seufzen, zu weinen, Tag und Nacht zum Herrn zu schreien, vor den Priestern niederzufallen, den Lieblingen Gottes die Knie zu umfassen...«[251]

Doch mag noch ein größerer Aufruf zur Buße aus der Feder des hl. Cyprian zeigen, mit welch pfäffischer Eindringlichkeit die »Väter« der Kirche die Gläubigen beschwatzten:

Jeder – ich bitte euch, liebe Brüder – bekenne seine Sünde, solange er, der gesündigt hat, noch auf der Welt ist, solange sein Bekenntnis noch seine Genugtuung und die durch die Priester gewährte Vergebung dem Herrn genehm ist. Wollen wir uns von ganzem Herzen an den Herrn wenden und Gottes Barmherzigkeit anflehen, indem wir der Buße über unsere Sünde in aufrichtigem Schmerz Ausdruck geben. Vor ihm beuge sich unsere Seele, ihm leiste unsere Trauer Genugtuung, auf ihn werfe sich all unsere Hoffnung. Wie wir bitten sollen, das sagt er selbst. »Bekehret euch zu mir«, spricht er, »aus euerem ganzen Herzen und zugleich mit Fasten und Weinen und Wehklagen, und zerreißet euere Herzen und nicht euere Kleider!« (Joel 2,12f) Zum Herrn also laßt uns von ganzem Herzen zurückkehren, seinen Zorn und Grimm laßt uns nach seiner eigenen Mahnung mit Fasten, Weinen und Wehklagen beschwichtigen. Hättest du einen deiner Lieben durch Todesfall verloren, so würdest du betrübt seufzen und weinen, du würdest dein Gesicht ungepflegt lassen und Trauerkleider anlegen; du würdest dein Haar vernachlässigen, eine traurige Miene zeigen, dein Haupt senken und durch diese Zeichen deine Trauer zu erkennen geben. Deine eigene Seele ist es, Unglückliche, die du verloren hast; geistig bist du gestorben, und du hast angefangen, hier dich selbst zu überleben und im Umherwandeln deine eigene Leiche herumzutragen. Und du ringst nicht voll Verzweiflung die Hände, du mußt nicht in einem fort seufzen, du hältst dich nicht verborgen aus Scham über dein Vergehen oder, um dich ohne Unterbrechung den Wehklagen hinzugeben? Siehe das sind noch ärgere Wunden der Sünde, das sind noch größere Verbrechen, wenn man gesündigt hat und dann keine Genugtuung leistet, wenn man sich vergangen hat und dann die Vergehungen nicht einmal beweint... Tut volle Buße und laßt die Betrübnis eines schmerzbewegten und wehklagenden Herzens erkennen. Prüfet voll Reue und Schmerz euere Sünden, erkennet die schwere

Schuld eueres Gewissens, öffnet die Augen des Herzens, um euer Vergehen einzusehen, ohne an der Barmherzigkeit des Herrn zu verzweifeln, aber auch ohne euch bereits im voraus seine Verzeihung anzumaßen ... Wollen wir es nicht an einer sorgfältigen und anhaltenden Heilung der tiefen Wunde fehlen lassen: die Buße darf nicht geringer sein als das Vergehen. Glaubst du, Gott läßt sich so schnell versöhnen, er, den du in treulosen Worten verleugnet, dem du lieber Hab und Gut vorgezogen und dessen Tempel du durch gottlose Befleckung entweiht hast? Glaubst du, er erbarme sich deiner so leicht, den du als den Deinigen abgelehnt hast? Um so inständiger gilt es jetzt zu bitten und zu beten, den Tag in Trauer zu verleben, die Nächte wachend und weinend zu verbringen, jeden Augenblick mit tränenvollen Wehklagen auszufüllen, hingestreckt am Boden zu liegen, in Sack und Asche und im Schmutze sich zu wälzen, nach dem Verlust des Gewandes Christi nach keinem Kleid mehr zu verlangen, nach dem Genuß der Speise des Teufels lieber zu fasten, gerechten Werken obzuliegen, wodurch die Sünden getilgt, und häufig Almosen zu spenden, wodurch die Seelen vom Tode befreit werden.[252]

Tatsächlich mußten Pönitenten möglichst dramatisch verdonnert werden; sie konnten kaum heiß genug weinen, kaum arg genug zittern, kaum tief genug in den Staub sinken. Je nach Zeit und Ort schor man sie kahl oder zwang sie, Haar und Bart wachsen zu lassen, um das Unmaß ihrer Schuld anzudeuten. Mit Asche auf dem Haupt und einem Bußkleid um den Leib wurden sie verstoßen »gleich wie Adam, der erste Mensch, aus dem Paradies«.[253]

»Die öffentliche Buße in der alten Kirche«, schreibt Katholik Klug, »war schwer und dauerte oft lebenslang.«[254]

Der hl. Augustinus betont, daß alles, was vorher im Leben süß war, durch die Buße in der Seele bitter schmekken und was den Leib ergötzte, jetzt im Herzen Qualen bereiten müsse.[255] Man konnte also das Leben den Büßenden gar nicht genug vermiesen. Die Synode von Agde (506) weist alle vom Empfang des Bußsakraments zurück, die nicht den Kopf kahl geschoren haben und ein Büßerkleid tragen.[256]

Entsprechend eingestimmt auf Beichte und Buße wurde man im Mittelalter schon durch eine genau geregelte, beinah bühnenreife Aufführung der Pfaffen. Die Beichtbücher des Bischofs Halitgar von Cambrai und die berühmten Anweisungen des Abtes Regino von Prüm für die Pfarrvisitationen befehlen dem Beichtvater, er müsse sich, sobald jemand zum Sündenbekenntnis erscheine, »niederwerfen und unter Seufzen und Tränen« für seine und des Pönitenten Missetaten beten.[257] Darauf soll er in die Kirche oder seine Wohnung zurück, um den Beichtenden durch Wartenlassen in reumütige Stimmung zu versetzen. Schließlich muß er »sein Beichtkind zu einem rückhaltlosen Sündenbekenntnis ermuntern und ihm, wenn notwendig, jede Scham ausreden«.[258] Endlich wirft der Pönitent sich zu Boden, und der Beichtvater singt Psalmen, ehe er die Lossprechung erteilt.[259]

Für die Geistlichen selbst kannte die antike Kirche allerdings keine detaillierten Sühnebestimmungen; ja sie weigerte sich wiederholt, Priester und Bischöfe überhaupt einer Buße zu unterwerfen.[260] Und dann standen für sie hohe und höchste Strafen häufig nur auf dem Papier, zumal bei nicht öffentlichen Sünden. Auch brauchten sie, mit Rücksicht »auf die Hoheit clerikaler Würde und das Ärgernis in den Gemeinden«, ihre Vergehen bloß privat zu sühnen.[261]

Dagegen erfolgte das Sühnebekenntnis der äußerst hart bestraften Laien lange meist öffentlich. Erst als dies nicht mehr opportun war, schaffte man es ab: im Osten Nestorius 390, im Westen Papst Leo I. 461.[262] Seit dem 7. Jahrhundert herrschte die Privatbuße vor, doch kam mit der karolingischen Reform für schwerste Verstöße wieder die öffentliche Sühne auf.[263]

Die kirchlichen Canones nennen bis zum 7. Jahrhundert in der Regel nur die Zeit der Buße. Man verkündete einfach dem »Verbrecher«, er habe soundso viele Jahre zu büßen, was unter anderem Ausschluß von den Sakramenten bedeutete; Tragen eines Bußgewandes, eines härenen

Sacks; beständiges Fasten, ausgenommen Sonn- und Feiertage; fast immer auch dauernde Enthaltung vom Geschlechtsverkehr sowie Fahr- und Reitverbot.[264]

Die Dauer der Buße ist nach Zeit und Ort verschieden, das jeweilige Zeitmaß oft aufschlußreich.

Falls jemand infolge Trunkenheit oder Gefräßigkeit die Eucharistie erbricht, befiehlt ein dem Beda Venerabilis, einem 735 gestorbenen Heiligen und Kirchenlehrer, zugeschriebenes Bußbuch eine Bußzeit von vierzig Tagen für Laien, von siebzig Tagen für Priester, von neunzig Tagen für Bischöfe.[265] Nicht nur eine verhältnismäßig milde Buße, sondern auch eine, die ausnahmsweise die Geistlichen mehr trifft als die Laien.

658 verordnet die Synode von Nantes: »Hat jemand ohne Absicht, durch Zufall, einen Totschlag begangen, so muß er 40 Tage lang bei Wasser und Brot Buße tun.«[266] Dieselbe Buße gilt dem, der auf Befehl seines Herrn einen Menschen tötet.[267] Einen Mord im Auftrag bestraft man also nicht strenger oder sogar noch geringer als das Erbrechen einer Hostie wegen Suff oder Völlerei!

Wer aus Rache für seinen erschlagenen Bruder einen Menschen mordete, mußte drei Jahre, wer als Laie seinen Nächsten tötete, fünf Jahre sühnen, drei davon bei Wasser und Brot.[268]

Das *Poenitentiale Arundel* bestimmt: »Prügelt ein Herr seinen Knecht oder ein Lehrer seinen Schüler aus Erziehungsgründen (pro correctione) zu Tode, soll er, wenn es mit großer Härte geschah, vier Jahre Buße tun, geschah der Totschlag aber schonend (clementer), dann drei Jahre.«[269] Ein anderes Bußbuch (ähnlich kirchliche Synoden) befiehlt: »Schlägt eine Herrin ihre Magd so, daß sie innerhalb von drei Tagen stirbt, muß sie sieben Jahre büßen, wenn es mit Absicht, fünf Jahre, wenn es zufällig (casu) geschah.«[270]

Ein frühmittelalterliches Bußbuch erlegt jedem, durch dessen Leichtsinn ein Kind ohne Taufe starb, drei Jahre Buße auf, ein Jahr davon bei Wasser und Brot.[271] Das *Poenitentiale Valicellanum*, ein Bußbuch der römischen Kirche aus dem 8. Jahrhundert, beschließt: »Wer sein

Kind vor der Taufe tötet, muß zehn Jahre Buße tun.«[272] Die Synode von Mainz dekretiert 847: »Kindsmörderinnen und solche, die ihre Leibesfrucht abtreiben, wurden ehemals« – gemeint ist die Synode von Elvira um 63 – »mit lebenslänglicher, jetzt mit zehnjähriger Buße belegt.«[273] Und den Helfershelfern einer Abtreibung drohte das *Poenitentiale Valicellanum* eine zwanzigjährige Buße an.[274]

Für die Ermordung eines Klerikers oder Mönchs mußte man im 8. Jahrhundert mindestens zehn Jahre lang sühnen und den Kriegsdienst verlassen. Die genannte Synode von Mainz verfügte: »Gemäß den Statuten der Vorfahren soll dem, welcher einen Priester ermordet hat, eine zwölfjährige Buße auferlegt werden; leugnet er es, so soll er, wenn er ein Freier ist, mit Zwölfen schwören, ist er aber ein Sklave, so soll er sich durch zwölf glühende Eisen reinigen; wird er überwiesen, so muß er *sein ganzes Leben den Kriegsdienst und seine Frau verlassen.*«[275] Einen Priestermörder konnte die Kirche strenger bestrafen als einen Vater, der seine drei Söhne umbrachte.[276]

Überhaupt drückte man beim Klerus, zumal bei Bischöfen, gern ein Auge zu oder kam den Strafzumessungen nicht nach.

Während beispielsweise für Laien die schwerste Strafe die – bloß in den äußersten Fällen angewendete – Exkommunikation war, entsprach ihr bei den Klerikern nur die Absetzung.[277] Und während ein Geistlicher, der Gräber zerstörte (!), lediglich aus dem Amt entfernt und zu einer dreijährigen Pönitenz verurteilt werden mußte, hatte ein Laie eine solche Tat mit dem Tod zu büßen.[278] Oder während ein Priester, der bewaffnet an einem Aufstand teilnahm, abgesetzt und lebenslänglich ins Kloster kommen sollte, drohte dafür einem Laien der Tod.[279] Selbst und gerade bei Hochverrat also noch eine bevorzugte Behandlung für Priester! Bei Geschlechtsdelikten des Klerus hatte der Bischof die Strafbefugnis. Für den Beweis der Unzucht von Geistlichen aber verlangte das dritte Konzil von Braga zwei bis drei Zeugen (!) und verhängte über Ankläger, die einen solchen Beweis nicht erbringen konnten, die Exkommunikation.[280]

Viele rein kirchliche Vergehen galten zugleich als weltliche Verbrechen, wie Blasphemie, Störung des Gottesdienstes, Verletzung der klerikalen oder klösterlichen Disziplin.[281] Und solche rein kirchlichen Strafen wurden nicht nur in weitestem Umfang vom Staat auferlegt, sondern zu ihnen auch noch rein weltliche Strafen gefügt, zur Amtsenthebung etwa noch Vermögenskonfiskation oder Internierung im Kloster.[282] Schon vom frühesten Mittelalter an hat man so abgesetzte Kleriker zur Ableistung ihrer Buße, gleich welcher Art sie war, regelmäßig in ein Kloster gesteckt, meist lebenslänglich.[283] Doch kam es damals auch zur Errichtung eigener kirchlicher Gefängnisse, »ergastula« genannt, und »ergastula« hießen auch die Särge![284] Die Menschen warf man dann von den weltlichen Kerkern gewöhnlich direkt in die kirchlichen, wo man ihnen noch – aus purer bischöflicher »Gnade« – die kanonische Buße auferlegte.[285]

Durch das ganze Früh- und Hochmittelalter aber wurde die Beichte nur empfohlen! Erst nach dem Vierten Laterankonzil von 1215 war sie für Katholiken plötzlich unerläßlich. Jeder Gläubige hatte nun wenigstens einmal im Jahr zu beichten. Doch schon vorher konnte man die auferlegte Buße auch durch Geld begleichen, wodurch dem Klerus eine bedeutende Einnahmequelle erwuchs.

Der Ablaß

In meinen Stock schaff ich ihr Geld, ihr Gut ist alles mein,
ihr deutsches Silber fährt in meinen welschen Schrein.

Sagt an, Herr Stock, hat euch der Papst hierher gesendet,
daß ihr ihn reich macht und uns arme Deutsche pfändet?
Ich meine, wenig von dem Silber reist in Gottes Land;
denn niemals teilte solchen Schatz der Pfaffen Hand.

Walther von der Vogelweide[286]

Den größten Einfluß auf das Wirtschaftsleben übte der *Ablaß* aus... Er war so sehr in das *Volksleben* hineinverwachsen, daß um 1500 der ernstliche Vorschlag gemacht werden konnte, das Reich solle die erforderlichen Mittel seines Haushalts durch

Ablaßpredigten zusammenbringen, da dies noch der einzige Weg sei, vom Volk Geld zu erlangen.

Der katholische Theologe Hans Rost[287]

Wenig in der römischen Dogmatik ist für die katholischen Theologen so peinlich wie die Lehre vom Ablaß. Wichtig für sein Verständnis: die Unterscheidung von Schuld und Strafe. Werden doch, nach kirchlicher Lehre, durch das sogenannte Bußsakrament zwar die Sünden*schuld* und die *ewigen* Strafen für die Sünden getilgt, nicht aber die *zeitlichen*, auf Erden oder im »Fegfeuer« abzubüßenden Sündenstrafen. Ihrer kann man sich besonders durch Ablässe entledigen; ganz durch einen »vollkommenen«, teilweise durch einen »unvollkommenen« Ablaß; wobei dessen Zeitangaben nicht die Zeitmaße bezeichnen, die man im Fegfeuer verbüßen müßte, sondern jenes Maß, das man in der frühen Kirche für Sünden als Buße zu leisten hatte.[288] Hätte freilich jemand das »Glück«, gleich nach Gewinnung eines vollkommenen Ablasses zu sterben, käme er »sofort, ohne die Flammen des Fegfeuers zu berühren, in den Himmel«.[289]

Vorstufen zum Ablaß gab es schon im Frühmittelalter. Bereits da konnte man der Kirche Genugtuung geben durch Geld, Kommutation oder Redemption genannt; konnte man einen strengen Fasttag vermeiden, indem man einen Denar zahlte oder, war man arm, fünfzig Stockschläge einsteckte.[290] Analog erkauften 791 vor Karls des Großen Awarenfeldzug die Vornehmen monetär die Erlaubnis zum Weintrinken, während die gewöhnlichen Krieger in Sack und Asche für den Sieg fasten mußten.[291]

Jahrhundertelang aber veranstalteten die Stellvertreter Christi selber Kreuzzüge; und kaum ein Papst, der zur Führung und Förderung dieser Angriffskriege, die viele Millionen Menschen ums Leben brachten, nicht Ablässe ausgeschrieben hätte, gegen Türken und Tartaren, gegen Mauren, »Ketzer« und andere Teufel.[292]

Bereits Leo IV. (847–855) verlieh eine Art Kreuzzugsablaß, indem er gegen Sarazenen fallenden Christen Aufnahme ins Himmelreich versprach.[293] Ähnlich garantierte Papst Johann VIII. (872–882) als Befehlshaber einer

Kriegsflotte seinen Schlachtopfern den »Frieden des ewigen Lebens«.[294] Solche Versprechungen setzten sich bei Kriegen der Heiligen Väter durch das ganze Mittelalter fort.

Ablässe gewährten die »Stellvertreter« aber auch für Mithilfe (sogar an Sonn- und Feiertagen!) beim Festungsbau, zum Beispiel Klemens VII., Pius II., Nikolaus V., Sixtus IV. oder Leo X.[295] Gern gab man Ablässe für Sand- und Steinschleppen beim Errichten von Kirchen und Klöstern von England bis Italien und Spanien, wozu man dann Arbeiter, ganz umsonst, noch aus fernen Gegenden bekam, wie zur Vollendung des Münsters von Freiburg im Breisgau.[296]

Der Ablaß erfreute sich im späteren Mittelalter steigender Beliebtheit. Im ausgehenden 13. und im 14. Jahrhundert zählen die Ablaßbriefe nicht mehr nach Hunderten, sondern Tausenden.[297] »Das Wort, daß der Ablaßgebrauch in dieser Zeit ein fortgesetzter Mißbrauch war«, schreibt der Kirchenhistoriker Hauck, »ist streng, aber es ist wahr.« Und im 15., 16. Jahrhundert vermehrten sich solche Gnaden noch, besonders unter Bonifaz IX., Sixtus IV., Leo X., und zwar unverkennbar infolge ihrer chronischen Geldgier.[298]

Denn der Ablaß brachte natürlich – Sinn der Sache – den Päpsten Geld. Zunächst einmal die Taxe für die Ausfertigung; wobei es eine Taxe für das Konzept gab, eine für die Reinschrift, eine dritte für die Registrierung, eine vierte für die Bullierung (taxa abbreviatorum, scriptorum, registri, plumbi).[299] Weiter kassierten Christi Stellvertreter bei allen einträglicheren Aktionen einen Teil des Ertrages.[300] Für ungezählte Ablässe soll im ausgehenden Mittelalter in Rom die Kaufsumme genau verzeichnet gewesen sein.[301]

Kardinäle und Bischöfe haben zwar oft diese römische Ablaßpraxis beklagt, doch vor allem, weil sie ihre eigenen Einnahmen schmälerte.[302] Denn selbstverständlich erließen auch sie entsprechende Briefe und kassierten dafür; bei kleineren Ablässen die Taxe für die Ausfertigung, während der ganze Ertrag der »begnadeten« Kirche oder

Anstalt verblieb. Bei teuren Geschäften war allerdings, wie erwähnt, ein Teil des Ablaßgeldes nach Rom zu leiten, wobei eine zweifache Regelung bestand. Entweder erhielt die päpstliche Kammer ein Drittel, die Hälfte, manchmal sogar zwei Drittel des Geldregens. Oder der Bittsteller zahlte vor jeder Verleihung eine Pauschalsumme, die den hübschen Namen »Komposition« hatte.[303]

Besonders seit dem 13. Jahrhundert ersannen auch die Bischöfe, dem päpstlichen Beispiel folgend, Ablässe in Mengen.[304] Doch gewährte schon im frühen 11. Säkulum der spanische Prälat Ermengaud, mit Zustimmung seines Erzbischofs, allen Ablässe, die »Brot, Wein, Gold, Silber oder andere Dinge spenden«.[305] Beiläufig: Ermengaud, der seinen Bischofsstuhl käuflich erworben, wird seit 1044 als Heiliger verehrt.[306]

Im Lauf des Mittelalters kam auch der Ablaß für Verstorbene auf. Zwar war er selbst innerhalb der Kirche nicht unumstritten. Brandmarkte ja Mitte des 13. Jahrhunderts der bekannte Kanonist Heinrich von Susa (Hostiensis), der bei den Päpsten im höchsten Ansehen stand, Ablässe für Verstorbene als sündhafte Betrügerei. Sogar nach Kirchenlehrer Albertus Magnus aber nützen sie den armen Seelen im Fegfeuer sehr.[307]

Schon damals verbreitete man darüber die unglaublichsten Geschichten. Ein englischer Franziskaner etwa berichtet in einem »Beispielbuch« zum Gebrauch der Prediger vom Ablaßkauf eines Mannes für seinen jüngst verstorbenen Sohn. Er zahlt deshalb viel Geld; doch erscheint ihm der Sohn bereits in der Nacht darauf in strahlendem Glanz und verkündet: »Durch die Ablässe, die du für mich gekauft, wurde ich aus dem Fegfeuer befreit und fahre nun gen Himmel.«[308]

Als allerdings 1482 der Franziskaner Johann Angeli in Tournai verbreitete, der Papst könne, wenn er wolle, das Fegfeuer auch gänzlich entleeren, wies dies im folgenden Jahr, am 5. Februar 1483, die Sorbonne immerhin als »skandalös« zurück.[309] Schließlich hätte ein leeres Fegfeuer kein Geld mehr gebracht. In Spanien aber hatten einige Geistliche aufgrund gefälschter Bullen sogar vorgegeben, die Seelen nicht nur aus dem Fegfeuer, sondern auch aus der Hölle befreien zu können. Dieser Frevel wurde freilich 1453 von Nikolaus V. scharf gerügt.[310]

Indes blieb noch Ungeheuerliches genug. Der Wiener Augustinerprior Leupolt versichert (in einer 1377 verfaßten Pilgerschrift) von der Laurentiuskirche in Rom, wo er selbst gewesen: »Wer die Kirche besucht ein ganzes Jahr an dem Mittwoch, der erlöst eine Seele aus dem Fegfeuer. Das hat verdient St. Lorenz der Marter Gottes.« Auf die Dauer durften solche Gnaden natürlich nicht auf die Laurentiuskirche beschränkt bleiben. Der Nürnberger Ratsherr Nikolaus Muffel, der 1455 in Rom »mit allem Fleiß« um das wunderbare Phänomen sich gekümmert, nennt denn auch bereits mehr als 15 Kirchen und Stätten, wo man Seelen aus dem Fegfeuer retten konnte. Von der Kapelle der hl. Praxedis beteuert er: »So man fünf Messen für eine Seele in der Kapelle liest, die wird erledigt von allen Peinen. Des hat man Urkund und Zeichen, die da geschehen sind.«

Nach dem oft gedruckten, erstmals unter Innozenz VIII. publizierten lateinischen Rombüchlein, las in der Kapelle der hl. Praxedis einst Papst Paschalis (817–824) für eine bestimmte Seele fünf Messen, und nach der fünften sah der Papst, daß die allerseligste Jungfrau eben jene Seele in den Himmel trug.[311] Kein Wunder mehr: Zahlreiche Pilger unternahmen nun die kostspielige Romfahrt gerade zum Trost der armen Seelen.[312] Und bis ins späte 18. Jahrhundert ließ sich für den Besuch der Kirche der hl. Praxedis ein »täglicher« Ablaß von 12 000 Jahren erringen.[313]

Die dürftigeren Ablässe früherer Zeit scheinen nämlich bald nicht mehr gezogen zu haben. So steigerte man sie. Ein Gebet für den König von Frankreich, das unter Innozenz IV. zehn Tage Ablaß eingebracht, ergab hundert Jahre darauf, unter Klemens VI. (1342–1353), hundert Tage.[314] Und hatte der päpstliche Legat Peraudi im Anfang des 16. Jahrhunderts für jede Reliquie in der Schloßkirche zu Wittenberg – sie lagen dort bekanntlich tausendweise – hundert Tage Ablaß gespendet, machte Papst Leo X. aus den hundert Tagen für jede Partikel gleich hundert Jahre. Und für jede Reliquie in Halle verlieh er 4000 Jahre.[315] So bahnte sich schließlich eine wahrhaft inflationäre Entwicklung an. Die Gnaden wurden immer größer. Von einer Ablaßsumme von wenigen Tagen kam man – in echten oder gefälschten Dokumenten – bis zu 1000, 12 000, 48 000, sogar zu 100 000, 158 790, 186 162, 186 093 Jahren, ja (in einem englischen Gebetbuch) zu einem Ablaß von einer Million Jahren.[316]

Ein 1491 in Rom veröffentlichtes Ablaßbuch führte aus: »Die Ablässe, die in der Lateran-Kirche zu gewinnen sind, sind so zahlreich, daß nur Gott ihre Zahl weiß; an den Tagen, an denen die Häupter der Apostel Petrus und Paulus im Lateran gezeigt werden, gewinnen die Römer 3000 Jahre, die Bewohner der Umgegend von Rom 6000 Jahre und die übrigen Völker 12 000 Jahre Ablaß; als Papst Gregor I. die Lateran-Kirche weihte, bewilligte er so viele Ablässe, als Regentropfen bei einem drei Tage und drei Nächte anhaltenden Regen fallen; wer in frommer Gesinnung die Stufen von St. Peter hinaufsteigt, gewinnt auf jeder Stufe 1000 Jahre Ablaß; in der gleichen Kirche gewinnt man 4000 Jahre Ablaß am Altar, unter dem die Leiber der Apostel ruhen, und 14 000 Jahre am Hochaltar des Chores, zugleich kann man dort eine Seele aus dem Fegfeuer befreien; in Maria Maggiore gewinnt man 12 000 Jahre Ablaß an allen Marienfesten; 48 000 Jahre Ablaß gewinnt man in der Kirche St. Sebastian; 60 000 Jahre in Ara coeli; in der Kirche Santa Maria del Popolo steigt der Ablaß sogar auf 555 293 Jahre und 285 Tage.«[317]

War ein Ablaß schon ziemlich hoch, wie einer von 48 000 Jahren in der Sebastianuskirche von Rom, so drohte das deutsche Rombüchlein: »Es soll niemand an dem Ablaß zweifeln, der bei der würdigen Kirche ist; wer daran zweifelt, der sündigt größlich.«[318]

Man war völlig skrupellos und ersann ständig neue Schröpfmethoden. Zum Beispiel versicherten die Päpste in ihren Bullen oft, der eben bewilligte Ablaß werde nie widerrufen. Bei nächster Gelegenheit aber setzten sie sich darüber hinweg, ja erklärten schamlos in neuen Bullen die anderen Ablässe für ungültig, auch wenn ausdrücklich versichert worden war, sie könnten nie suspendiert werden![319]

Diese immer aufs neue – vom 13. Jahrhundert an – wiederholte Aufhebung älterer Ablässe erregte die Menschen noch mehr als die Preise an sich.[320] Denn für die älteren Ablässe hatte man ja schon gezahlt. Und eben deshalb bedurfte man auf der anderen Seite neuer Ablässe! So »sistierte« man, wie das Kunstwort lautet, und verlieh neu, bezahlte neu, kassierte neu – der Rhythmus dieser »Frömmigkeit«.

Wie viele Kreuzzugsablässe hatte es gegeben! Doch vom 15. Jahrhundert an sistierte man immer häufiger (fast) alle bisherigen, wenn man einen neuen ausschrieb. Pius II. brauchte Geld für die Restaurierung der römischen Basilika San Marco. Also ließ er den Bischof von Treviso hundert Personen in seiner Diözese suchen, die für einen Sterbeatlas einen namhaften Beitrag zahlten – und ließ dort bis zur Auftreibung dieser hundert Leute alle anderen Ablässe dieser Art suspendieren.[321] Sixtus IV., Erbauer der Sixtinischen Kapelle und eines Bordells, Einführer des Festes der Unbefleckten Empfängnis und Sexualprotz sondergleichen,[322] wollte zum Jubeljahr 1475 die Gläubigen natürlich recht zahlreich in Rom versammelt sehen und dabei das Seine kassieren. Also hob er bereits (um rechtzeitiger Reisevorbereitung willen) am 29. August 1473 sämtliche vollkommenen Ablässe auf – ausgenommen die der Kirchen in Rom![323] (Alexander VI. – Liebhaber seiner Tochter Lucrezia und anderer Hetären – lernte daraus und machte es zum großen Jubeljahr genauso.) Innozenz VIII., der mit zwei Kindern in den Vatikan zog, bestieg am 29. August 1484 den päpstlichen Stuhl – und am 30. August 1484 annullierte er sofort alle Plenarablässe seines Vorgängers (ausgenommen die Sterbablässe). Wer die anderen Ablässe wieder wollte, konnte sie zwar haben, aber nur gegen neue Bezahlung in der päpstlichen Kammer. Und so wie Innozenz VIII., verfuhren im Anschluß an ihn: Alexander VI., Pius III., Julius II., Leo X., Hadrian VI.[324]

Hinzu kam, daß die Geistlichen Ablässe am laufenden Band fälschten, das heißt, ihren Kirchen selber im Namen früherer Päpste Ablässe ausstellten. So erdichtete man schon im 11. Jahrhundert vollkommene Ablässe für den Dom von Asti, für ein Kloster in Vertemate, die Peterskirche in Nesso u. a.[325] Gefälscht ist eine Ablaßbulle vom 28. Dezember 1121 für Catanzaro, eine Ablaßbulle vom 23. Februar 1120 für das Kloster St. Jean-du-Mont, ein Ablaßprivileg vom 1. Mai 1133 für das Kloster San Salvatore in Brescia, ein Ablaß für die Abtei Königslutter um dieselbe Zeit. Ebenso hat man für mehrere Trierer Kirchen Ablässe gefälscht, ferner für das Kloster Andechs, für die Kirche des hl. Augustinus in Orvieto, die Kirche St. Simplicianus in Mailand, die Markuskirche in Viterbo, die Markuskirche in Venedig, den Dom in Paderborn, den Dom in Anagni, in Vercelli usw. Solche Fälschungen zum Profit der Kirche geschahen aberhunderte.[326]

Die meisten der im späteren Mittelalter von Welt- und Ordensgeistlichen gefälschten Ablaßbullen aber haben die Päpste im 15. und 16. Jahrhundert approbiert.[327] Doch wurden auch ohne päpstliche Billigung nach manchen theologischen Experten die unechten Ablässe schließlich gültig – durch das Gewohnheitsrecht![328]

Weit weniger die Fälschungen – womit die Gläubigen (noch heute wissen davon viele nichts!) gar nicht rechneten – als die riesige Zahl der Ablaßausschreibungen machte die Sache allmählich suspekt und diskreditierte sie. Luther brandmarkte das Unbiblische des Ablaßschwindels. »Der Papst und seine Heuchler ... lehren zur allergrößten Schmach Christi, Christi Verdienst sei der Schatz des Ablasses. Wenn man aber fragt, wo sie dafür in der Schrift Belege haben, blasen sie sich auf und brüsten sich mit ihrer Gewalt und sagen: Ist's nicht genug, daß wir's sagen. Dawider sage ich diesen Artikel und kann ihn auf die Schrift gründen.«[329]

Doch nicht erst zu Luthers Zeiten war der Ablaß ein reines Geldgeschäft, eine Ausbeutung gerade der verdummten Massen, wobei nicht nur der Klerus, die römische Kurie, die Bischöfe, Ablaßprediger, Beichtväter verdienten, sondern auch die Landesfürsten, die Wechsler und Agenten.[330] »Viele stießen sich daran, wenn die Pfennige armer Leute, die einen Schlüssel für das Himmelreich zu ergattern hofften, dazu dienten, Löcher der königlichen Börse zu stopfen. Man raunte, die beim Fugger aufgehäuften Gelder kämen niemals jenen wohltätigen Zwecken zugute, für die ihre Spender sie bestimmten.«[331]

Tatsächlich hoben im 16. Jahrhundert die Fuggerschen Faktoren in Schlesien, Ungarn, Polen den Ablaßsegen ein. Mit eigenen Schlüsseln öffneten sie die Truhen und sandten Geld und sonstigen Inhalt nach Rom.[332]

Als 1518 die Ablaßkommissäre nach Breslau kamen, drängte sogar das Domkapitel den Bischof, sie fortzuschicken; seien in den letzten Jahren doch so viele Ablässe verkündet worden, »daß das Volk bereits Ekel davor habe und sein Gespött damit treibe«.[333]

Damals zahlte man üblicherweise die Ablässe je nach Stand und Vermögen. Laut der Mainzer Ablaßinstruktion von 1517 sollten Könige und Königinnen, Prinzen, Bischöfe und andere Fürsten 25 rheinische Goldgulden zahlen; Äbte, höhere Prälaten, Grafen und Barone zehn Gulden; geringere Prälaten und Edelleute sechs Gulden; Kaufleute und Handwerksmeister einen oder einen halben Gulden. Arme – Leute die von der Hand in den Mund lebten und reine Bettler – konnten auch ohne zu zahlen an diesen Gnadenschätzen teilhaben. Allerdings mußten sie zuerst versuchen, sich bei frommen Personen Geld zu beschaffen. Dabei sollten Ehefrauen auch gegen den Willen des Mannes, Kinder gegen den Willen der Eltern Geld geben oder auch von anderen Reichen Geld für die Ablässe der Ärmsten erbitten. Nur im äußersten Notfall aber konnten Arme das Geld durch Gebet ersetzen.[334]

Noch nach dem Konzil von Trient verkauften spanische Bischöfe »in althergebrachter Weise« Ablässe gegen Geld, machten sie daraus einen »pecuniären Erwerbszweig«.[335]

Und noch in der Mitte des 20. Jahrhunderts rühmt man auf katholischer Seite den Ablaß als »einen der größten Faktoren der Wirtschaftsgeschichte« und prahlt, er »erstellte die strahlenden Bischofsdome und lieblichen Münster; er füllte die Landschaft mit trauten Kapellen und Bildstöcken, er zierte die Kirchen mit Bildern, füllte die Sakristeien und Schatzkammern ...«[336]

Noch im 20. Jahrhundert erteilen die Päpste ja auch Ablässe: fünfzig Tage jedesmal, betet man beim Hören von Gotteslästerungen den Lobspruch »Gott sei gepriesen!« (Pius X. am 28. November 1903); hundert Tage jedesmal für den Stoßseufzer »O Herr, bewahre uns den Glauben« (Pius X. am 20. März 1908).[337]

Der Nachfolger Pius' X., Benedikt XV., übertrug das Ablaßwesen der Heiligen Pönitentiarie, in deren Praxis es sogar einen überraschend großen Raum einnimmt.[338] Immer wieder werden weiter Ablässe gewährt und neu festgesetzt, nicht nur durch die Pönitentiarie, auch durch die Päpste selbst. Nur wenige Tage nach seiner Wahl richtete beispielsweise Pius XII. am 12. März 1939 an den Bischof von Regensburg ein Ablaßschreiben anläßlich der 1200-Jahrfeier der »hochberühmten Diözese« und gab dem Prälaten die Vollmacht, »an dem dafür festgesetzten Tag nach dem Pontifikalgottesdienst den anwesenden Gläubigen in Unserem Namen und mit Unserer Autorität den Segen zu spenden und einen *vollkommenen Ablaß* für alle die zu verkünden, die am Jubiläumstag selbst oder während der darauffolgenden Woche nach gültigem Empfang der heiligen Eucharistie die übrigen von der Kirche vorgeschriebenen Bedingungen erfüllen«.[339]

Noch im 20. Jahrhundert gewinnt jeder Priester einen Ablaß von dreihundert Tagen, wenn er seinen Chorrock umhängt, das Kreuz schlägt und ein gewisses Gebet spricht; erhält der Laie die sogenannten Ablässe vom Heiligen Land, falls er »Andachtsgegenstände«, Statuetten, Medaillen oder ähnliches, bei sich trägt, die »an den heiligen Stätten Palästinas oder an den heiligen Reliquien daselbst angerührt wurden«.[340]

Selbst auf dem Zweiten Vatikanischen Konzil freilich hat man heftige Kritik an der Ablaßpraxis geübt, so u. a. der Patriarch Maximos IV. Saigh. »Im Mittelalter«, sagte er, »gingen mit den Ablässen unzählige Mißbräuche einher. Sie brachten für die Christenheit schwere Ärgernisse, und auch heute scheint es uns, daß die Ablaßpraxis unter den Gläubigen allzuoft Fetischismus fördert, den Aberglauben, den Hang zu geiziger Anhäufung frommen Kapitals und die Meinung, in Glaubensdingen könne der Mensch Berechnungen anstellen.«[341] Der Patriarch erklärte sogar: »In Wahrheit gibt es in der ursprünglichen und allgemeinen Tradition der Kirche keinen Beweis dafür, daß Ablässe bekannt und gehandhabt worden wären, wie dies später im abendländischen Mittelalter geschah. Insbesondere finden wir in jenen elf Jahrhunderten der Einheit der morgenländischen und abendländischen Kirche nicht die geringste Spur von Ablässen im jetzt üblichen Sinne des Wortes. Noch heute weiß die orthodoxe Kirche, die der ursprünglichen Tradition treugeblieben ist, nichts von dem, was das Abendland unter Ablässen versteht.«[342]

Da aber, wie Fritz Leist gezeigt hat, das Ablaßwesen dem Ansehen der Päpste als »Heilsvermittler« bei den gläubigen Massen nützt,[343] setzte Paul VI. sich mit einem Federstrich über die bischöfliche Opposition hinweg und befahl im *Motuproprio »Paenitemini«* von 1967: »Es ist Unser Wille, daß diese Unsere Bestimmungen und Vorschriften jetzt und in Zukunft fest und wirksam sind und bleiben, gegebenenfalls unter Aufhebung entgegenstehender Apostolischer Konstitutionen und Anordnungen Unserer Vorgänger und sonstiger, auch besonderer Erwähnung und Ungültigerklärung würdiger Vorschriften«.[344]

Verleiht doch der sogenannte Apostolische Stuhl auch weiterhin Ablässe selbst für die »armen Seelen« im Fegfeuer, wobei man jetzt die Wirkung freilich offenläßt. Ist ein Ablaß für Lebende noch immer »unfehlbar«, »kann nicht festgestellt werden«, ob und wie weit »einer ganz bestimmten armen Seele ein Ablaß zugute kommt«.[345]

All dies, zweihundert Jahre nach Voltaire, Helvétius, Diderot, Bayle – buchstäblich unglaublich!

Doch was wäre nicht unglaublich in dieser Kirche? Etwa die päpstliche Unfehlbarkeit?

Das Dogma der päpstlichen Unfehlbarkeit

Und so macht man es
innerhalb jeder herrschenden Moral
und Religion,
und hat es von jeher gemacht:
die Gründe und die Absichten hinter
der Gewohnheit
werden immer zu ihr erst hinzugelogen,
wenn einige anfangen,
die Gewohnheit zu bestreiten
und nach Gründen und Absichten
zu *fragen.*
Hier steckt die große Unehrlichkeit
der Konservativen aller Zeiten:
– es sind die Hinzulügner.
Friedrich Nietzsche[1]

Die Entstehung des monarchischen Episkopats

Aus der Gemeinschaft der Liebe wurde die Kirchenzucht, aus dem allgemeinen Priestertum eine juristisch einwandfreie Amtshierarchie, aus dem göttlichen Herrn im Geist der gesetzlich geschützte Bischof. An die Stelle der Ekstatiker traten die Advokaten, und schließlich wurde auch das Verhältnis Gottes zum Menschen durch einen Rechtskodex geregelt.

Der Theologe Carl Schneider[2]

Der historische Jesus, falls er historisch ist, hatte nicht zwölf Apostel; dies ist eine Fiktion, eine den zwölf Stammvätern und Stämmen Israels entsprechende Zahl.[3] Stimmen doch selbst die Apostellisten des Neuen Testaments nicht ganz.[4]

Neben den Aposteln standen, schon in der Urgemeinde, die Propheten, die selber Apostel werden konnten. Sie alle besaßen große persönliche und moralische, jedoch keine juristische Autorität; nur ihr Auftreten legitimierte sie, keine Ernennung oder Amtsübertragung durch Jesus.[5] Ähnlich verhielt es sich in der ältesten Zeit mit den Lehrern, die gemeinsam mit den Propheten die Gemeinden geistlich leiteten und sie über Gott, Teufel, Geister, Engel unterrichteten. Doch auch diese Tätigkeit hatte mehr charismatischen Charakter.[6]

Außer Aposteln, Propheten und Lehrern, die das freie pneumatische Leben repräsentierten, gab es im Christentum aber auch Leute mit mehr administrativen, mit ökonomisch-sozialen Funktionen, die Aufseher über Geldverwaltung, Armenfürsorge, Krankenpflege u. a. Diese Gemeindebeamte, Bischöfe, Diakone, Presbyter genannt, standen an Bedeutung hinter den Aposteln, Propheten und Lehrern zunächst beträchtlich zurück, regelten sie doch nur die materiellen Bedürfnisse der Gläubigen. Sie waren, so heißt es zuweilen im Neuen Testament, »Hausverwalter« (oikonómoi, dispensatores), »technische Funktionäre«.[7]

Doch je mehr der ursprüngliche Enthusiasmus und der

Einfluß der Geistträger schwand, desto mehr festigte sich die Stellung der Bischöfe und Presbyter. Zuletzt kam es zwischen ihnen und den Propheten, zwischen Gemeindefunktionären und Charismatikern zum Kampf, der mit einem vollen Sieg des Amtes über den Geist endete. Dabei ordnete der Bischof auch den Presbyter sich unter und vereinte seit dem ausgehenden 2. Jahrhundert alle Ämter auf seine Person: ein »Ein-Mann-System«, das in der Kirche die größte Rolle spielen sollte, im Neuen Testament aber fehlt.[8]

Den Bischof (episkopos) kennt man zwar seit Homer, Äschylos, Sophokles, Pindar. Doch das gesetzgebende monarchische Bischofsamt, der Einepiskopat, von der Kirche nachmals als apostolische Tradition ausgegeben – wie so vieles, was nie apostolische Tradition und apostolisch gewesen, zum Beispiel das Glaubensbekenntnis[9] –, war dem ganzen ersten Jahrhundert unbekannt. Kein einzelner führte damals die Gemeinde, sondern, sieht man von den besonderen Verhältnissen in Jerusalem ab, ein Kollegium.[10] Noch in nachpaulinischer Zeit waren Bischöfe und Priester zunächst gleichberechtigt, bis sich der Bischof an die Spitze schob.[11]

Die altkirchlichen Episkopen wurden allerdings vom Volk gewählt und gegebenenfalls auch wieder abgewählt. Erstmals bekämpft wird diese demokratische Besetzung des Bischofsamts durch das älteste nachpaulinische Schreiben, den vermutlich Ende des 1. Jahrhunderts verfaßten ersten Clemensbrief aus Rom.[12] Es ist das früheste christliche Dokument, das von Laien spricht. Doch besitzen diese Laien ein Mitbestimmungsrecht bei der Neuwahl von Priestern; auch wird hier noch nicht zwischen Priester und Bischof unterschieden, und das genannte Amt ist noch durchaus nicht der monarchische Episkopat.[13]

Der eigentliche Vorkämpfer desselben wurde der antiochenische Bischof Ignatius zu Beginn oder gegen Mitte des 2. Jahrhunderts. Ihm verdanken wir auch die erste Überlieferung des Wortes »katholisch«; die Diffamierung ferner aller andersgläubigen Christen als »wilde Tiere«,

»tolle Hunde«, »Bestien in Menschengestalt«; endlich eben die beginnende Bindung des Sakramentsvollzugs an die Person des Bischofs und damit die Herausbildung des Gegensatzes von Klerus und Laien, gegenüber dem Urchristentum etwas völlig Neues. »Es ist klar«, lehrt Bischof Ignatius, »daß man den Bischof wie den Herrn selbst ansehen muß.«[14] »Ohne den Bischof sollt ihr überhaupt nichts tun«, verkündet er. »Wer den Bischof ehrt, wird von Gott geehrt, wer ohne den Bischof etwas tut, dient dem Teufel.«[15] Für den Bischof fordert Ignatius alle Lehr- und Ordnungsgewalt sowie die restlose Unterwerfung der Presbyter, Diakone und Laien. Unermüdlich trichtert er das ein, die Orthodoxie dabei »Honigwein« nennend, die Ketzerei »tödliches Gift«.[16]

Noch gefestigt wurde die hierarchische Position um die Mitte des 3. Jahrhunderts durch Bischof Cyprian. Bei ihm werden die Bischöfe zur juristischen Autorität. Das ganze Kirchenleben konzentriert sich jetzt um sie. Sie beherrschen nicht nur den Klerus, sondern – vor allem Cyprians Werk – auch Märtyrer und Konfessoren.[17]

Immerhin bestimmt noch eine bekannte Kirchenordnung: »Als Bischof werde eingesetzt, wer vom ganzen Volk erwählt ist«; auch muß er »allen gefallen« und »unter Zustimmung aller« ordiniert werden.[18] »In großen Gemeinden«, schreibt der Theologe Carl Schneider, »sind diese Wahlen äußerst tumultuarisch, mit Volksakklamationen und Schlägereien verbunden, doch wahrt man immer streng die formale Legalität.«[19]

Nun, wir wissen, wie es bereits oft zuging. Seit Mitte des 2. Jahrhunderts waren schismatische Gemeinden in Rom die Regel. Der erste »Gegenpapst« debütiert im frühen 3. Jahrhundert: Hippolyt, einer der sogenannten altkatholischen Väter und Schüler des hl. Irenäus, wohl der erste gebildete Bischof in Rom. Sein erfolgreicherer Konkurrent Kallist (217–222) hatte seinen Anlauf auf den Heiligen Stuhl aus dem Hafenviertel begonnen, eine christliche Erziehung, eine Unterschlagung, einen Sträflingsaufenthalt hinter sich. Als er durch Intervention von Kaiser Commodus' christlicher Mätresse Marcia entkam und vom römischen Bischof Viktor mit einer monatlichen Pension für ein Jahrzehnt nach Antium, einer der beliebten Villeggiaturen des vornehmen Rom, in Sicherheit gebracht worden war, feierte man ihn als Märtyrer. Das Schisma dauerte fast zwei Jahrzehnte.[20]

Durch die Bischöfe Cornelius (251–253) und Novatian gab es eine weitere Spaltung.[21] Krawalle auch unter den Päpsten Marcellus I. und Eusebius im frühen 4. Jahrhundert; »Zwietracht und Streit, Aufruhr und Mord«, wie sogar das Epitaph festhält, das Papst Damasus I. dem Marcellus setzte.[22] Mitte des 4. Jahrhunderts ein blutiger Bürgerkrieg durch die gleichzeitig regierenden Päpste Liberius und Felix II.[23] Und als 366 ihre Nachfolger, Damasus und Ursinus, um den Bischofsstuhl stritten, schlug man selbst in der Kirche so katholisch aufeinander ein, daß man an einem Tag 137 Leichen aus ihr trug.[24]

Wie aber kam es überhaupt zu den Bischöfen Roms, den »Päpsten«, ihrem Primat? Wie entstand ihre »Unfehlbarkeit«? All dies hat es natürlich zunächst nicht gegeben, hat sich erst über Jahrhunderte entwickelt, im eklatanten Gegensatz zu Jesus und der ganzen apostolischen Zeit.

Die Entstehung des Papsttums

Die römische Christengemeinde war weder von Petrus noch von Paulus gegründet worden, sondern von unbekannten Judenchristen.[25] Daß Petrus je in Rom gewesen, ist gänzlich unbewiesen, sein Grab, trotz aller Grabungen, bis heute nicht gefunden worden; und nie saß er auf dem Stuhl, der seinen Namen trägt. Noch Mitte des 2. Jahrhunderts, als Rom etwa 30 000 Christen hatte und 155 Kleriker, wußte keiner der Gemeinde von ihrer Stiftung durch Petrus. Noch im ausgehenden 2. Jahrhundert wurde er nicht als Bischof gezählt – im 4. freilich behauptet, er sei dies 25 Jahre lang gewesen![26] Doch selbst der

Liber pontificalis, das offizielle Papstbuch, Roms älteste Prälatenliste, nennt einen Linus als ersten Bischof der Stadt. Dann setzte man Linus an die zweite und Petrus an die erste Stelle. Aber die Episkopate der römischen Bischofsliste sind für die ersten zwei Jahrhunderte so unsicher wie die der alexandrinischen oder antiochenischen und »für die ersten Jahrzehnte bare Willkür« (Heussi).[27]

Die Bischöfe Roms, kirchenpolitisch und geistig zunächst sämtlich unbedeutende Figuren, fühlten sich auch selber lange nicht als Päpste im späteren Sinn. Erst im 3. Jahrhundert bekamen sie den Vorrang gegenüber der italienischen Kirche. Ihr Einfluß auf die bedeutendere des Ostens aber war denkbar gering. Das große Konzil von Nicäa (325) sah den Papst weder, noch konnte er bestimmen oder auch nur mitbestimmen. Das neue Dogma dort entschied der Kaiser! Auf dem Konzil von Sardica (343) mißlang der Versuch, den römischen Bischof zur Appelationsinstanz in kirchlichen Streitfällen zu machen. Nicht Julius I. (337–352), sondern Athanasius war damals der maßgebliche Kleriker.[28] Noch um die Wende zum 5. Jahrhundert betrachtet sich Papst Anastasius I. nur als Haupt des Abendlands. Und für die Ostkirche ist der römische Bischof auch im 6. Jahrhundert bloß Patriarch des Westens.[29]

Wie nämlich in Rom gegenüber Italien und dem Westen ein Oberbischoftum entstand, so hatten auch anderweitig Hierarchen Vorrechte gewonnen, der Patriarch von Alexandrien etwa gegenüber den rund hundert Bischöfen Ägyptens oder der Patriarch von Antiochien gegenüber einem Großteil des syrischen Episkopats. Analoge Sonderrechte erhielten auf dem Konzil von Nicäa (325) das Patriarchat von Jerusalem sowie die Exarchate Ephesus, Cäsarea in Kappadokien und Heraklea.[30]

Die Entstehung des Papsttums ist alles andere als wunderbar, nichts ging da übernatürlich, alles allzu natürlich zu. Die Gründe dafür resultieren aus der Stellung Roms als Hauptstadt des Römischen Reiches und der führenden Rolle, die der römische Bischof nach dem Zusammenbruch des Imperiums in Italien sich angemaßt hat.[31]

Die Entstehung des römischen Primats

Bei uns gibt es keinen Bischof der Bischöfe, da zwingt keiner seine Amtsbrüder mit tyrannischer Gewalttätigkeit zum Gehorsam.

Bischof Cyprian[32]

Theologisch unterbaut wurde der Machtausgriff durch die von den Päpsten und ihrem Anhang allmählich himmelhoch gespielte sogenannte Petrusdoktrin.

Mittels dieser »beweist« die Catholica ihre Stiftung und die des Papsttums durch Jesus, durch die Stelle des Matthäusevangeliums: »Du bist Petrus, und auf diesen Felsen [griech. pétros] will ich meine Kirche bauen ...«[33] Doch dies Wort, das in drei von vier Evangelien fehlt, vor allem auch im ältesten Evangelium, hat Jesus nie gesprochen, wofür es eine Reihe einleuchtender Begründungen gibt; meine Kirchengeschichte *Abermals krähte der Hahn* faßt sie zusammen.[34] Selbst wenn Jesus aber, was freilich viele gravierende Fakten ausschließen, so gesprochen hätte: Wo steht, daß er nicht nur Petrus, sondern auch alle seine »Amtsnachfolger« meinte? Schrieb doch schon Kirchenschriftsteller Tertullian gegen den römischen Bischof: »Wie kannst du dich erdreisten, die offenkundige Absicht des Herrn, der dieses dem Petrus nur persönlich überträgt, umzustoßen und zu verdrehen.«[35]

Die Primatansprüche der römischen Hierarchen sind anmaßend und bodenlos. Länger als zwei Jahrhunderte insistierten sie selber nie auf die Einsetzung ihres Vorrangs durch Jesus! Pochten sie niemals darauf, Nachfolger Petri zu sein! »Es läßt sich nicht erkennen, daß die Petrusverheißung Matthäus 16,18«, betont Henry Chadwick, »vor der Mitte des dritten Jahrhunderts in der Geschichte der römischen Leitungs- und Autoritätsansprüche eine Rolle gespielt hätte.«[36] Gesteht doch selbst der katholische Theologe Bernhart: »Die ersten drei Jahrhunderte nach dem Tode des Simon Kepha wissen nichts von einem Souverän auf der Cathedra Petri.«[37]

Die ältesten römischen Oberhirten fühlen sich auch keinesfalls als »Päpste«. Sie gebrauchen das Wort »Papst« (pappas, papa, Vater), das seit dem 3. Jahrhundert *jeden* Bischof bezeichnet, als Selbstbenennung regelmäßig erst seit dem ausgehenden 8. Jahrhundert. Und erst vom 2. Jahrtausend an wird der Titel »Papst« ein ausschließliches Vorrecht des Bischofs von Rom.[38]

Als erster berief sich wohl der herrische Stephan I. (254–257) auf Matthäus 16,18. Doch damals erkannte, im Konsens offensichtlich mit der allgemeinen Kirche, kein Geringerer als Cyprian, Bischof, Märtyrer und Heiliger der Catholica, »keinen Bischof der Bischöfe an«; keiner von ihnen sei dem andern untergeordnet, keiner vorgesetzt; weshalb Rom sogar eine Hauptstelle von Cyprians Schriften fälschte! Der Papst, wiederholt mit dem Heiligen zusammenstoßend, empfing dessen Boten nicht, schimpfte ihn selbst einen »Pseudochrist« und »Pseudoapostel«, während Cyprian ihn der Hochmütigkeit und Gotteslästerung zieh.[39]

Indes: *Kein* alter Kirchenvater erkannte die römischen Primatansprüche an, vom Märtyrer Justin im 2., bis zum gewiß schon recht romhörigen Kirchenlehrer Augustinus im 5. Jahrhundert. Ihm mußte deshalb noch das Erste Vatikanum 1870 »verkehrte Meinungen« (pravae sententiae) vorwerfen! »Wir sind Christianer, nicht Petrianer«, hatte Augustin erklärt und Matthäus 16,18 »zu keiner Zeit seines Lebens im römischen Sinne verstanden und ausgelegt« (Caspar). Auch Kirchenlehrer Ambrosius, zweifellos gleichfalls einflußreicher als die Päpste seiner Zeit,[40] gestand diesen weder einen Ehren-, noch gar Jurisdiktionsprimat zu. Das Wort von den Pforten der Hölle bezieht Ambrosius nicht auf Petrus, sondern seinen Glauben. Jeder, der glaube, wie Petrus geglaubt, sei ein Fels und selig wie er, nicht geringer Paulus, Johannes, Jakobus. Diese Überzeugung der gefeiertsten Katholiken der Antike aber ist um so bemerkenswerter, als auch die Bücher der »heiligen Väter«, nach Kirchenlehrer Kyrill (einem wüsten Judenverfolger, dem ersten Initiator einer »Endlösung«, von seinen sonstigen Verbrechen zu schweigen), »durch Eingebung des Heiligen Geistes zustandekamen«.[41]

Selbstverständlich wissen die bekannten östlichen Theologen des 4. Jahrhunderts, die Heiligen Basilius, Gregor von Nazianz, Gregor von Nyssa u. a., gleichfalls nicht das geringste von den Prätentionen, die man allmählich aus dem Wort von Petrus als dem Felsen hergeleitet hat. Und nie maßte damals ein römischer Bischof sich irgendwelche richterlichen Entscheidungen im Orient an.[42]

Man muß all dies wenigstens in großen Zügen kennen: die Fiktion des Zwölferkreises, die Beseitigung der Propheten durch die Bischöfe, die Entstehung des monarchischen Episkopats, der päpstlichen Primatallüren, nicht nur durch das unechte Logion Matthäus 16,18 gerechtfertigt, sondern auch durch gefälschte Urkunden, wie die pseudocyrillischen, die pseudoisidorischen Dekretalien (mit über hundert gefälschten Papstbriefen und Konzilsbeschlüssen), das Constitutum Silvestri u. a., man muß all dies kennen, um zu wissen, daß so gut wie nichts, was diese Kirche als apostolisch ausgab, apostolisch ist, so gut wie keines ihrer Dogmen in einer legitimen Relation zum Ursprünglichen steht, auch nicht die sogenannte Infallibilität, die Unfehlbarkeit des Papstes in Glaubensdingen.

Der angebliche »Schriftbeweis« für die päpstliche Unfehlbarkeit

Über die Evidenz der Schrift ist die Majorität [auf dem Ersten Vatikanischen Konzil 1870] außerordentlich zuversichtlich. Die päpstliche Unfehlbarkeit sei eine Wahrheit, die »durch die evidentesten Zeugnisse der heiligen Schriften ... bewiesen wird«.

Die Schrift enthalte sie klarer oder wenigstens unmittelbarer als den Primat des Papstes, ja, sie werde darin deutlicher gelehrt als der Hervorgang des Heiligen Geistes, als die ewige Jungfräulichkeit, als die Unbefleckte Empfängnis der seligen Jungfrau Maria und als viele andere Glaubensdogmen.

»Wenn dem so ist, warum sehen dann die Menschen« – so fragt sich Bischof Claret y Clará – »die klaren Zeugnisse der Schrift nicht ein?«

Der katholische Theologe August B. Hasler[43]

Auf katholischer Seite spricht man allen Ernstes von den »biblischen Grundlagen der Unfehlbarkeit«, obwohl man selbst zugeben muß: »Das, was wir heute mit dem Wort ›unfehlbar‹ bezeichnen, wird in der Bibel nirgends mit diesem Wort erwähnt.«[44]

Die »Schriftbeweise«, die man führt, sind entsprechend.

Da insistiert man darauf, Jesus habe, nach Markus 3,13 f, die Apostel erwählt, »daß sie um ihn sein sollten, und er wollte sie aussenden, daß sie das Wort verkündigten«; er habe, nach Lukas 10,16, gesagt: »Wer euch hört, hört mich, und wer euch zurückweist, weist mich zurück«; habe ihnen wiederholt seinen und des Heiligen Geistes Beistand zugesichert und beteuert, der Geist der Wahrheit werde sie in alle Wahrheit einführen.[45]

Großes Gewicht legt man auf Johannes 21,15 ff, wo Jesus dreimal den Petrus fragt, ob er ihn liebe und mehr liebe als die andern ihn liebten; und dann weiter auf das berühmt-berüchtigte Kirchengründungswort Matthäus 16,13 ff.[46]

Wie absurd solche »Beweise« sind, wurde oft dargetan, und zwar von Katholiken selbst. So hat der Philosoph und Theologe Franz Brentano, ein Neffe des Dichters Clemens Brentano, vor dem Ersten Vatikanum im Auftrag des Mainzer Bischofs Ketteler ein Gutachten über die päpstliche Infallibilität, wie das Kunstwort heißt, erstellt, und gerade auch die Berufung auf die genannten Logien energisch zurückgewiesen.[47] »Vor allem, was die Stelle Joh. 21,(15 ff.) betrifft«, schreibt Brentano, »so ist es mir geradezu unbegreiflich, wie jemand sie als beweisend betrachten könnte.« Und betont natürlich mit allem Recht, es werde darin »auch mit keiner Silbe etwas gesagt, was die päpstliche Infallibilität bezeugte«.[48] Ebenso erklärt

erklärt Brentano, den Kettelers Domdekan Heinrich als »frommen und gelehrten Theologen« rühmt,[49] was die Berufung auf Matthäus 16,13 ff betreffe, »daß in keiner Weise auch aus dieser Stelle ein rechtmäßiger Schluß auf die päpstliche Unfehlbarkeit gezogen werden kann«.[50] Für jeden klar, sollte man meinen, der diese Bibelsprüche liest oder weitere, wie Lukas 22,32: »Ich habe für dich gebetet, daß dein Glaube nicht wanke«, ein Hauptbeleg des Ersten Vatikanums.

Noch auf diesem Konzil, 1870, erkannte denn auch die Minorität der Versammelten in Matthäus 16,18 kein Zeugnis für die päpstliche Infallibilität. Der amerikanische Bischof Augustin Vérot nannte seinerzeit vier Gründe für seine Verwerfung aller vermeintlichen Schriftbelege; ich bringe bloß den vierten Punkt: »Die heiligen Cyprian und Augustinus, die Väter der sechsten Synode in der alten Zeit, der heilige Antoninus, Bossuet und andere kannten jene Texte. Sie sahen in ihnen jedoch keinen Beweis für die Unfehlbarkeit des Papstes.«[51] Hundert Jahre später aber resümiert der katholische Theologe August Bernhard Hasler: »Von der heutigen exegetischen Forschungslage her – die historisch-kritische Methode hat sich auch katholischerseits durchgesetzt – erscheint die Argumentation der Majorität noch um einiges prekärer. Die Exegeten bestätigen nicht nur die Minorität, die in der Matthäus-Stelle nichts von einer päpstlichen Unfehlbarkeit finden konnte, sie bezweifeln größtenteils auch, daß die römischen Primatansprüche mit dieser Stelle begründet werden können. Selbst unter katholischen Exegeten bildet sich ein Konsens heraus, daß es sich bei Mth 16,17–19 nicht um ein Wort Jesu, sondern um die nachösterliche Bildung der palästinensischen oder syrischen Gemeinde bzw. des Matthäus handelt.«[52]

Der angebliche Beweis der »Väter«

Das Vorrecht der Unfehlbarkeit des römischen Papstes scheint den älteren Kirchenvätern, jenen vor allem, die über die Glaubensregel handelten, nicht bekannt gewesen zu sein. Wie hätte es sonst geschehen können, daß diejenigen, die lehrten, auf welchem Weg und durch welche Autorität die richtigen und sicheren Dogmen der Kirche zu erkennen sind, von der Unfehlbarkeit des Papstes geschwiegen haben ... Daraus folgt, daß in den ersten Jahrhunderten der Kirche diese Unfehlbarkeit nicht verkündigt wurde und den heiligsten und gelehrtesten Vätern verborgen war.

Etienne Emile Ramadié, Bischof von Perpignan, auf dem Ersten Vatikanischen Konzil 1870[53]

Nicht anders als mit dem »Schriftbeweis« verhält es sich mit dem »Väterbeweis«.

Da steht an zeitlich erster Stelle vielleicht Irenäus. Doch sein Wort, auf das man sich stützt, mußte im 19. Jahrhundert durch den Primas von Belgien, den Redemptoristen und Kardinalerzbischof Victor Auguste Dechamps, mehrfach verfälscht werden, um »beweiskräftig« zu sein.[54]

Als nächsten bemühen die Infallibilisten den Bischof Cyprian. Dabei bezeugt gerade sein Verhalten im sogenannten Ketzertaufstreit (255–257) das Gegenteil.

Papst Stephan I. lehnte damals die Wiedertaufe von »Ketzern«, die zur römischen Kirche konvertieren wollten, mit allem Nachdruck ab. Der Papst hatte, so Franz Brentano, »mit größter Autorität und, wenn je ein Papst, ex cathedra gesprochen«.[55] Doch Cyprian blieb unbeirrt. Mit 86 nordafrikanischen Bischöfen widerstand er scharf dem römischen Oberhirten und behielt die (auch von Tertullian und Clemens Alexandrinus geforderte) Ketzertaufe bei, das heißt das Recht bzw. die Pflicht, zum Katholizismus konvertierende »Ketzer« abermals zu taufen. Auch der angesehenste Prälat Kleinasiens, Firmilian von Cäsarea, stellte sich, offenbar im Namen seiner Mitbischöfe, auf Cyprians Seite, warf dem römischen Pontifex »Frechheit«, »Unverschämtheit«, »Torheit« vor, nannte

nannte ihn »albern«, »unerfahren« und »verlogen«, ja, verglich ihn mit dem Verräter Jesu.[56]

Wie Cyprian soll Ambrosius die Infallibilität bezeugen, wobei man zwei Stellen seiner Schriften kombiniert. Man verbindet das von ihm zitierte Kirchengründungswort, an das er anfügt, wo also Petrus, dort sei die Kirche, mit einem weiteren Passus, in dem er den »Glauben« (fidem) Petri betont, woraus die meisten Codices freilich, in einer falschen Lesart, seinen »Stuhl« (sedem) machen. Wieder protestiert Gutachter Brentano: »Man braucht aber nur die Stellen im Zusammenhange zu betrachten, so erkennt man, daß hier ein wahrer Mißbrauch mit ihnen getrieben wird... In der Tat, man sollte sich solcher Beweismittel schämen.«[57]

Weiter wird Augustinus als Zeuge benannt. Und auch sein Werk wurde verfälscht, nämlich aus dem Text: »Causa finita est: utinam aliquando finiatur error« (Die Sache ist erledigt, wäre doch auch der Irrtum erledigt) die viel großartigere Sentenz in die Welt gesetzt: »Roma locuta est, causa finita est« (Rom hat gesprochen, die Sache ist erledigt).[58]

Tatsächlich aber beweist auch Augustins Verhalten wieder genau das Gegenteil dessen, was es beweisen soll.

Es ging um den lange in Rom lebenden Iren Pelagius, den Widerleger jener finsteren Erbsündenkomplexe, Prädestinationsalpträume und Gnadengespinste Augustins, die das Konzil von Orange 529 dogmatisierte.[59]

Zunächst zwar wußte auch Augustin an Pelagius nichts auszusetzen: ein rigoroser angesehener Asket, der die Arianer, mehr noch die Manichäer attackierte, in seiner Jugend jedoch weder Birnen geklaut noch eine Konkubine begattet hatte. Seine bewunderten Ermahnungsbriefe fand auch Augustin »gut geschrieben und streng zur Sache«,[60] er nannte Pelagius »unsern Bruder«, ja »heiligmäßig« und lud ihn, bei seiner Ankunft in Hippo, vergeblich freilich, zu Besuch und Diskussion ein.[61]

Nun nämlich hatte er sich in seinem Vorherbestimmungswahn versponnen, der »causa gratiae«, der Sache der Gnade, die Jesus nie vertreten, ja, er selbst in seiner

Frühzeit nicht, und schleuderte, zwischen 413 und 427, gegen Pelagius und dessen Freund Cälestius ein ganzes Dutzend Streitschriften. Bis Palästina betrieb er die Verdammung seiner Gegner und ließ sie auch von den afrikanischen Bischöfen 416 mittels drei Schreiben – geprägt durch »alle Zeichen einer ›Hexenjagd‹« (Brown) – bei Papst Innozenz I. verketzern. Zwei Briefe hatte Augustin selbst verfaßt und der »Heiligkeit«, »Herzensmilde«, dem »überreichen Bronn«, noch das Buch des Pelagius *Über die Natur* nebst einer Gegenschrift *De natura et gratia Dei* beigelegt (mit angestrichenen »Hauptstellen« zur bequemeren Lektüre des Pontifex).[62]

Aber Innozenz I. neigte vielleicht selber dem Pelagius zu. Doch fürchtete er die geschlossene Phalanx des mächtigen afrikanischen Episkopats, der gerade, gemeinsam mit dem Staat, den Donatismus vernichtet hatte.[63] Famos, mit kaltem Hochmut, aber nicht gerade achtbar, zog Seine Heiligkeit in drei Responsa sich aus der Schlinge: weder Pelagius ganz preisgebend noch die Afrikaner hindernd, so daß Augustin eben, persönlich übrigens vom Papst völlig ignoriert, gleich rief: Causa finita est.[64]

Doch hatte Augustin zu früh gejubelt. Wie sehr die »Ketzerei«, die sich von Sizilien bis Dalmatien, Gallien und Britannien verbreitete,[65] in der Heiligen Stadt selber saß, ja, um den noch Heiligeren Stuhl und sogar auf ihm, zeigte sich nach Innozenz' I. Tod.

Nachfolger Zosimus nämlich empfing Cälestius ziemlich freundlich in Rom, trat sofort energisch für ihn ein und erklärte ihn für rechtgläubig. »Wenn ihr doch, geliebte Brüder, hättet anwesend sein können«, beteuerte Papst Zosimus den Afrikanern. »Wie tief war jeder von uns bewegt! Kaum jemand der Anwesenden konnte sich der Tränen erwehren, daß Männer so achtbaren Glaubens beschuldigt werden konnten.« Der Papst belehrte Augustin: »Das Kennzeichen einer hochanständigen Gesinnung ist es, Schlechtes nur schwer zu glauben.« Er kritisierte »diese Fangfragen und törichten Debatten«, die Neugier und ungezügelte Beredsamkeit sowie den Mißbrauch auch der Heiligen Schrift. »Nicht einmal die bedeutendsten Männer sind davon frei.« Und zitierte seinerseits die Bibel: »Bei vielen Worten geht es ohne Sünde nicht ab.«[66]

Augustinus aber und die Afrikaner ließen sich durch Glaubenssprüche aus Rom nicht beirren. Ungerührt operierten sie mit Intrige und Bestechung. Achtzig numidische Zuchthengste wechselten im Verlauf des Gnadenstreites den Stall. Hofmarschall Comes Valerius, ein geschworener Ketzerfeind, Augustinfan, Verwandter eines Großagrariers in Hippo und katholischer als der Papst, erwies sich den afrikanischen Oberhirten gefällig. Rasch erreichten sie, durch jahrzehntelangen Kampf gegen die Donatisten gründlich geschult, die Unterdrückung der Pelagianer, Vertreibung ihrer Bischöfe und Verweigerung freier Diskussion.

Sie überspielten Papst Zosimus durch Kaiser Honorius, der alsbald, Erlaß vom 30. April 418, die »Ketzerei« des Pelagius und Cälestius verdammte – mit besonderer Betonung ihrer Verbreitung in Rom! – und Aufspürung aller Pelagianer forderte, Vermögenskonfiskation, Verbannung. Ravenna locuta: Und schon fiel Papst Zosimus um, fügte sich dem Kaiser und verdammte noch im Sommer offiziell den bisher von ihm geschützten und geschätzten Iren samt Anhang; worauf denn »aller Bischöfe Hände mit dem Schwert Petri bewehrt wurden«, wie Mönch Prosper Tiro in Marseille jauchzte, ein wilder Sympathisant der augustinischen Gnadengespinste, »um die Häupter der Gottlosen in den Staub zu legen«. Und mit seinem Herrn wechselte Presbyter Xystus, der spätere Papst, bisher gleichfalls Förderer der »Ketzer«, eilig die Front und arbeitete – hinter dem Rücken des (wohl immer noch suspekten) Zosimus – mit Augustin zusammen.[67]

Augustins Taktieren im Pelagianischen Streit also zeigt, was er von höchsten Glaubensentscheidungen hielt. Er benahm sich nicht anders als Cyprian im Ketzertaufstreit gegenüber dem autoritativen Urteil des Papstes. Und Augustin, obwohl selbst dezidierter Gegner der Wiedertaufe, verteidigte ja auch öffentlich Bischof Cyprian, indem er bekannte, an dessen Stelle sich ebensowenig mit einer bloß päpstlichen Entscheidung begnügt zu haben. Stellt er doch über sie die Lehre der Bibel und der Kirchenväter, die der Catholica insgesamt.[68]

Noch auf dem Ersten Vatikanum 1870 äußert der Erzbischof von Halifax (Neuschottland), Thomas Connolly, genüßlich, man habe noch keinen einzigen Satz der heiligen Väter für die Unfehlbarkeit des Papstes genannt.[69]

Und 1977 notiert der Theologe Hasler das Forschungsergebnis im Hinblick gerade auf jene, denen die Majorität der Synodalen besonderes Gewicht beimaß, Irenäus, Ambrosius, Augustin: Was Irenäus von Lyon betrifft, hat die neuere Forschung die Einwände der Minorität bestätigt. Von seinem Zeugnis für die päpstliche Unfehlbarkeit ist keine Rede mehr. Vielmehr steht zur Debatte, ob Irenäus überhaupt unter die Primatszeugen gehört. Die Tendenz geht dahin, bei ihm keine grundsätzliche Vorrangstellung der Kirche Roms, sondern eine Gleichbewertung aller apostolischen Kirchen zu sehen ... Die Majorität legte auf das Zeugnis von Ambrosius weniger Nachdruck als auf dasjenige von Irenäus und Augustinus. Wahrscheinlich zweifelte sie selbst etwas an dessen Wert. Tatsächlich berühren die Äußerungen von Ambrosius die Unfehlbarkeitsfrage nicht und fallen auch hinsichtlich des römischen Primates dürftig aus ... Auch der in den Augen der Majorität sehr wichtige Zeuge Augustinus gibt nichts her für die päpstliche Unfehlbarkeit. In der neueren Forschung zeichnet sich vielmehr ein Konsens ab, daß Augustinus nicht einmal als Primatszeuge gelten kann.[70]

Auch die Geschichte der Päpste führte ihre Unfehlbarkeit ad absurdum

Aus all dem folgt, daß die römischen Bischöfe geirrt haben in der Geschichte, in der Kritik, im Völkerrecht, in den Fragen der Sakramente, in der Interpretation der Schrift und in anderem.

Der amerikanische Bischof Augustin Vérot auf dem Ersten Vatikanischen Konzil[71]

Noch eindeutiger der »Ketzerei« überführte Päpste, um dies wenigstens anzudeuten, waren längst vor Zosimus die Modalisten-Päpste Viktor I., Zephyrin und Kallist, die alle, mehr oder minder, den Modalismus vertraten: eine Lehre, die in den drei göttlichen Personen nur Modi, Erscheinungsweisen *eines* Gottes, in Gott also eine ungeteilte Person sah (nicht, wie das kirchliche Dogma, drei individuelle Personen).

Viktor I. hat diese »Ketzerei« kräftig gefördert und eindeutig in ihrem Sinne Theodotus exkommuniziert. Für Bischof Zephyrin bezeugt sie sein durch Hippolyt tradierter Satz: »Ich kenne einen Gott Jesus Christus und außer diesem keinen anderen, der gezeugt wurde und gelitten hat.« Diese ketzerische Formel ist die älteste wörtlich erhaltene dogmatische Erklärung eines römischen Bischofs. Und Gegenpapst Hippolyt überliefert auch den Modalismus des Kallist. Welches Schauspiel, wenn Papst Kallist, der anfangs selbst den von der Kirche bald verketzerten Modalismus lehrt, dem hl. Hippolyt, dessen christologische Anschauungen später als rechtgläubig gelten, »Zweigötterlehre« vorwirft![72]

Wie es mit dem Unfehlbarkeitsglauben der »Stellvertreter« stand, zeigt

Leo I. (440–461)

Einerseits zwar war dieser Papst, der erste von wirklich geschichtlicher Bedeutung, enorm anmaßend, ein Aristokrat, der unbarmherzig Andersgläubige verfolgt hat, die Manichäer fast schon mit der Blutrünstigkeit eines Inquisitors.[73] Andererseits kritisierte er aber auch, im Jahr 443, die Ernennung von Geistlichen, die »keine angemessene Geburt« empfahl und verbot die Erhebung eines »schäbigen Sklaven« (servilis vilitas) zum Priester.[74] Selbst gegenüber seinen Mitbischöfen kehrt er den Herrn heraus. Er befiehlt auch bisher von Rom unabhängigen Prälaten, wie dem Metropoliten von Aquileja. Die gallischen Oberhirten nennen ihn nicht mehr, wie üblich, »Deine Brüderlichkeit«, sondern »Euer Aposteltum« (apostolatus vester); wird doch jetzt die Mehrzahl in der Anrede gebräuchlich und überhaupt die Petrusdoktrin, die man inzwischen schon dem Abendland und Afrika aufgeschwatzt, mächtig vorangetrieben.[75]

Leo, der auch von allen Maiores ecclesiae, allen Patriarchaten, Gehorsam forderte, lehrt, durch den Mund des Papstes spreche Petrus, Christus, Gott. Er biegt die Überlieferung um, steigert sie, erhebt neue Ansprüche, wobei er sich selbst Valentinians und der Damen des kaiserlichen Hauses bedient, die er Briefe nach Konstantinopel an den Hof schreiben läßt, die über alles hinausgehen, was man vom römischen Primat vordem verbreitet hatte.[76]

Um so grotesker, wie dieser Mann Mächtigen gegenüber buckeln und kriechen konnte, wenn es nötig schien. Dann feierte er die Kaiser sogar als »Hüter des Glaubens«, »Verkünder Christi«, räumte er ihnen eine Menge Rechte rein kirchlichen Charakters ein, Autorität auch im religiösen Bereich, »priesterliche Heiligkeit«, selbst das Privileg, Glaubenslehren betreffende Konzilsbeschlüsse außer Kraft zu setzen. Ließ Leo, genannt der Große (und als einziger Papst, neben Gregor I., mit dem Titel eines Kirchenlehrers geschmückt), sich doch so weit herab, dem Kaiser brieflich wiederholt zu beteuern, er, der Kaiser, bedürfe keiner menschlichen Belehrung, sei vom Heiligen Geist erleuchtet und könne im Glauben grundsätzlich nicht irren!

»Ich weiß«, schreibt Papst Leo I., »daß ihr durch den in euch wohnenden Gottesgeist hinlänglich unterrichtet seid.« Ja, er gesteht dem Kaiser eine Lehrinspiration zu und steigert diese in mehreren Schreiben bis zur Unfehlbarkeit, dem Herrscher bescheinigend, daß er »vom reinsten Licht der Wahrheit erfüllt in keinem Teil des Glaubens« schwanke, »sondern mit heiligem und vollkommenem Urteil das Recht vom Bösen unterscheide«; »daß deine Milde menschlicher Belehrung nicht bedarf und die reinste Lehre aus dem Überflusse des Hl. Geistes geschöpft hat«; daß es seine, des Papstes, »Pflicht« sei, »zu offenbaren, was du weißt, und zu verkünden, was du glaubst« (officii tamen mei est et patefacere quod intelligis, et praedicare quod credis) – und dies alles, obwohl der Papst von der Unfehlbarkeit des Kaisers gar nicht überzeugt ist![77]

Der Streit darüber, ob Leos Bekenntnisse Ausdruck von Servilität oder Berechnung gewesen oder was immer, kann uns gleichgültig sein. Entscheidend ist, daß einer der berühmtesten Päpste, der »große« Leo, fast eineinhalb Jahrtausende vor der Dogmatisierung der päpstlichen Infallibilität, die Unfehlbarkeit bereits dem Kaiser attestiert!

Ein weiterer herrlicher Beleg für diese päpstliche Unfehlbarkeit ist der Pontifikat des

Vigilius (537–555)

Vigilius war der Mörder seines Vorgängers und Heiliger Vater während des großen Gotengemetzels. Dank ungemeiner Wendigkeit saß er immerhin achtzehn Jahre auf dem ebenso Heiligen Stuhl, wobei er es mit dem Glauben so wenig genau nahm wie mit einigen weiteren Dingen.

Zunächst zwar bewahrte er ihn, wenn auch unter Bruch anderer Versprechungen. Entgegen einer Zusicherung begünstigte er nämlich keinesfalls die monophysitischen Ambitionen der Kaiserin Theodora, der Frau des orthodoxen Justinian, wofür Vigilius immerhin 700 Goldstücke kassiert hatte. Doch dann unterwarf er sich im Dreikapitelstreit, einem die Gemüter zunächst im Morgen-, dann auch im Abendland äußerst aufwühlenden Theologengezänk, dem Kaiser. Dieser hatte – um die im Südosten maßgebenden Monophysiten, ohne Preisgabe des Konzils von Chalkedon, zu gewinnen – durch ein Edikt von 543 die drei zum Nestorianismus tendierenden Theologen Theodor von Mopsuestia, Theodoret von Kyrrhos und Ibas von Edessa, alle längst freilich im Frieden mit der Kirche gestorben, ja noch auf dem Konzil von Chalkedon als rechtgläubig anerkannt, nachträglich verflucht. Der ganz vom Kaiser abhängige orientalische Klerus akzeptierte dies allgemein, der westliche nicht. Der afrikanische Episkopat, der dem Papst schon im Ketzertaufstreit (zur Zeit Cyprians) widerstanden, dann abermals im Pelagianischen Streit (zur Zeit Augustins) gegen Papst Zosimus, bekämpfte im Dreikapitelstreit geschlossen auch Papst Vigilius.[78]

Um sich durchzusetzen, ließ Kaiser Justinian, wohl von Theodora inspiriert, Vigilius am 22. November 545 mitten aus einem Gottesdienst auf ein Schiff schleppen und Richtung Konstantinopel verfrachten. Das Volk hatte sich von dem Mörderpapst erst noch segnen lassen, ihn aber dann, wie selbst das Papstbuch berichtet, wohl mehr symbolisch durch Steine, Prügel, Kochtöpfe traktiert und mit frommen Sprüchen zum Teufel gewünscht: »Dein Hunger gehe mit dir, dein Sterben gehe mit dir! Übel hast du den Römern getan, Übel sollst du finden, wohin du gehst.«[79]

Zunächst freilich ging es Vigilius nicht schlecht. Während Gotenkönig Totila Rom einnahm, die Stadtmauern großenteils schleifen, die Bevölkerung vertreiben, die Senatoren als Geiseln mitschleppen und später hinrichten ließ, erholte sich der Papst fast ein Jahr im sonnigen Sizilien, wo die Ekklesia riesige Besitzungen hatte. Erst im Januar 547 traf er in Konstantinopel ein und akklimatisierte sich auch dort. Im folgenden Jahr stimmte er, im sogenannten Judicatum vom 11. April 548, der Verurteilung der Drei Kapitel bei. Darüber erregte sich freilich noch seine nächste Umgebung so, daß er eine Reihe aufmüpfiger Diakone exkommunizierte, ehe eine Synode afrikanischer Bischöfe ihn selber exkommuniziert hat. Doch als auch das ganze Abendland aufschrie, auch der römische Klerus gegen Vigilius rebellierte, Gallien, Oberitalien, Dalmatien, Illyrien sich von ihm lossagten, ermannte er sich, unterstützt vor allem durch Diakon Pelagius, seinen Nachfolger, und zog sein Urteil zurück. Er protestierte nun gegen ein weiteres Dreikapitel-Edikt des Kaisers und bedrohte alle Unterzeichner mit dem Bann. Nachdem aber Justinian die obstinaten afrikanischen Bischöfe durch Verbannung und Bestechung willfährig gemacht und schließlich auch Italien den Goten in fürchterlichen Schlachten abgenommen hatte – nicht ohne intensives Zutun des Papstes![80] –, glaubte der erneut drangsalierte Vigilius seinen Stuhl, wohl nicht zu Unrecht, gefährdet und fiel noch einmal um. Am 8. Dezember 553 und, ausführlicher noch, am 23. Februar 554, verdammte er abermals feierlich die Drei Kapitel. So sicherte er sich die Rückkehr, starb jedoch noch unterwegs, am 7. Juni 555, in Syrakus und gelangte nur als Leiche nach Rom – als erster Papst, seit Petrus, nicht heiliggesprochen.[81]

Betrachten wir als letzten Heiligen Vater dieser Reihe noch

Honorius I. (625–638)

Honorius war ein Adelssprößling, höchst vielseitig und tätig. In Spanien beispielsweise stachelte er, ein echter Schüler von Kirchenlehrer Gregor I., »dem Großen«, den Episkopat zu verschärften Judenattacken auf, wobei er die Bischöfe mit »stummen Hunden, die nicht bellen können« verglich und klagte, daß er allein die Züchtigung der Baalspfaffen betreibe![82]

Nun, längst nicht mehr ungewöhnlich. Doch eine gewisse Unsterblichkeit erlangte dieser »Stellvertreter«, der Andersgläubige verfolgen ließ, selber als »Ketzer«. Zwar gab es der Häresie überführte Päpste schon vor ihm, wie die erwähnten Modalisten-Päpste. Honorius aber, ein Schüler, wie gesagt, von Gregor I., wurde von der römisch-katholischen Kirche selber offiziell als »Ketzer« verdammt!

Der denkwürdige Pontifikat fiel in die Regierungszeit des Herakleios (610–641). Als Sohn des Exarchen von Afrika war Herakleios mit der Fahne der Gottesmutter vor Konstantinopel erschienen, hatte Kaiser Phokas liquidiert und dann durch den Patriarchen am 5. Oktober 610 die Krone empfangen – ein bedeutendes Datum, weil mit den Reformen des Herakleios das mittelalterliche griechische Kaiserreich beginnt.

Im Krieg gegen die 617 zum Bosporus vorgestoßenen

Perser gewann er bis 629 die verlorenen Ostprovinzen zurück und ließ am 21. März 630 in Jerusalem das von den Persern entführte heilige Kreuz aufrichten; vermutlich, »wie das Beweismaterial nahelegt« (Mango), ein unterschobenes. Dann suchte er durch religiöses Entgegenkommen die dortigen Monophysiten, die inzwischen die katholischen Bischöfe verjagt und durch eigene ersetzt hatten, zur Reichskirche zurückzuführen. Es glückte auch ziemlich vermöge einer vom Patriarchen Sergios von Konstantinopel (610–638) vorgeschlagenen Einigungsformel, derzufolge in den zwei Naturen des Gottmenschen, die sozusagen Staatsdogma geworden waren, nicht auch zwei, sondern nur *eine* Wirkungsweise, eine gottmenschliche Energie (Monenergismus), gewirkt habe.[83]

Mit derlei Spitzfindigkeiten in einer an sich schon bodenlosen Spekulation, die das Ostreich freilich durch fortgesetzte Krawalle und Bürgerkriege zerriß, brauchen wir uns nicht zu befassen. Als eine Art Brückenschlag zum Monophysitismus war die Sache jedenfalls religionspolitisch nicht ungeschickt erdacht, auch erfolgreich, sogar noch in Syrien und Ägypten – und eben selbst bei Honorius.

Wandte der Papst sich doch gegen die vor allem unter dem Mönch und späteren Patriarchen von Jerusalem, Sophronius, erhebende rechtgläubige Opposition und erklärte: »Wir bekennen *einen* Willen unseres Herrn Jesus Christus ...« Folge davon: das von Sergios verfaßte, vom Kaiser erlassene und in der Hagia Sophia angeschlagene Glaubensedikt der »Ekthesis« (638). Danach trat anstelle der *einen* Wirkungsweise (Monergeia), die den Monophysiten noch weiter entgegenkommende und hauptsächlich den Frieden mit ihnen suchende Lehre von dem *einen* Willen in Christus: der Beginn des monotheletischen Streites, des letzten Dogmenkampfes zwischen Ost und West, und der – bis ins 19. Jahrhundert reichenden – Honoriusfrage.[84]

Denn die monotheletische Lehre wurde von den Nachfolgern des Honorius, die in jeder Hinsicht größere Selbständigkeit gegenüber Byzanz erstrebten, wieder verworfen. Auf dem sechsten allgemeinen Konzil in Konstantinopel (680/81) – wo Patriarch Makarios von Antiochien mit gefälschten Dokumenten arbeitete, wie seine Fälscher, ein Mönch und ein Gelehrter, gestanden – hat die Kirche Papst Honorius I. öffentlich in aller Form als Monotheleten verflucht und sein formell ex cathedra erlassenes Schreiben feierlich verbrannt. Mit vier anderen, als monotheletische »Ketzer« erkannten Patriarchen Konstantinopels (Sergios, seinem Nachfolger Pyrrhos I., Paulos und Petros) verfiel der Papst dem Anathem.[85]

Nachdem auf der 13. Sitzung des Konzils, am 28. März 681, die zur Debatte stehenden Dokumente noch einmal verlesen worden waren, erklärte die Versammlung:

Gemäß dem Versprechen, das wir Euer Ehrwürden gegeben haben, haben wir die dogmatischen Briefe, die von Sergios, dem ehemaligen Patriarchen, dieser von Gott behüteten Kaiserstadt, an Kyros, den Bischof von Phasis, sowie an Honorius, den ehemaligen Papst von Altrom, gerichtet wurden, gründlich geprüft. Ebenso [haben wir] auch den Antwortbrief des Honorius an Sergios [gründlich geprüft]. Wir fanden [diese Briefe] in allem den apostolischen Lehren, den heiligen Synoden und allen den von angesehenen heiligen Vätern aufgestellten Satzungen fremd, da sie den Lügenlehren der Häretiker folgen. Wir verwerfen diese [Briefe] gänzlich und verabscheuen sie als seelenverderblich. Wir haben auch entschieden, daß die Namen dieser Leute, deren gottlose Lehren wir verabscheuen, aus der Kirche Gottes ausgestoßen werden, d. h. der Name des Sergios, des ehemaligen Patriarchen dieser von Gott beschützten Stadt, der über diese gottlose Lehre zu schreiben begonnen hatte; [der Name] des Kyros von Alexandreia, des Pyrrhos, Paulos und Petros, der Patriarchen dieser von Gott beschützten Stadt, die das gleiche wie jene dachten; sodann auch [der Name] des Theodor, des ehemaligen Bischofs von Pharan. Die Namen von allen diesen vorher genannten Personen erwähnte der heiligste und dreimal selige Papst Agatho von Altrom in seinem Schreiben an unseren frömmsten und gottesfürchtigsten Herrscher und großen Kaiser, und er verwarf sie, weil sie entgegen unserem orthodoxen Glauben dachten. Wir belegen diese auch mit dem Anathem. Neben diesen stoßen wir aus der heiligen Kirche Gottes aus und anathematisieren den ehemaligen Papst Honorius von Altrom, da wir feststellten, daß er in den Briefen, die er an Sergios richtete, in allem dessen Absicht folgte und dessen gottlose Lehren bestätigte.[86]

Auch die römische Kirche hat dies, ohne ihren Papst im geringsten zu verteidigen, ausdrücklich anerkannt, unterschrieben und verbreitet. Und als erster seiner Nachfolger sanktionierte der Sizilianer Leo II. (681–683) in einem Schreiben an Kaiser Konstantin IV. die Verurteilung von Honorius I. mit folgendem Satz: »Jedoch [anathematisieren wir ebenso] auch Honorius, der sich nicht befleißigte, diese apostolische Kirche durch die Lehre der apostolischen Überlieferung zu heiligen, sondern zuließ, daß sie, die bisher unbefleckt war, durch gottlosen Verrat besudelt wurde.«[87]

Der wohl beste derzeitige Kenner der Honoriusfrage in Mittelalter und Neuzeit, Georg Kreuzer, kommentiert: »Ich kann in diesen Worten Leos II. keine mildere und richtigere Beurteilung des Honorius erkennen. Sämtliche Übersetzungsvorschläge, die diesem Zweck dienen wollen, können die Tatsache nicht widerlegen, daß Honorius I. von Leo II. ebenfalls mit dem Anathem belegt wurde. Sämtliche Versuche, dieser Sentenz eine andere Qualität zuzubilligen, müssen scheitern, da sie keine Grundlage im Kontext haben. Ich bin eher geneigt, in den Formulierungen Leos II. noch eine Verschärfung der Konzilssentenz zu sehen, da er Honorius die Befleckung der römischen Kirche besonders hart ankreidete.«[88]

Seit Leo II. aber bezichtigte bei ihrer Thronbesteigung eine lange Reihe von Päpsten, vermutlich durch dreihundertfünfzig Jahre, in einem feierlichen Glaubensbekenntnis Papst Honorius I. der »Flamme der Ketzerei«; eine Selbstdesavouierung, um die man noch auf dem Vatikanischen Konzil 1870 bei der Dogmatisierung der päpstlichen Unfehlbarkeit stritt, die ja davon ausgeht, daß kraft göttlicher Verheißung an den Apostelfürsten Petrus keiner seiner (angeblichen) Nachfolger jemals im Glauben geirrt ... Zunächst aber wurde jahrhundertelang nicht im geringsten versucht, Papst Honorius I. zu entlasten oder zu entschuldigen. In der Neuzeit freilich hat der offizielle Historiker der katholischen Kirche, Kardinal Cäsar Baronius (gest. 1607), die Verdammung des Papstes rundweg geleugnet![89]

Verzichten wir auf weitere Belege; etwa auf die Fälle der Päpste Zacharias (741–752), Bonifatius VIII. (1294–1303), Johannes XXII. (1316–1334), der die von dem vielfach der »Ketzerei« verdächtigten Franziskaner Petrus Olivi vertretene Lehre von der päpstlichen Infallibilität als Teufelswerk verdammte; übergehen wir Urban VIII. (1623–1644), Benedikt XIV. (1740–1758), Gregor XVI. (1831–1846), die sich alle mehr oder minder merkwürdig als Unfehlbarkeitsspezialisten ausnehmen. Ignorieren wir auch Aussprüche bekannter Päpste, wie Leo III., Innozenz III. und Innozenz IV., die nicht für, sondern gegen die Unfehlbarkeit sprechen.[90]

Statt dessen sei das eine oder andere Argument, das ihre Verteidiger nicht erst heute vorzubringen pflegen, genannt und gleich entkräftet, und zwar durch den schon wiederholt erwähnten katholischen Theologen Franz Brentano. Nur geringfügig gekürzt gebe ich den Schluß seines Gutachtens wieder.

P. Rudis will die Infallibilität des Papstes durch die Analogie mit dem Hohenpriester des alten Bundes stützen. Aber die Analogie mit dem alten Bunde, die ich als ein achtbares Argument anzuerkennen recht gerne bereit bin, beweist nicht für, sondern gegen ihn.

Auch der alte Bund hatte eine Tradition und Wächter der Tradition. Aber nicht der Hohepriester allein galt für sie als unfehlbarer Zeuge, sondern es war, wie jeder Unterrichtete weiß, die Aufgabe des Synedriums, sie zu hüten, und in diesem war so wenig die Stimme des Hohenpriesters entscheidend, daß er nicht einmal notwendig unter seine Mitglieder zählen mußte. Somit verkehrt sich das Argument in sein Gegenteil.

Noch ein anderes und stärkeres spekulatives Argument

steht aber den Gegnern des Infallibilismus zu Gebote. Der Heiland hat nach seiner Weisheit die Kirche so geordnet, daß er die natürlichen Mittel nicht verschmäht, um Alles durch übernatürliche Einflüsse zu vollbringen. Im Gegenteil, er hat überall die vollkommensten natürlichen Mittel gewählt, um sie nur durch übernatürliche Hilfe noch zu Größerem zu erheben. Die ganze Verfassung der Kirche gibt davon in so großartiger Weise Zeugnis, daß ganz ungläubige Schriftsteller, wie der Engländer Macaulay, voll Bewunderung für dieses große, wie sie meinen, rein menschliche Kunstwerk, zu dem Schlusse gelangen, daß die Kirche vermöge ihrer wunderbaren Organisation wohl niemals untergehen werde. Dieselbe Weisheit muß sich notwendig auch in der Wahl des Trägers des infalliblen Lehramtes kundgeben. Was ist nun die Bedeutung dieses Amtes? Es ist die Aufgabe, Zeugnis zu geben für den überlieferten Glauben. Ein Dogma definieren, heißt ja nicht, ein Orakel aussprechen, wie die Gegner des Katholizismus uns lügenhaft aufbürden, sondern Zeugnis geben von dem, was durch Christus und die Apostel geoffenbart, von alters her in der Kirche geglaubt und gelehrt worden ist.

Wenn wir nach den Bedingungen fragen, unter welchen man bei natürlichen Angelegenheiten ein Zeugnis als gesichert betrachtet, so ist die erste: Mehrheit der Zeugen. Alle Gerichte verlangen sie, und auch Moses fordert sie in seinem Gesetze. Und dies aus einem doppelten Grunde: 1. weil Einer leichter irren, 2. weil Einer leichter aus bösem Willen falsches Zeugnis geben kann.

Wohl denn! So müssen wir von vornherein schon vermuten, daß, wie es nach der obigen Bemerkung im alten Bunde auch wirklich der Fall war, auch im neuen Bunde mit dem letzten entscheidenden und unwidersprechlichen Zeugnis eine Vielheit von Zeugen betraut ist. Und dieses ist in der vollkommensten Weise der Fall, wenn die Übereinstimmung der Gesamtheit der lehrenden Kirche, nicht aber, wenn der Papst für sich allein infallibel ist. Es ist wahr, daß er durch seine Stellung im Zentrum der Christenheit mehr Mittel als jeder andere Bischof hat, sich über den allgemeinen Glauben zu unterrichten, aber wie leicht ist eine Nachlässigkeit, wie leicht eine Befangenheit in individuellen Lieblingsmeinungen, wie leicht endlich sogar ein absichtlicher böser Wille möglich. Wenn alle zusammenstimmen, scheint es natürlich, daß ihre Lehre die Lehre der Kirche ist, wenn das Urteil eines einzigen entscheiden soll, ist das Wunder der Providenz handgreiflich. Es fällt mir nicht ein, Gott die Macht dazu abzusprechen, aber seine Weisheit und der ganze Geist seiner Einrichtungen in der Natur und Kirche (denn auch hier gilt: disponit omnia suaviter), scheint mir anderes zu verlangen.

Man verachte diese Begründung nicht, denn in der Tat deckt diese Erörterung vielleicht die Wurzel von all der Unruhe und Sorge auf, welche, wie ich aus Erfahrung eigener Beobachtung weiß, selbst gute Katholiken beschleicht, wenn man ihnen den Glauben an eine persönliche Unfehlbarkeit des Papstes zumuten will.[91]

Im folgenden führt Theologe Brentano ein besonders häufig gebrauchtes Argument seiner Kollegen ad absurdum:

Dies also scheint mir hier das Ergebnis einer spekulativen Betrachtung der Kirche. Und wie sie, so ist auch die Berufung auf die tatsächliche Bewährung der Infallibilität der Päpste durch die Geschichte ein sehr bedenkliches Mittel, sie zu stützen. Es werden bekanntlich eine ganze Reihe von falschen Entscheidungen der Päpste angeführt und das Unsichere und Schwankende in dem Begriff »Ex cathedra« ist zwar ein bequemes Mittel, jedes ungünstige Faktum zurückzuweisen, aber es nimmt zugleich dem Argumente alle Kraft. Kein Wunder, wenn keine falsche Entscheidung ex cathedra vorliegt, wenn jeder falschen Entscheidung, auch wenn sie noch so feierlich gegeben worden, eo ipso der Charakter einer Entscheidung ex cathedra abgesprochen wird, ja kein Wunder, wenn niemals ein Papst ex cathedra falsch entschieden hat, da nachweisbar ist, daß, wenn man allen später erfundenen Verklauselierungen Rechnung tragen wollte, fast noch niemals ein Papst ex cathedra gesprochen hat.

Wie oft hat denn aber, wenn man ihnen alles nach Herzenswunsch zugesteht, der Papst ex cathedra gesprochen? Offenbar sehr selten und nur in solchen Fällen, wo die Entscheidung nicht so schwierig war, daß ihre Richtigkeit wunder nehmen könnte. Und die Induktion dieser wenigen Fälle soll dann als ein achtbares Argument für die Infallibilität des Papstes gelten? Man sieht, wie ich meine, auch hier recht deutlich, daß es die Infallibilisten nicht eben streng mit ihren Beweisen nehmen, während sie den stärksten Argumenten der Gegner gegenüber eine Hyperkritik anwenden, die die ganze Kirchengeschichte und Tradition zur Fabel machen könnte.

Auf dies alles und auf vieles Andere, was ich wegen des eng gemessenen Raumes nicht berühren konnte, wie ich ja auch dies mehr angedeutet als ausgeführt oder gar erschöpfend ausgebeutet habe, hinblickend, kann ich nicht anders als mich zu der wissenschaftlichen Überzeugung bekennen, daß die theologische Meinung von der Infallibilität des Papstes eine unbegründete und irrige ist, und dies trotz der weiten Verbreitung, deren sie sich gegenwärtig freilich rühmen kann, nicht mehr, als wie schon im Eingange bemerkt wurde, früher auch andere Theologumena, die jetzt als Irrtümer erkannt sind, dies tun konnten.[92]

Zuletzt erwägt Brentano noch die Opportunität einer Definition, nennt sie »in höchstem Grad inopportun« und schließt:

Unsere Theologie ist leider augenblicklich in keinem sehr blühenden Zustande, und daß insbesondere auch in der Frage des Infallibilismus die Schriften noch ihrer neuesten Verteidiger vieles, ja, ich möchte sagen, alles zu wünschen übrig lassen, das glaube ich selbst in der kurzen hier gegebenen Erörterung hinreichend gezeigt zu haben. Die Schwierigkeiten sind groß, und die Kräfte, die sie heben wollen, schwach. Unter solchen Umständen würde ich, zumal da nichts im Augenblicke zum plötzlichen Abschlusse der Untersuchung drängt, der Ansicht sein, jetzt auf einmal den Satz definieren wollen, das heiße nicht bloß die Menschen, sondern auch Gott versuchen.[93]

Nun, Gott, das ist in dieser Kirche, so blasphemisch es klingen mag, stets sie selbst, die Hierarchie; wer das nicht begriffen hat, man kann das nicht oft und ernst genug wiederholen, hat da noch *nichts* begriffen! Gott, ich wiederhole auch dies, ist das trojanische Pferd aller Pfaffen.

Die Unfehlbarkeitsdebatte vor dem Ersten Vatikanum

Seit Thomas von Aquin wurde die persönliche Infallibilität des Papstes zwar allmählich zu einer Sententia communis. Doch im ausgehenden Mittelalter, in der beginnenden Neuzeit, stellte man, unter dem Einfluß der Gallikaner Gerson, Richer, de Marca u. a., die Konzilien wieder eindeutig über den Papst und nannte dessen Definitionen nur dann unfehlbar, heiße die Gesamtkirche sie gut.

Besonders auf dem Konzil von Trient (1545–1563) wäre eine hervorragende Gelegenheit gewesen, die päpstliche Unfehlbarkeit, gerade von den Protestanten abgelehnt, zu erklären. Niemand dachte daran; auch der Papst nicht. Setzte man doch, infolge der episkopalistischen Haltung vieler Hirten, nicht einmal eine konziliare Äußerung über den päpstlichen Jurisdiktionsprimat durch.[94] Gewiß machten sich vor allem die Jesuiten fortan für die Erweiterung papaler Machtbefugnisse stark. Aber noch im beginnenden 19. Jahrhundert verwarf man die Lehre von der Infallibilität des Papstes, Italien und Spanien ausgenommen, fast überall.[95]

Dann freilich gelang es Rom, die Bischöfe auch in Mitteleuropa an sich zu ziehen und seine Autorität zu festigen; wobei sich kurioserweise gerade unter den Franzosen leidenschaftliche Parteigänger des Papstes und seiner Unfehlbarkeitsambition fanden. »Die Katholiken Frankreichs, die Revolutionsangst bewegte, stellten die ersten Herolde der ultramontanen Bewegung. Die Schrecken der Revolution hatten die von der Aufklärung hochgepriesene Vernunft diskreditiert und die Hinwendung zu anderen Autoritäten vorbereitet. Die Aufklärung wurde unmodern, die Menschen suchten einen neuen Halt in den überkommenen Traditionen, besonders in der Religion.«[96]

Unter Papst Gregor XVI. (1831–1846), mehr noch unter

Pius IX. (1846–1878) steuerte man die ultramontane Bewegung systematisch von Rom aus und führte sie in ganz Mitteleuropa und darüber hinaus zum Sieg, wobei wieder die Jesuiten eine hervorragende Rolle als Verfechter der päpstlichen Privilegien spielten.

Noch auf den großen Bischofssynoden von 1862 und 1867 in Rom zwar war es mißlungen, die Prälaten für die Unfehlbarkeit des Papstes zu gewinnen.[97] Und noch unmittelbar vor dem Ersten Vatikanum, das diese Lehre dogmatisch definierte, lehnten viele Bischöfe und Theologen, besonders in Frankreich und Deutschland, doch auch in Österreich sowie den angelsächsischen Ländern, ein solches Dogma ab. Der *Rheinische Merkur* nannte noch am 4. Juni 1870 nicht weniger als 79 deutsche Theologen, die sich dagegen aussprachen, und nur 25, die es bejahten. Viele einfache Katholiken aber kannten diese Doktrin überhaupt nicht oder hielten sie für eine protestantische Verleumdung.[98]

Sogar an der römischen Kurie verwarfen gewisse Kreise die Unfehlbarkeitsdefinition, darunter selbst der erste Mann nach dem Papst, Kardinalstaatssekretär Antonelli, der auch bei der Abstimmung am 13. Juli 1870 nicht zufällig fehlte. Ja, noch kurz vor dem Konzil hatte nur einer der fünfzehn befragten Kardinäle der Ritenkongregation die Definition der Unfehlbarkeit vorgeschlagen. Und von 32 konsultierten Bischöfen optierten nur sieben dafür.[99] Nach Meinung des spanischen Geschäftsträgers beim sogenannten Heiligen Stuhl, José Fernandez Ximenes, befürwortete bloß eine kleine Minderheit entschlossen die Definition. Auf der anderen Seite aber stritten mindestens 130 Gegner, und 500 Bischöfe waren unentschieden.[100]

Der einzige, der die Unfehlbarkeit wirklich durchgesetzt wissen wollte, wobei ihm freilich etwa fünfzig Bischöfe und die weitgehend die Kurie beherrschenden Jesuiten beistanden, war der Papst.[101]

Papst Pius IX.

Der spanische Diplomat Ximenes [der Geschäftsträger beim Heiligen Stuhl] erklärte letzthin im Ernst, daß der Papst wirklich verrückt sei.

Viele glauben im Ernst, daß der Papst verrückt sei.

Ich glaube wirklich, daß er verrückt ist.

Ferdinand Gregorovius[102]

Gott auf Erden

Die katholische Zeitschrift l'Univers *über Pius IX.*[103]

Wer war dieser Papst?

In der neuen, auf genauen Quellenforschungen beruhenden zweibändigen Monographie des katholischen Schweizer Theologen August Bernhard Hasler konnte bezeichnenderweise ein großer Abschnitt überschrieben werden: »War Pius IX. zur Zeit des Konzils noch voll zurechnungsfähig?« Darin werden nicht nur die zahlreichen Krankheiten des Papstes belegt, besonders Epilepsie, Ohnmachtsanfälle, Beinrosen, seltene Wassersucht, Fettsucht, Leberleiden, Asthmaanfälle, Hexenschuß, Gicht u. a., sondern es wird vor allem ein eingehendes Bild der Persönlichkeit dieses »Stellvertreters« gezeichnet. Es ist die Rede von seinem ungesunden Mystizismus, seiner »an Aberglauben grenzenden Wundergläubigkeit«, von hochgeschraubten autoritären und despotischen Charakterzügen.

Sein roher Spott ging weit. Als er dem Kurialen Fédéric de Falloux den Kardinalshut aufsetzte, ließ er die Perücke des Kirchenfürsten vor allen Anwesenden zu Boden fallen. Gefürchtet waren auch seine Zornausbrüche. Mehrere ältere Prälaten sollen dabei Herzattacken erlitten und kurz darauf verstorben sein, so der päpstliche Zeremonienmeister, der Dekan der päpstlichen Antikammer, Traversari, sowie die Kardinäle Santucci und D'Andrea.[104]

Selbst Bischöfe urteilten bemerkenswert über ihr Oberhaupt. Dupanloup von Orléans notiert in seinem Tagebuch, der Papst sei ganz Lakaien ausgeliefert, beziehe seine Informationen aus drei Zeitungen und anonymen Zuschriften und verstehe im Grunde nichts. Bischof Maret, seit 1841 Professor an der Sorbonne, nennt Pius IX. »dumm« und »unwissend«; ähnlich äußert sich Kardinal Lavigerie. Bischof Clifford von Clifton (England) erklärte vom Papst: »Er erinnert sich nicht mehr von einem Tag auf den anderen.« Bei einer Audienz, die er gab, redete er zehn Minuten lang irre.[105] Der katholische Kirchenhistoriker Franz Xaver Kraus vermerkt in seinem Tagebuch, daß der Papst »seit 1848 geisteskrank war und boshaft«; und der französische Schriftsteller Maxime Ducamp, Mitglied der Académie Française, stimmte, nach Kraus, diesem zu.[106] Auch der spanische Geschäftsführer Ximenes hielt den Papst für »wirklich verrückt«. Der berühmte Historiker Gregorovius kommentiert: »Dies ist wahrscheinlich; die Vergötterung, die er erfahren hat, ist ihm zu Kopf gestiegen.« Und kurz darauf schreibt Gregorovius erneut: »Viele glauben im Ernst, daß der Papst verrückt sei.«[107] Selbst Prälaten wie Maret und Ginoulhiac, Erzbischof von Lyon, sollen ihn verrückt genannt haben.[108]

Ziemlich verbreitet war der Eindruck, Pius IX. leide an Größenwahn. Wenige Jahre vor Konzilsbeginn bezog er, wie häufig belegt, das Jesuswort »Ich bin der Weg, die Wahrheit und das Leben« auf sich.[109] Der preußische Gesandte Arnim meldet im Februar 1871 Bismarck: »Allgemein wird hier erzählt, daß im Laufe des vorigen Jahres der Papst im Vorübergehen einem vor der Kirche Trinità dei Monti liegenden Krüppel geboten habe: Stehe auf und gehe! Das Experiment ist damals aber mißglückt.«[110] Gregorovius berichtet dasselbe Ereignis, hinzufügend: »Der arme Teufel versuchte es und stürzte zusammen. Dies hat den Vicegott sehr verstimmt. Die Anecdote wird bereits in den Zeitungen besprochen. Ich glaube wirklich, daß er verrückt ist.«[111] Nebenbei: Wäschestücke von ihm wurden zu Heilungszwecken verschickt.[112] Meinte doch auch Bischof Stroßmayer unter dem Eindruck des Konzils, Pius IX. wolle sich zum Gott erklären lassen, und die Bischöfe sollten es approbieren.[113]

Heute schließen Psychiater und Psychologen, wie Paul Matussek von der Max-Planck-Gesellschaft oder L. J. Pongratz von der Würzburger Universität, bei Pius IX. auf »eine abnorme Persönlichkeit« und rubrizieren manche seiner Symptome unter »dem schizophrenen Formenkreis«.[114]

Die Definition des Dogmas

Die übliche Darstellung, die Mehrheit der Bischöfe habe von Anfang an die Definition der päpstlichen Unfehlbarkeit gewollt, ist irreführend. Sie wurden erst auf geschickte Weise dazu gebracht, sie zu wollen. Ihr Widerstand war viel größer, als die ultramontanen Führer erwartet hatten ... Doch die Infallibilisten profitierten davon, daß viele Mitglieder des Episkopates relativ ungebildet, geistig träge und finanziell völlig vom Vatikan abhängig waren. Sie hatten denn von ihnen auch keine hohe Meinung.

Der katholische Theologe August B. Hasler[115]

Pius IX. und sein zunächst ziemlich kleiner Anhang taten nun alles mögliche – unter der im Vatikan üblichen Vorspiegelung von »Neutralität« –, den kleinen Anhang zu einem großen zu machen.

Das begann bereits damit, daß in der vorbereitenden Konzilskommission der die Unfehlbarkeit befürwortende römische Kreis fast gänzlich dominierte.[116] Wer dagegen war, wurde von den entsprechenden Arbeiten ferngehalten, vom Theologen bis zum Kardinal, wie etwa Kardinal Hohenlohe.[117] Entgegen dem früheren Brauch promulgierte der Papst die Geschäftsordnung noch vor der Zusammenkunft der Bischöfe in Rom. Diese Geschäftsordnung aber, die besonders auch Druckverbot und Schweigepflicht befahl, beschnitt die freie Diskussion von vornherein beträchtlich. Erzbischof Tizzani, Professor für Kirchengeschichte an der päpstlichen Universität, sah die Praktiken der Inquisition am Werk; Erzbischof Darboy von Paris sprach vom Grab der Bischöfe.[118] In die vier Kommissionen des Konzils gelangten – mit einer einzigen versehentlichen Ausnahme – nur Verfechter der päpstlichen Unfehlbarkeit, womit die Infallibilisten alle Konzilsorgane kontrollierten.[119]

Durch eine geschickte geheime Unterschriftenaktion unter den Bischöfen gelang es dann, die Lehrunfehlbarkeit des Papstes, mit keinem Wort in der Einberufungsbulle erwähnt, ursprünglich somit gar nicht Objekt der Verhandlungen, völlig überraschend dazu zu machen.[120] Erst hatte man noch, innerhalb von wenigen Tagen, den französischen Außenminister Daru gestürzt: Wegen seiner Konzilspolitik in kurialen Kreisen unbeliebt, wurde er »das Opfer einer klerikalen Intrige« (Hasler), während man durch seinen Nachfolger Emile Ollivier keine französische Einmischung zu befürchten brauchte.[121]

Überhaupt arbeiteten der Papst und seine Hörigen mit den unterschiedlichsten Mitteln an der Erreichung ihres Zieles. Man beschränkte die Information, brachte eine Reihe von Büchern, nicht zuletzt Diskussionsbeiträge zum Konzil, auf den Index, die päpstliche Polizei beschlagnahmte mißliebige Zeitungen, der Papst selbst zeichnete theologische Befürworter seiner Unfehlbarkeit durch Dankschreiben aus, ebenso Redakteure der ihm wohlgesinnten Presse. Andererseits mußten Theologen, die nicht für die Unfehlbarkeitsthese plädierten, mit Verlust ihres Lehrstuhls rechnen. Dem widerspenstigen armenischen Erzbischof Placidus Casangian wurde wiederholt mit Absetzung gedroht, dann verurteilte man ihn zu Zwangsexerzitien. Bei anderen armenischen Bischöfen kam es durch die Büttel des Heiligen Vaters zu Hausdurchsuchungen, zwischen dem Generalvikar des armenischen Erzbischofs Bathiarian, Johannes Stefanian, und der päpstlichen Polizei, die ihn verhaften wollte, sogar zu einem Handgemenge. Nur ein Volksauflauf und das Einschreiten seines Erzbischofs retteten ihn.[122]

Auf diese und ähnliche Weise schmolz die Opposition hinweg, und der Heilige Geist konnte sprechen.

Waren im Januar 1870 noch 136 Bischöfe gegen die Erörterung der Unfehlbarkeit, votierten bei der nichtöffentlichen Abstimmung 451 Konzilsteilnehmer für, 88 gegen das Dogma, 62 wünschten Abänderungen. Immerhin machten die Ja-Stimmen nicht einmal die Hälfte der zur Konzilsteilnahme Berechtigten 1084, und nicht einmal zwei Drittel der angereisten Prälaten aus.[123] Noch vor der öffentlichen Abstimmung in der Peterskirche verließen die Oppositionsbischöfe Rom, um dem Papst nicht ins Gesicht widerstehen zu müssen. Und am 18. Juli 1870, unmittelbar vor dem Ausbruch des Deutsch-Französischen Krieges, definierte man die Unfehlbarkeit:

Im treuen Anschluß also an die Überlieferung, wie wir sie von der ersten Zeit des Christentums übernommen haben, lehren wir zur Ehre Gottes unseres Heilandes, zur Verherrlichung der katholischen Religion und zum Heil der christlichen Völker, unter Zustimmung des heiligen Konzils, und erklären es als von Gott geoffenbartes Dogma: Wenn der römische Papst ex cathedra spricht, – das heißt, wenn er in Ausübung seines Amtes als Hirte und Lehrer aller Christen mit seiner höchsten Apostolischen Autorität erklärt, daß eine Lehre, die den Glauben oder das sittliche Leben betrifft, von der ganzen Kirche gläubig festzuhalten ist –, dann besitzt er kraft des göttlichen Beistandes, der ihm im heiligen Petrus verheißen wurde, eben jene Unfehlbarkeit, mit der der göttliche Erlöser seine Kirche bei Entscheidungen in der Glaubens- und Sittenlehre ausgerüstet wissen wollte. Deshalb lassen solche Lehrentscheidungen des römischen Papstes keine Abänderung mehr zu, und zwar schon von sich aus, nicht erst infolge der Zustimmung der Kirche. Wer sich aber vermessen sollte, was Gott verhüte, dieser unserer Glaubensentscheidung zu widersprechen: der sei im Bann.

Gegeben zu Rom, in feierlicher öffentlicher Sitzung in der Vatikanischen Basilika, im Jahre der Menschwerdung des Herrn 1870, am 18. Juli, im fünfundzwanzigsten Jahr unseres Pontifikats.[124]

Ein Bischof empfing aus der Hand des Papstes die Konstitution »Pastor aeternus«, nicht ohne daß man zuvor »Veni Creator Spiritus« gesungen hätte, verlas sie vom Ambo aus und fragte: »Hochwürdigste Väter, gefallen Ihnen die Dekrete und Canones, die in dieser Konstitution enthalten sind?« Darauf erfolgte die Abstimmung mit »placet« oder »non placet«, höchst effektvoll durch ein Gewitter unterstützt. Der Korrespondent der *Times*, Mozley, hat die Szene geschildert:

Der Sturm, der den ganzen Morgen schon drohte, brach nun mit äußerster Heftigkeit los, und er dürfte vielen abergläubischen Gemütern die Idee beigebracht haben, daß er ein Ausdruck göttlichen Zornes sei, wie er »zweifellos von vielen Leuten aufgefaßt werden wird«, so sagte ein Offizier der Palastwache. Und so kämpften sich die »placets« der Väter durch den Sturm, während der Donner darüberhin krachte und der Blitz bei jedem Fenster hereinzuckte durch den ganzen Dom und jede kleine Kuppel, die Aufmerksamkeit der Menge teilend, wenn nicht völlig absorbierend. »Placet« schrie Seine Eminenz oder Seine Gnaden, und ein lauter Donnerschlag folgte als Antwort, und dann flackerte der Blitz um den Baldachin und jeden Teil der Kirche und der Konzilshalle, als wollte er die Antwort weitertragen. So ging es fast eine Stunde und eine halbe fort, während welcher Zeit die Namenrolle ausgerufen wurde, und nie habe ich eine eindrucksvollere Szene geschaut. Wären alle Dekorateure und alle Aufmacher für Zeremonien in Rom in Dienst genommen worden, nichts, was an den feierlichen Glanz dieses Gewitters heranreichte, hätte vorbereitet werden können, und niemals werden die, welche es sahen und erlebten, die Verkündigung der Konstitution über die Kirche vergessen.[125]

Unterwerfung und weitere Grotesken

... infallibility is more than a simple, *de facto* absence of error. It is a positive perfection ... Infallibility is always primordially a gift of the Holy Spirit.

New Catholic Encyclopedia[126]

Der Heilige Geist allein ist es, der weiß, was der Kirche wahrhaft frommt und ihr notwendig ist. Als darum der Heilige Geist durch das Konzil gesprochen, haben wir keinen Augenblick gezögert, uns seinem Ausspruche zu unterwerfen ...

Erzbischof Scherr von München[127]

Nach der Dogmatisierung erlebte die Welt das erhebende Schauspiel des Umfalls der Opponenten. Ja, Erzbischof Melchers von Köln und Bischof Ketteler, der sich während des Konzils dem Papst zu Füßen gelegt und unter Tränen gefleht hatte: »Guter Vater, retten Sie uns und retten Sie die Kirche Gottes!«, erklärten noch am 17. Juli 1870, daß sie die Konzilsbeschlüsse annehmen würden.[128]

Bischof Hefele von Rottenburg, der am 10. August 1870 großtat, er werde »das neue Dogma ohne die von uns verlangten Limitationen nie anerkennen und die Gültigkeit und Freiheit des Concils leugnen. Mögen mich die Römer suspendieren und excommunicieren«, sprach vier Wochen später nur noch von passiver Resistenz.[129] Und einige Monate danach kroch er ganz zu Kreuz; wie dann auch, als letzter Bischof überhaupt, Stroßmayer von Djakovo am 28. Dezember 1872, der darauf immer wieder und feierlich für die Unfehlbarkeit eingetreten sein soll.[130]

Die Bischöfe waren freilich massivem Druck ausgesetzt worden, durch den Papst, ihren eigenen Klerus und das katholische Volk; ja, einige hatte man zum Rücktritt genötigt. Die übrigen schloß Pius IX. jahrelang systematisch von jeder Beförderung aus. Dabei widerriefen sie nun, vertraten jetzt öffentlich, mit derselben Leidenschaft oft, vor ihren Gläubigen das Gegenteil.

Der St. Galler Bischof Greith, der während des Konzils

eine ganze Reihe von Bedenken gegen das Dogma vorgebracht, pries schließlich Papst Pius IX. als Propheten, den Gott in das Chaos der Welt gesandt, um das Licht von der Finsternis, den Tag von der Nacht zu scheiden.[131] Bischof Krementz von Ermland, der die Infallibilität auf dem Konzil, auch aus prinzipiellen Gründen, entschieden bekämpft und u. a. betont hatte, in seiner eigenen Diözese Ermland sei diese Lehre nie überliefert worden, versuchte nun in einem Hirtenbrief, mittels einer großen Zeugenliste, zu beweisen, daß man die Unfehlbarkeit des Papstes in Ermland stets gekannt.[132] Ähnlich hatte Bischof Eberhard von Trier anfangs des Jahres 1870 in vielen Gegenden diese Unfehlbarkeit »beinahe oder ganz unbekannt« gefunden, nachträglich aber dort viele Belege für sie entdeckt, tatsächlich freilich alle recht zweifelhafter Natur.[133]

Eine Folge der neuen Doktrin war die Entstehung des altkatholischen Schismas. Den theologischen Kern bildeten die Professoren Döllinger (der wohl bedeutendste Kopf der Bewegung), J. Friedrich, J. A. Meßmer, F. H. Reusch, J. Baltzer, J. H. Reinkens, T. Weber, A. Menzel, F. Michelis, E. Herzog u. a. Ihre Anhänger rekrutierten sich fast ausschließlich aus akademischen und bürgerlichen Kreisen; in Deutschland rund 60 000. Der Breslauer Professor Joseph Hubert Reinkens wurde ihr erster Bischof, von einem Bischof der Utrechter Kirche 1873 konsekriert, von Pius IX. mit dem großen Kirchenbann belegt. Auch in Österreich und der Schweiz bildeten sich innerkatholische Protestbewegungen. Sie und die Kirche von Utrecht schlossen sich 1889 zur »Utrechter Union« zusammen, zu romfreien Nationalkirchen, deren Ehren-Primas der jeweilige Erzbischof von Utrecht ist.[134]

Wenn einerseits aber diese altkatholischen Bistümer auch nie besondere Bedeutung erlangten, andererseits Rom stets betonte, daß der Papst nur in Kathedralentscheidungen unfehlbar sei, nicht dagegen als Theologe, Autor, Prediger oder auf Grund persönlicher Eigenschaften, so verstummte die Frage nach seiner Unfehlbarkeit doch nie.[135] Und dies um so weniger, als ihr Gegenstand ziemlich umfassend ist; nicht nur, ihr direktes Objekt,

»die geoffenbarte Lehre selber im vollen Umfang« betrifft, sondern, als indirektes Objekt der Unfehlbarkeit, »alles, was denknotwendig mit der Hauptaufgabe zusammenhängt od. deren unerläßl. Voraussetzung ist«; endlich noch »sekundär die rel.-sittl. Wahrheiten, welche allgemein verpflichtenden *Kirchengesetzen* u. der endgültigen Approbation religiöser Orden (CIC can. 492 ff) logisch zu Grunde liegen, ebenso die Heiligsprechung«.[136]

Es kommt hinzu, daß das Dogma die Kluft gegenüber den Protestanten noch vertiefen mußte. Eignet nach evangelischer Lehre Unfehlbarkeit doch nur der Bibel und den sogenannten inneren Antrieben des Heiligen Geistes, aber selbst dies lediglich als Glaubensqualität, nicht als eigentliche kirchliche Unfehlbarkeit.[137] Und auch in der russisch-orthodoxen Theologie sind nur die ökumenischen Konzilien als höchste Lehrautorität unfehlbar, ja, nach den Anhängern des vielvermögenden Chomjakow, der die vom Protestantismus und Gallikanismus beeinflußte Linie fortsetzte, ist selbst die Gültigkeit der Lehrentscheidungen ökumenischer Konzilien abhängig von der Annahme durch das Kirchenvolk.[138]

So wird begreiflich, daß 1962 der Jesuit Mario Galli erklärte: »Es kann gewiß nicht darum gehen, daß wir an der Unfehlbarkeit des Papstes Abstriche machen wollen. Gerade sie ist ja nur möglich durch den Beistand des Heiligen Geistes... Das hindert aber nicht, zuzugeben, daß die Definition der päpstlichen Unfehlbarkeit, wie sie das Vatikanum gab, ergänzungsbedürftig sei. Bekanntlich hat Garibaldis Einzug in Rom die vorschnelle Aufhebung des Konzils herbeigeführt. Daß sich freilich der Heilige Geist vielleicht doch auch der Rothemden Garibaldis bedient hat, mag nebenbei bemerkt sein; denn inzwischen hat die kath. Theologie gerade in bezug auf die Lehre der Kirche erhebliche Fortschritte gemacht.«[139]

Dies klingt fast ebenso nach Zynismus wie die Feststellung in dem 1965 von Josef Höfer und Karl Rahner edierten *Lexikon für Theologie und Kirche* über die Unfehlbarkeit kirchlicher Entscheidungen: »Sie müssen immer neu, dem geistigen Fortschritt entsprechend, verkündet werden. Auch ihr Verständnis kann u. soll erweitert, vertieft u. abgeklärt werden. Das heißt die Dogmen nicht relativieren, sondern vor der Bindung an geschichtl. Relativität bewahren. Unfehlbare Definitionen sind also nicht der unüberholbare Abschluß der Bemühungen um die Glaubenswahrheit, sondern Meilensteine am Weg...«[140] Am Weg fortgesetzter Pseudoanpassung an den jeweiligen Zeitgeist und am Weg fortgesetzter katholischer Sophistik und Augenwischerei!

Das Zweite Vatikanische Konzil nahm natürlich nicht im geringsten zurück, was das Erste so sauer erkämpft hat. Wenn man kirchlicherseits behauptet, das Unfehlbarkeitsdogma werde nun aber »relativiert, das heißt, in Beziehung gebracht zum ganzen Volk Gottes, und es wird aus bloß juristisch-strukturaler Perspektive zurückgeholt in die gemeinsame Lebensbasis aus dem einen Geiste«, in die »Unmittelbarkeit der Liebe«, »die unverhüllte Gemeinschaft Gottes mit seinem Volk« und dergleichen mehr, so sind dies nichts als die bekannten, etwas pseudozeitgemäßeren Zungenschläge, branchenübliche Wischiwaschi-Worte, mit denen gewisse Theologen sich die Zeit vertreiben.[141]

Küng oder Mynarek?

Und wenn Hans Küng noch etwas weitergeht und sich erfolgreich-erfolglos an diesem Dogma reibt, so nicht, weil er dieses oder gar die Kirche selber aus den Angeln heben, sondern weil er sie nur etwas weniger verwundbar machen möchte. Weil er meint, »in einer Kirche, die von der Wahrheit nichts zu fürchten hat, die nichts mehr zu fürchten hat als die Unwahrheit, die ›Säule und Grundfeste der Wahrheit‹ zu sein beansprucht: In einer solchen Kirche muß ein geradezu vitales Interesse daran bestehen, daß die Wahrheit nicht ›niedergehalten‹, sondern immer wieder neu ›offenbar‹ wird. Zuviel steht hier auf dem Spiel [!], als daß auf Dauer Schweigen erlaubt wäre.«[142]

Doch wer die Wahrheit verdreht bis zu der Lüge, die Kirche habe nichts von der Wahrheit, alles von der Unwahrheit zu fürchten, wer seine schonsamen, ja so fürsorglichen Angriffe auf ein Dogma kapriziert, nicht um es zu entlarven, sondern weniger angreifbar zu machen, und dabei die Welt vergessen läßt, daß die anderen – wie oft durch Verbrechen und Gaunerei erstrittenen – Glaubenssätze dieser Kirche doch genauso unlogisch, widervernünftig, absurd und historisch-kritisch leicht zu widerlegen sind, der kennt entweder keine Kirchengeschichte oder keine Redlichkeit; der betreibt, mehr als der konservativste Kirchenknecht, den Fortschritt der finstersten Reaktion. Und es ist grotesk, ja satirereif, daß dieser Mann, der seit Jahren vermutlich mehr Publizität genießt als jeder andre Theologe unserer Zeit, der weiterhin einen wohldotierten Lehrstuhl, weiterhin ein hohes Ansehen, weiterhin ein Millioneneinkommen aus seinen Büchern hat, ringsum von der Presse zu einem Märtyrer, einem zweiten Galilei hochgejubelt wird, als schrieben unsere Zeitungen Idioten.

Zum Besten dagegen dessen, was ich über Küng las, zählt die Replik seines Kollegen, des einstigen Dekans der katholischen Fakultät der Wiener Universität, Hubertus Mynarek. Er allerdings trat konsequent aus der Kirche aus, und konsequent wurde er um seine Professur, sein Haus gebracht und durch fünfzehn Prozesse wirklich eine Art Märtyrer.

In seinem Buch *Herren und Knechte der Kirche* schreibt Mynarek in dem Kapitel »Auch der progressivste Theologe stützt noch das katholische System« (er stützt es am meisten!):

Die augenblicklich erregte Diskussion der katholischen Theologen um Küngs Buch Unfehlbar?, *neuerdings nochmals angeheizt durch das von ihm unter Mitwirkung zahlreicher Kollegen herausgegebene Werk* Fehlbar?, *sollte und muß seiner sachlichen Bedeutung nach die nichtkatholische Öffentlich-*

keit völlig unberührt lassen. Es handelt sich ja dabei um ein rein innerkatholisches *Streitgespräch, um ein Gezänk in einem abgeschlossenen Denkgetto,* um die Spitzfindigkeiten einer Sekte von Fachidioten, *die außerhalb der Realitäten und Bedingungen menschlichen Denkens wirklichkeitsfremde Debatten führen. Selbst die Theologen, die innerhalb dieses Gettos ganz links stehen, sind noch »rechter« als der rechteste Anhänger eines nichtkirchlichen, autoritären Systems, das aber für sich keine Unfehlbarkeit »von oben«, aus Gottes gnädiger Offenbarung beansprucht.*

Das soeben Gesagte klingt sehr scharf und intolerant. Aber man vergegenwärtige sich folgende Tatsache: Die an den Debatten um Küngs Buch Unfehlbar? *beteiligten katholischen Theologen streiten nicht etwa über die* Möglichkeitsfrage, *also über das Problem, ob innerhalb der wahrheitssuchenden Gesamtmenschheit eine unfehlbare Institution oder Gemeinschaft überhaupt möglich sei. Schon das wäre spätestens seit Kant ein Anachronismus, aber er wäre noch verständlich. Doch für all diese Theologen steht die Möglichkeitsfrage ganz außerhalb der Debatte, auch für Küng selbst. Debattiert wird lediglich darüber,* wie *die Unfehlbarkeit der Kirche sowie des kirchlichen Lehramts und des Papstes zu definieren sei, unter welchen Bedingungen diese Unfehlbarkeit in Kraft trete und als zum Glauben verpflichtend zu gelten habe. An irgendeiner Art Unfehlbarkeit, Indefektibilität usw. der Kirche hält Küng und halten all seine Mitstreiter und theologischen Gegner unbedingt und problemlos fest. Sie sind also insgesamt von allen wirklich denkenden Menschen durch einen Graben getrennt, der nicht übersprungen werden kann, weil sie in eine eventuelle Diskussion mit diesem Teil der Menschheit, der ohne sakrale Vorgaben aus vergangenen Menschheitsepochen zu denken versucht, mit einer Voraussetzung eintreten würden, die vernunftmäßig nicht zu begründen und nur durch »Glauben« zu rechtfertigen ist.*[143]

In einem Briefwechsel mit Mynarek meint Küng, daß er nicht bereit sei, die »Kirchengemeinschaft dem heute notorisch unfähigen und vielfach unwilligen Apparat zu überlassen«.[144] Und bekennt in einem Aufsatz, er bleibe in der Kirche, »weil ich als Glied der Glaubensgemeinschaft Kirche bin und nicht daran denke, Kirche mit dem Apparat und den Administratoren zu verwechseln . . .«[145] Mit Recht kontert Mynarek, wer zwischen katholischer Glaubensgemeinschaft und katholischem hierarchischem System einen wesentlichen Unterschied mache – eine heute übrigens hochbeliebte, doch genau besehen dumme und verdummende Unterscheidung, soviel sich dafür auch anführen läßt –, der bediene sich eines die Öffentlichkeit irreführenden Tricks, treffe eine Unterscheidung vor allem ohne reale Konsequenz. Denn:

In der Praxis, betont Mynarek, *bleibt alles so, wie es war, und so wirkt auch Küng als systemetablierende Kraft! Im Gegenteil, die Hierarchen sollten sich bei ihm bedanken, daß durch ihn ein Modus gefunden wurde, Katholiken, die mit der Institution der Kirche unzufrieden sind und sie kritisieren, derselben trotzdem – auch als Steuerzahler! – zu erhalten.*

Küngs Unterscheidung läuft etwa darauf hinaus: Es haßt einer und kritisiert dementsprechend scharf die Diktatur, in der er lebt. Aber er bleibt in ihr, weil er darin ein paar gute Freunde getroffen hat, mit denen es sich leben läßt. Er hat sein privates Glück, und so pfeift er auf das diktatorische System und dessen Vertreter. Wer das katholische System von der katholischen Glaubensgemeinschaft unterscheidet, der ist wie ein Autobesitzer, der seinen Wagen trotz fehlenden Lenkrads und Steuerungssystems für fahrtüchtig hält.[146]

Und wer in dieser Kirche noch »etwas retten« will, ist entweder unwissend oder Opportunist oder von Mystik besoffen. Man kann in dieser Kirche längst nichts mehr retten, sondern nur sich noch und andere vor ihr! Denn Kirche, das ist eine Praxis, die blind macht, um führen, die krank macht, um heilen zu können; die in Nöten hilft, die man ohne sie gar nicht hätte; das Gängeln derer, die noch immer glauben, durch jene, die es nicht mehr tun.

Anhang

Abkürzungen antiker Literatur

Acta Pauli et Thecl.	Paulus- u. Theklaakten
Act. S. Sed. XXXVI Ind.	*Acta Sanctae Sedis.* Rom 1865–1908
Ambr.	Ambrosius von Mailand
de fide	*De fide ad Gratianum*
de myst.	*De mysteriis*
Ammian. Marcell.	Ammianus Marcellinus
Anast. I *ep.*	Anastasius I., Briefe
Apg	Apostelgeschichte
Apk	Johannesapokalypse
Apul. *metam.*	Apuleius *Metamorphoses*
Arist. *apol.*	Aristides *Apologie*
Aristoph. *ran.*	Aristophanes *Ranae*
Arnob. *adv. gent.*	Arnobius *Adversus gentes*
Athan.	Athanasius
ad Serap.	*Ad Serapion et Seleuciae in Isauria*
c. Arian.	*Orationes contra Arianos*
de decr.	*Epistola de decretis Nicaenae synodi*
de synod.	*Epistola de synodis Arimini in Italia*
Athenag. *res. mort.*	Athenagoras der Apologet *De resurrectione mortuorum*
August.	Augustinus
civ. Dei	*De civitate Dei*
c. litt. Pet.	*Contra litteras Petiliani*
de bapt. contra Donat.	*De baptismo contra Donatistas*
de doctrina christ.	*De doctrina christiana*
de unico bapt.	*De unico baptismo*
ep.	Briefe
serm.	Predigten
Barn	Barnabasbrief
Basil. *ep.*	Basilius von Caesarea, Briefe
can.	Canon
Cass. D.	Cassius Dio
Catalogus Liberianus, MGH Auct. ant. IX	Monumenta Germaniae Historica Auctores antiquissimi
1,2 Clem	1., 2. Clemensbrief
Clem. Al.	Clemens von Alexandrien
protr.	*Logos protreptikos*
strom.	*Stromateis*
Clem. Rom. *ad. cor.*	Clemens von Rom, An die Korinther

Cod. Theod.	*Codex Theodosianus*
Coll. Avell.	*Collectio Avellana*
Conc. Trident	Concilium Tridentinum (Konzil von Trient)
Cypr.	Cyprian von Karthago
bono pat.	*De bono patientiae*
ep.	Briefe
testim.	*Testimonia ad Quirinum*
Cyrill Alex. *ep.*	Cyrill von Alexandrien, Briefe
Cyrill v. Jerus. *cat.*	Cyrill von Jerusalem, Katechesen
Dan	Das Buch Daniel
de gest. Pel.	*De gestis Pelagii*
Did	Didache
Diog. Laert.	Diogenes Laertios
DSD	Dead Sea Manual of Discipline – Sektenkanon
DSH	Habakukkommentar
Dt	Deuteronomium (das fünfte Buch Mose)
Eph	Epheserbrief
Epiph. *haer.*	Epiphanios *Haereses* (auch als Panarion zitiert)
ep., epist.	Briefe
Eurip. *Bacch.*	Euripides *Bakchen*
Euseb.	Eusebius von Caesarea
dem. ev.	*Demonstratio evangelica*
h. e.	*Historia Ecclesiastica* (Kirchengeschichte)
Ex	Exodus (das zweite Buch Mose)
Firm. Mat. *err.*	Firmicus Maternus *De errore profanorum religionum*
Gal	Galaterbrief
Gn	Genesis (das erste Buch Mose)
Greg. Naz. *or.*	Gregor von Nazianz, Reden
Hab	Das Buch Habakuk
Hebr	Hebräerbrief
Herm.	Hirt des Hermas
sim.	*Similitudines*
vis.	*Visiones*
Hieron.	Hieronymus
comment. in Jes.	*Commentarii in Isaiam*
c. Pelag.	*Dialogi contra Pelagianos libri tres*
vir. ill.	*De viris illustribus*

Hil. Pict. *de trin.*	Hilarius von Pictavium (Poitiers) *de trinitate*
Hippol.	Hippolyt
in Danielem	Danielkommentar
K. O.	Kirchenordnung
ref.	*Philosophoumena* (refutatio omnium haeresium)
Iambl. *de vita Pyth.*	Iamblichos *De vita Pythagorica*
Ign.	Ignatius von Antiochien
Eph.	An die Epheser
Magn.	An die Magnesier
Philad.	An die Philadelphenser
Polyk.	An Polykarp
Smyrn.	An die Smyrnaer
Trall.	An die Tralleser
Innoz. I. *ep.*	Innozenz I., Briefe
Iren. *adv. haer.*	Irenaeus von Lyon *Adversus haereses*
Jak	Der Brief des Jakobus
Jer	Das Buch Jeremia
Jes	Das Buch Jesaja
Joh	Das Evangelium nach Johannes
1,2,3 Joh	1.,2.,3. Brief des Johannes
Joh. Chrysost.	Johannes Chrysostomos
hom.	Homilien
sacerd.	*De sacerdotio*
Joseph.	Flavius Josephus
ant. jud.	*Jüdische Altertümer*
bell.	*Geschichte des Jüdischen Krieges*
Just.	Justin der Märtyrer
apol. 1.,2.	1.,2. Apologie
Tryph.	*Dialog mit dem Juden Tryphon*
1,2 Kge	1.,2. Buch der Könige
Kol	Kolosserbrief
Kor	Korintherbrief
Lact. *div. inst.*	Lactanz *Divinae institutiones*
Leo I	Papst Leo I
ep.	Briefe
serm.	Predigten
Lib. pont. ed. Duchesne	*Liber pontificalis* ed. L. Duchesne, 1886–92
Lk	Das Evangelium des Lukas
Lucian *Philops.*	Lukian *Philopseudes*
Min. Felix. *dial. Oct.*	Minucius Felix, Dialog Octavius

Mk	Das Evangelium des Markus
Mt	Das Evangelium des Matthäus
Orig.	Origines
Cels.	*Contra Celsum*
hom.	Homilienkommentare
orat.	*De oratione*
princ.	*De principiis*
Petr	Das Evangelium des Petrus
1, 2 Petr	*1., 2. Petrusbrief*
Phil.	*Philipperbrief*
Philostr. *vita Apoll.*	Philostratos *Vita Apollonii*
Phot. *Myriobibl.*	Photius *Myriobiblon* (Bibliotheca)
Plut. *Is. e. Os.*	Plutarch *De Iside et Osiride*
Poen. Eccl. Germ (Etc.)	*Poenitentiale Ecclesiarum Germaniae* (etc.)
Polyc. *ad Phil.*	Polykarp von Smyrna, Philipperbriefe
Porph. *vita Pyth.*	Porphyrios, Pythagoras-Vita
Prokop. *Bell. Got.*	Prokopios, Gotenkrieg
Prosper *Chron.*	Prosper Tiro, Chronik
Ps	Psalmen
Ps. Clem. *hom.*	Pseudoclementinen, Homilien
Ps. Tert. *adv. omn. haer.*	Pseudo-Tertullian *Adversus omnes haereses*
Röm	Römerbriefe
Sen.	Seneca
ben.	*De beneficiis*
de vit.	*De vita beata*
Socr. *h. e.*	Sokrates der Kirchenhistoriker, Kirchengeschichte
Sozom. *h. e.*	Sozomenos, Kirchengeschichte
Suet.	Sueton
ep.	Briefe
Nero, Claudius	*De vita Caesarum*
Syn. Chalons (etc.)	Synode Chalons (etc.)
Tacit. *annal.*	Tacitus *Annalen*
Tat. *or.*	Tatian *Oratio ad Graecos*
Tert.	Tertullian
adv. Marc.	*Adversus Marcionem*
anima	*De anima*
apol.	*Apologeticum*
bapt.	*De baptismo*
cultu fem.	*De cultu feminarum*

ieiun.	*De ieiunio*
monog.	*De monogamia*
praescr. haer.	*De praescriptione haereticorum*
pud.	*De pudicitia*
resur. carnis	*De resurrectione carnis*
spect.	*De spectaculis*
Theodor. *h. e.*	Theodoret von Cyrus, Kirchengeschichte
Theophil. *ad Autol.*	Theophilus von Antiochien *Ad Autolycum*
1, 2 Thess	1., 2. Thessalonikerbrief
1, 2 Tim	1., 2. Timotheusbrief
Tit	Titusbrief
Zosim. *ep.*	Zosimus, Briefe

Anmerkungen

Zitiert wird nach der frühesten angegebenen Ausgabe

Vorwort, S. 9

1 Lichtenberg 350

2 Deschner (1985) 86

3 Lichtenberg 379

4 Wyneken 132

Wie es zu den Dogmen kam und warum es dazu gar nicht hätte kommen dürfen, S. 11–42

1 Zit. nach Carmichael 230

2 Bultmann (1949) 102

3 Pzillas 11

4 Vgl. *Gesammelte apologetische Volksbibliothek*, Bd. 1, 1909, Nr. 14, 209ff. S. a. Zwettler 180ff

5 Goldmann 19

6 Ebd.

7 Rathgeber 204

8 Ebd.

9 Vgl. Suet. Nero 16, Claudius 25,4. Dazu Drews Bd. 2, 25ff

10 Er spricht *ep*. 10, 96, 97 nur von »Christushymnen« der Gemeinde

11 Vgl. Phot. *Myriobibl*. 33; Raschke in: Deschner (1966) 418ff

12 Vgl. Drews Bd. 2, 3

13 Joseph. *ant. jud.* 18,3,3 u. 20,9,1

14 Orig. *Cels*. 1,47; Comm. in Mt 10,17

15 Raschke in: Deschner (1966) 413f

16 Tacit. *annal*. 15,44

17 Raschke in: Deschner (1966) 409ff

18 Guardini 32

19 Vgl. »Die gefälschten Paulusbriefe« in: Deschner (1962, hier [3]1968) 168ff. Dem Kenner meiner Kirchengeschichte bietet diese Abhandlung nur wenig Neues. Dagegen findet man dort das hier Behandelte oft viel ausführlicher dargelegt.

20 Ebd.

21 Die fraglichen Stellen: 1Kor 7,10; 9,14; 11,24f; 1Thess 4,15. Die beiden letzten scheiden aus. Vgl. etwa Bultmann (1948), Bd. 1, 185; Drews Bd. 2, 134ff

22 Cold 11

23 Nietzsche (1909) Aph. 101

24 Drews Bd. 2, 144

25 Grobel 65

26 Schoeps (1963) 62f

27 Percy 20

28 Bei Euseb. h. e. 3,39,15. Die weiteren Zeugen in der alten Kirche für Markus mit Textbelegen führt an Taylor 3ff.

29 Nietzsche (1895) 44
30 Wyneken 41
31 Phil 1,15ff
32 Orig. *Cels. 4,19*
33 Joh. Chrysost. *sacerd.* 1,8f. Vgl. a. *hom.* 22 in Gn
34 Euseb. *h. e.* 1,13,3
35 Tert. *apol.* 21
36 Vgl. Orig. *hom.* 1 in Lk; Hieron. *c. Pelag.* 3,2
37 C. Schneider (1954) Bd. 2, 20, Anm. 1
38 Brors 64
39 Linden 14
40 I. Vaticanum, 3. Sitzung, 2. Kap.
41 Dibelius (1935) 120; ders. (1953) Bd. 2, 333
42 Zum genaueren Verhältnis der Evangelien untereinander vgl. die Zwei-Quellen-Theorie bei Deschner (1972) 35f
43 Ausführlich ebd. 44ff
44 Ebd. 130ff
45 Vgl. Dibelius (1935) Bd. 1, 298; Werner (1941) 65; Goguel 73
46 Vgl. Deschner (1966) 489
47 Ebd.
48 Rathgeber 66
49 Lietzmann (1953) Bd. 2, 94
50 Knopf (1930) 47f
51 Deschner (1962) 142
52 Vgl. Leipold/Morenz 53ff
53 Zwettler 195
54 Stiefvater (1961) 16
55 Ebd. 15f
56 Lk 1,1ff
57 Hoskyns/Davey 29f
58 Jülicher 591
59 Ebd. 581; Knopf (1930) 63
60 Karnetzki 180
61 Ausführlich über Hieronymus: Deschner (1986 [2]) 169ff, bes. 179f
62 Deschner (1962) 142f
63 Vgl. *Die Bibel* 368 mit Luther Bd. 1, 591. Hervorhebungen von mir
64 Vgl. *Die Bibel* 484 mit Luther Bd. 1, 773. Hervorhebungen von mir
65 Vgl. *Die Bibel* 321 mit Luther Bd. 1, 517
66 L. Schmidt 345ff; ferner Krause 75ff
67 Heiler (1923) 44
68 Vgl. E. Klostermann (1927) 3; (1929) 13
69 Vgl. Mt 1,1ff mit Lk 3,23ff
70 *Gegen die Galiläer* 35

71 Mt 1,20ff; 2,1ff; Lk 1,26ff; 2,8ff
72 Lk 1,46ff
73 Lk 2,33
74 Lk 2,49ff
75 Vgl. Mk 3,21 u. 3,31ff mit Mt 12,46ff; Lk 8,19ff
76 Vgl. Mt 3,15ff mit Mt 11,2ff
77 Vgl. Mk 16,1 mit Lk 23,56
78 C. Schneider (1954) Bd. 1, 85. Vgl. ferner Mk 16,1 mit Mt 28,1
79 Brückner 36
80 Vgl. Mk 16,8 mit Mt 28,8; Lk 24,9. Vgl. a. 24,22ff
81 Vgl. Mk 16,5 mit Mt 28,2; Lk 24,4; Joh 20,12
82 Vgl. Mk 16,9 und Joh 20,11ff mit 28,1ff und Lk24,1ff; 24,13ff
83 Vgl. Mk 16,1ff bes. 16,7; ferner 14,28; Mt 28,1ff bes. 28,16 mit Lk 24,1ff
84 Graß 85ff
85 Heiler (1923) 44
86 Campenhausen (1952) 19
87 Zit. bei Halbfaß in: Deschner (1969) Bd. 1, 102
88 Zwettler 215
89 Stiefvater (1961) 11f
90 Vgl. Mk 1,14 mit Joh 1,35ff
91 Vgl. Mk 1,16–20; Mt 4,18–22; Lk 5,1–11; Joh 35–51
92 Vgl. Mk 1,14 mit Joh 3,22ff; 4,1
93 Mk 11,15f; Mt 21,12f; Lk 19,45f; Joh 2,14ff
94 Vgl. Mk 14,3ff mit Joh 12,1ff
95 Vgl. Mk 14,60ff mit Joh 1,35ff
96 Vgl. Jer 30,2; 36,1ff; Dan 12,4; Hab 2,2; 2Petr 1,21; 2Tim 3,16; Apk 1,10f; 14,13; 19,9; Iren. *adv. haer.* 2,28,2; Orig. *princ.* 8 u. a. Dazu Diekamp Bd. 1, 25ff
97 Diekamp Bd. 1, 26. Vgl. a. Schmaus Bd. 1, 23ff
98 Klug 40
99 G. E. Lessing § 77
100 Goethe an Herder in einem Brief vom Mai 1775 und vom 4. September 1788
101 Zit. bei Raschke in: Deschner (1966) 409
102 Vgl. hierzu Deschner (1962) 220f und die dort genannten Schriften
103 Tert. *apol.* c. 21 u. 23
104 Zit. v. Becker, in: Deschner (1969) Bd. 1, 271
105 Heiler (1923) 22
106 E. v. Hartmann 96
107 Vgl. das Thronbesteigungslied auf Ramses IV., Staerk 238
108 Vgl. Zehren 299. Dazu Mk 1,15
109 Vgl. Widengren Bd. 1, 48; Bd. 2, 50f; ferner Abegg 203ff; Güntert 395ff
110 Jes 43,16ff

111 Eine Fülle von Belegen bei Bousset (1906) 321ff
112 Ausführlich darüber Deschner (1962) 89ff
113 Hab 2,7; 7,2; 9,4ff. Dazu Braun Bd. 1, 32, Anm. 1 und 51ff; Bd. 2, 46ff. Elliger 168f, 189f, 278ff. Vgl. a. die Zusammenstellung der Belege bei Schoeps (1951) 326; Wildberger 35; Wibbing 71ff
114 DSH 7,7
115 Vgl. Otto 143ff, 331ff; Wechsler 129ff; Schweitzer 58; Werner (1955) Bd. 1, 100, 103, 106
116 Mk 9,1; 1,15; 13,30; Mt 4,17; 10,7; 10,23; 16,28
117 Mt 10,23
118 Lk 11,51
119 Mk 13,30
120 Heiler (1923) 22
121 Bultmann (1949) 102
122 Vgl. Apk 1,3; 22,10.12.17.20; Eph 11,1; 1Joh 2,18; 1Petr 4,7; 1,20; Jak 5,7; 5,9; Hebr 10,37; 1,2; 9,26; Apg 2,17; Barn 4,9; 21,3; 10,11 u. a.
123 Kanon Muratori. Zit. bei Leipoldt (1907) Bd. 1, 47
124 Tert. *cultu fem.* 2,9; *spect.* 30; *adv. Marc.* 3,24
125 1Clem 23,3
126 2Petr 3,4
127 Ebd. 3,8ff
128 Cyrill v. Jerusalem *cat.* 15,4f; 18,2. Vgl. a. Lact. *div. inst.* 7,25; Hippol. *in Danielem* 4,12,2
129 Vgl. hierzu die ausführliche »Stellung zum Krieg« bei Deschner (1962) 493ff, sowie die ausführliche Einleitung »Weide meine Lämmer« in: Deschner (1970); s. a. besonders eingehend: Deschner (1968[2]) Bd. 1, 213ff, bes. 247ff
130 Ausführlich: Deschner (1962) 410ff
131 Vgl. Heussi (1957) 43; Buonaiuti Bd. 1, 63ff; Leipoldt (1907) Bd. 1, 39; Lietzmann (1953) Bd. 3, 171
132 Über Papias Iren. *adv. haer.* 5,33; Hieron. *vir. ill.* 18
133 Just. *Tryph.* 80f; vgl. a. 139,4f. Dazu Harnack (1913[1]) 82f Nigg (1954) 52
134 Iren. *adv. haer.* 5,33,2f; 4,40,1; 4,42,3; 5,32,1; Nigg (1954) 52. Leipoldt (1907) Bd. 1, 39. Vgl. a. Frick 61f
135 August. *civ. Dei* 20,7; Hieron. *Comment. in Jes.* 49,14; Nigg (1954) 57
136 Euseb. *dem. ev.* 7,3,12; Cyrill v. Jerus. *cat.* 4,15
137 1Kor 15,28; vgl. a. 1Thess 4,13ff; Werner (1941) 675. Mit Vorbehalt Bietenhard 23ff, 52ff
138 Euseb. *h. e.* 3,39,13. Altaner 111
139 Buonaiuti Bd. 1, 69f; Nigg (1954) 53f
140 Vgl. Harnack (1922) Bd. 1, 616
141 Buonaiuti Bd. 1, 70. Vgl. a. Nigg (1954) 53f

142 Beispiele bei Deschner (1962) 27
143 Vgl. ebd.
144 Vgl. ebd.
145 Vgl. ebd., 421
146 Vgl. ebd. 477ff. Ausführlich Deschner (1986 [2]) 469ff
147 August *civ. Dei* 20,9
148 Fromm 58ff

Das Dogma von der Gottheit Christi, S. 43–96

1 Adam 71
2 Harnack (o. J.) 103,91f
3 Vgl. den Text bei Mensching (1955) 206f
4 Gal 4,4
5 Mk 1,15
6 Zit. nach Norden (1924) 33
7 Vgl. C. Schneider (1954) Bd. 1, 236; Schlier (1930) 30,48,74; ders. (1956) 159ff; Fiebig (1926) 12ff; Bousset (1921) 190ff; Leisegang (1928) 88ff; Käsemann 113ff, 159ff
8 Schweinitz 25; Fiebig (1926) 52ff
9 Vgl. z. B. August. *civ. Dei* 12,24; 12,27ff; 17,6
10 Bousset (1921) 270
11 Deschner (1962) 77ff
12 Lk 2,11
13 Vgl. Kallimachos »Hymnen an Zeus« 48; Homer »Hymnen an Hermes« 21 u. a.
14 Vgl. Deschner (1962) 77
15 Ausführlicher über Isis ebd. 365ff
16 Ausführlich und grundlegend über eine Fülle weiterer verblüffender Gemeinsamkeiten: Pfister (1937) 42ff, bes. 58ff
17 Vgl. Lk 2,25ff; Aufhauser 10
18 Vgl. Pfister (1937), 42ff
19 Die vor Jesus auch anderweitig schon gelehrt wurde; in der Stoa etwa bei Sen. *ben.* 4,26,1; vgl. a. 1,11; *de vit.* 20,5 u. a. im Alten Testament, dort allerdings nur gegenüber dem Privatfeind aus dem eigenen Volk: Ex 23,4f
20 Vgl. bes. Schweinitz 37ff; Glasenapp (1957) 84; (1960) 120; s. a. Mauthner 45ff
21 Vgl. Schweinitz 23ff
22 Vgl. Bultmann (1949) 183; W. Bauer (1925) 11ff
23 Vgl. die zahlreichen Belege bei Bieler Bd. 1, 90ff und die Quellenhinweise bei Leipoldt/Morenz (1953) 34
24 Deschner (1962) 66
25 Lk 5,1ff; Porph. *vita Pyth.* 25; Iambl. *de vita Pyth.* 36
26 Porph. *vita Pyth.* 19f, 36, 41ff; Iambl. *de vita Pyth.* 30
27 Iambl. *de vita Pyth.* 136; Porph. *vita Pyth.* 29
28 Diog. Laert. 8,67; 8,60

29 Eurip. *Bacch.* 142; Pausanius 6,26,2
30 Joh 15,1; vgl. 15,5
31 Zahlreiche Quellenhinweise bei W. Bauer (1925) 44
32 Vgl. Deschner (1962) 73
33 Vgl. Herzog 71ff
34 C. Schneider (1954) Bd. 1, 55f. Dort auch Quellenbelege
35 Vgl. etwa E. Klostermann (1950) 15; Bultmann (1957) 256, 246 u. ö. Bousset (1921) 60ff; Dibelius (1933) 291f; ders. (1953) Bd. 1, 312, 330 u. ö. Weinel 134; Perels 77ff, 82ff Mensching (1957) 44
36 Bousset (1921) 60
37 Dibelius (1933) 97f
38 Kroll 249ff
39 Stiefvater (1961) 116; Brors 554
40 Mund 136
41 Orig. *Cels.* 2,16
42 Staerk 414f
43 Reitzenstein 106
44 Raschke (154) 95, 97ff, 190f, 218f. Vgl. a. die Abbildung bei Zehren 190
45 Vgl. Brückner 14; Ringgren/Ström 60; Leipoldt (1923) 9; W. Bauer (1925) 139,219f; Staerk 412f; Th. Lessing 99
46 Trede 98; Vergil, *Georgica* 1,463ff
47 Lk 23,46
48 Mk 15,40f; Mt 27,55f; Lk 23,49
49 Joh 20,15ff
50 Joh 19,30. Dazu Pfister (1937); Grundmann 67ff; C. Schneider (1954) Bd. 1, 142; Kroll 375ff, 395ff
51 C. Schneider (1954) Bd. 1, 142
52 Vgl. Deschner (1962) 120ff
53 Bei Th. Vogel; fehlt in Jubiläumsausgabe. Dazu Frankenberg in: Deschner (1986 [1]) 152f
54 Vgl. dazu C. Schneider (1954) Bd. 1 73ff; Reitzenstein 94 Anm. 3
55 Philostr. *vita Apoll.* 8,10ff
56 Mt 18,15f; Joh 8,17; 2Kor 13,1; 1Tim 5,19. Dazu Dt 19,15
57 So Bertram 202
58 Ebd.
59 Kroll 220
60 Ebd. 238,4f, 183ff, 205ff
61 Ebd. 423ff, bes. 431
62 Weinreich 637f
63 1Petr 3,19f; 4,6. Vgl. Just. *Tryph.* 72,4; Petr 41f
64 Zahlreiche Beispiele bei Pfister (1912) Bd. 2, 480ff. Wetter 101ff; vgl. a. Zehren 93f; Gn 5,24; Hebr 11,5; 2Kge 2,1ff
65 Vgl. Benz (1952) 118f

66 Mk 16,9–20. Dazu etwa den Katholiken Wikenhauser 126
67 Vgl. Lk 24,36ff, bes. 24,50f (auch 23,43) mit Apg 1,1ff, bes. 1,12. Dazu Lohmeyer 99; Grundmann 46f; Werner (1941) 99; Bertram 204; Benz (1952) 119; Trillhaas 67f; Conzelmann 79
68 Toldo 338f; Lucius 168,193
69 Diderot. »Addition aux *Pensées philosophiques*« XXI (1746), in: Deschner (1986 [1]) 104; vgl. dazu Halbfaß »Denis Diderot« in: Deschner (1986 [1]) 77ff
70 Knopf (1930) 309
71 Trede 57
72 *Der Kaiser der Römer gegen den König der Juden. Aus den Schriften Julians des »Abtrünnigen«.* 1941, 42f, 63; vgl. dazu Deschner »Kaiser Julian«, in: Ders. (1986 [1]) 37ff
73 Zit. bei Trede 40
74 Zit. ebd.
75 Trede 109
76 Orig. *Cels.* 8,45
77 Vgl. C. Schneider (1954) Bd. 1, 76; Charlesworth 8ff; Weinreich 638; Bieler Bd. 1, 135ff
78 Vgl. Deschner (1962); ausführlicher in: Deschner 1986 [2] 316ff
79 Firm. Mat. *err.* 7,6
80 Philostr. *vita Apoll.* 4,31; Lact. *div. inst.* 5,3,14. Dazu Weinreich 649
81 Apg 14,8ff
82 Leipoldt (1936) 9; ganz ähnlich Goguel 115
83 Knopf (1930) 309
84 Pfannmüller 30
85 Hirsch (1941) Bd. 2, 293f
86 Jülicher 355
87 Cullmann 30
88 Vgl. W. Bauer (1925) 34
89 Mk 1,11; 9,7; 3,11; 5,7
90 Mk 15,39
91 Vgl. Fiebig 41ff; Dibelius (1933) Bd. 1, 253f
92 Deschner (1962) 40, dort alle Quellenhinweise
93 Lk 1,41
94 Lk 3,21
95 Joh 1,32
96 Vgl. Deschner (1962) 41f. Ausführlich über Jesus und Johannes den Täufer: Carmichael 173ff
97 Mk 6,4ff
98 Ebd.
99 Mt 13,58
100 Mk 13,30ff, Hervorhebungen von mir
101 Mt 24,36

102 Schlingensiepen 194f
103 Athan. *c. Arian.* Zur Urkundenfälschung des Athanasius vgl. Deschner (1962) 399ff. Ausführlich über Athanasius: Deschner (1968 [2]) 351ff
104 Ambr. *de fide* 5,8. Ausführlich über Ambrosius: Deschner (1986 [2]) 399ff
105 Basil. *ep.* 236,2
106 Mk 10,18
107 Lk 18,18
108 Mt 19,17
109 Diekamp Bd. 1, 297
110 Ebd.
111 Ebd.
112 Diderot »Addition aux *Pensées philosophiques*« XXXIX (1776), in: Deschner (1986 [1]) 105
113 Mk 14,35ff
114 Mk 14,39
115 Mk 15,34; Mt 27,46
116 Lk 23,46. Vgl. dazu Ps 31,6
117 Petr 19
118 Mk 10,40
119 Vgl. Mk 15,43 mit Mt 27,57. Dazu Dibelius (1933) 198
120 Vgl. etwa Mk 9,1 mit Mt 16,28. Weitere Belege nennt Bousset (1921) 52. Vgl. a. Grässer 1957,201
121 Vgl. Mk 9,42 mit Mt 18,6
122 Vgl. Mk 6,51f mit Mt 14,33
123 So Nielsen 37
124 Neumann 42. Vgl. dazu Deschner (1986 [1]) 37ff, bes. 45
125 Mk 14,60ff
126 Montefiore Bd. 1, 361
127 Mt 4,23ff
128 Mk 10,46ff
129 Mt 20,29ff
130 Mk 5,1ff
131 Mt 8,28ff
132 Mk 5,13
133 Deschner (1986 [1]) 195
134 Vgl. Mk 1,34 mit Mt 8,16
135 Vgl. Mk 3,10 mit Mt 12,15
136 Vgl. Mk 8,9 mit Mt 15,38
137 Vgl. Mk 6,44 mit Mt 14,21
138 Vgl. Deschner (1962) 63
139 Vgl. Mk 15,38 mit Mt 27,51ff
140 Fiebig (1911) 28ff; Dalmann 198; E. Klostermann (1927) 225; Kroll 6. Zu den weiteren Steigerungen dieser Matthäusstelle in apokryphen Schriften und bei Kirchenvätern vgl. die

Belege bei Werner (1941) 88ff. Auch Telfer 98ff. Ferner *Anaphora Pilati*, A. 7ff; Arnob. *adv. gent.* 1,53; Cypr. *bono pat.* 7; *testim.* 2,23

141 Vgl. Mk 11,12 ff u. 11,20ff mit Mt 21,18ff

142 Vgl. Mt 14,14 mit Mk 6,31f; Mt 19,2 mit Mk 10,1f

143 Vgl. Mk 1,32ff mit Lk 4,40 u. Mk 3,10 mit Lk 6,19

144 Lk 7,11ff

145 Wyneken 95

146 Julian, *Gegen die Galiläer*, 42f

147 Apg 12,2

148 Da nach Gal 2,9 zur Zeit des Apostelkonzils noch am Leben

149 Vgl. schon Schwartz; Bacon 127ff; Hirsch (1936) 140ff

150 Hirsch (1936) 149. Vgl. in diesem Sinne auch Knopf (1930) 123; Harnack (1924) Bd. 1,87; Jülicher 407; Dibelius (1953) Bd. 1,99; Heiler (1923) 20; Eisler 323ff; Howard; C. Schneider (1954) Bd. 1, 135; Lietzmann Bd. 1, 240ff; Windisch (1937) 144ff

151 Ausführlicher darüber Deschner (1962) 44

152 Vgl. ebd. 48

153 Ebd. 48ff

154 Vgl. Joh 4,46ff; 6,1ff; 6,16ff

155 Joh 2,1ff

156 Joh 5,1ff

157 Vgl. auch Lucian *Philops.* 11

158 Joh 9,1ff

159 Joh 11,1ff. Zit 11,39

160 Vgl. hierzu Deschner (1962) 143ff

161 Vgl. ebd. 53ff

162 Vgl. ebd. 42ff

163 Wagenmann 61

164 Vgl. dazu etwa auch Marxen 26ff, 62ff, 92ff, 129ff; Goguel 83ff; Bousset (1921) 37ff; E. Klostermann (1927) 19ff; Hirsch (1941) Bd. 2, 293ff; Dibelius (1933) 197ff

165 Cullmann (1945) 30

166 Marxen 144

167 Meinertz Bd. 1, 218

168 Vgl. z. B. Bultmann (1957) 267; Bornkamm (1956) 158; Dibelius (1933) 265ff; ders. (1947) 82,78; Helmbold 69,108

169 Wendland 15f

170 Harnack (1903) 91f. Vgl. dazu Faure 189f

171 Die Ausnahmen Mt 18,6; Mk 9,42. Dazu Mt 18,10; Lk 17,2. Bousset (1922) 93. Ferner u. a. ders. (1921) 102,15; Kümmel 211; Bornkamm (1956) 119, 158ff; Wernle 336ff; Weinel 188; Ackermann 105ff; Hirsch (1941) Bd. 1, 211; Bultmann (1948) 8, 27ff; Werner (1923) 106ff; Otto (1947) 178

172 Zu den vier Brüdern und mindestens drei Schwestern Jesu vgl. Deschner (1962) 360

173 Apg 2,22; 3,22; 7,37; 4,27; 3,14; 2,33; 2,36
174 Vgl. hierzu etwa Schoeps (1959) 163; J. Klausner 254f, 449; Zobel 9; Greßmann (1929) 1ff; Wetter 109
175 Vgl. etwa Bousset (1913) 40f; Lohmeyer (1945) 141. Ackermann (1952) 146; ders. (1961) 24ff; Schoeps (1959) 158; Barnikol 19f; 21ff; Werner (1923) 46ff
176 Meinertz Bd. 1, 218
177 Klug 180
178 Overbeck 55
179 Vgl. die berühmte programmatische Schrift von Baur 4
180 Der Kampf des Paulus gegen die Apostel ist ausführlich dargestellt bei Deschner (1962) 160ff
181 Ausführlicher ebd.
182 Lietzmann (1953) Bd. 1, 109
183 Vgl. Deschner (1962), 164ff
184 Ebd.
185 Overbeck, ungedruckter Basler Nachlaß
186 Nietzsche (1881) 1,68
187 Shaw 108
188 Phil 2,5ff. Ob Paulus hier ein bereits früher entstandenes Christuslied anführt, wie Lohmeyer in *Kyrios Jesus* meint, ist umstritten. Vgl. z. B. gegen ihn Windisch (1934) 163. In unserem Zusammenhang ist es nicht entscheidend. Zu Phil 2,25ff vgl. Röm 1,11ff; 8,3. 1Kor 1,23; 15,23ff. 2Kor 8,9.
189 Apk 1,3; 22,10ff
190 Hebr 10,37; 1,2; 9,26
191 1Petr 4,7. Vgl. a. 1,20
192 Jak 5,7; 5,9
193 1Joh 2,18
194 Overbeck 57ff
195 1Thess 4,15
196 1Kor 7,29ff
197 Tert. *resur. carnis* 32; Hil. Pict. *de trin.* 10,42
198 1Kor 15,51; 16,22
199 1Thess 4,15
200 1Kor 11,29ff. Dazu Schweitzer 93. 1Kor 15,22ff. Vgl. a. 1Thess 4,16f
201 Vgl. Buonaiuti Bd. 1, 46ff; Schweitzer 98ff; Schoeps (1959) 102ff; Bultmann (1958) 46ff; Werner (1955) Bd. 1, 142f; Taubes 67f
202 2Kor 6,2
203 2Kor 5,17
204 Vgl. Apg 3,20
205 Vgl. dazu Schweitzer 100
206 1Kor 1,18; 2,2
207 Phil 3,13f

208 Wyneken 53
209 So Leipoldt 1936,69
210 Vgl. Deschner (1962) 294ff
211 Ausführlich ebd. 75ff
212 Plutarch *Vita Pompeji,* C. 24
213 Vgl. Böhling 1913; Leipoldt (1923) 75; Durant 656
214 Firm. Mat. *err.* 21,1
215 Grimm 180
216 Deschner (1962) 181ff
217 Phil 2,9
218 1Kor 15,28. Vgl. a. Werner (1941) 302ff; Bousset (1921) 150ff; J. Klausner 435f
219 2Kor 1,3; 1Kor 11,3
220 Bousset (1921) 150
221 Just. *apol.* 1,13. Vgl. a. Just. *Tryph.* 56,4,11
222 Joh 14,28
223 Iren. *adv. haer.* 2,28,8
224 Orig *Cels.* 8,15. Weitere Quellennachweise bei C. Schneider (1954) Bd. 1, 315, Anm. 2. Vgl. a. R. Seeberg Bd. 1, 512f; Werner (1941) 521f
225 Orig. *orat.* 15,1
226 Diekamp Bd. 1, 297
227 Ebd.
228 Fromm 46ff
229 Vgl. auch Ps. Tert. *adv. omn. haer.* 8. Hippol. *ref.* 9,11,1; 9,12. Ferner Harnack (1923) 51ff; ders. (1922) 156ff, bes. 161ff
230 Zit. bei Geffcken 26
231 Kirfel 11ff, 38ff, 99ff, 147ff
232 Näheres bei Deschner (1962) 261, 131
233 1Joh 5,7f. Dazu Jülicher 589
234 Orig. *Cels.* 5,11. Clem. Al. *strom.* 7,4,38,4.
235 Harnack (1924) Bd. 1, 117, Anm. 1
236 Vgl. Deschner (1965) 124; vor allem aber Deschner (1980) 26ff: »Michael Schmaus – einer statt vieler«
237 Schmaus Bd. 1, 95
238 Zu den widerlichen Schmähungen des Athanasius gegen Arius und die Arianer vgl. etwa Athan. *c. Arian.* 1,4ff; 1,10f; 1,14; 1,23; 1,64; 2,1; 2,3; 2,7; 2,25; 2,32f; 2,50; 3,28; *de decr.* 21; 27,1; 29; *ad. Seraph.* 4,9 u. a. Ferner Deschner (1986 [2]) 370ff
239 Nigg (1949) 139
240 Alex. v. Alexandrien *sermo de anima* 7; Athan. *de synod.* 16
241 Ausführlich über Athansius, Arius und den arianischen Streit: Deschner (1986 [2]) 351ff
242 Socr. *h. e.* 1,8
243 Seeck (1897) 350
244 Werner (1941) 591ff mit vielen Quellenhinweisen; ders. (1955) Bd. 1, 182; Harnack (1922) 76

245 Fromm 62ff

Taufe, Abendmahl und Buße, S. 97–175

1 Tert. *bapt.* 5
2 Vgl. Schöllig
3 1Kor 6,11
4 Vgl. Halbfaß in Deschner (1986 [1]), 27ff
5 Ebd. 35f (Nr. 88, Makarios IV,19)
6 Vgl. C. Schneider (1954) Bd. 2, 172ff, 200ff
7 Deschner (1962) 79f, 182, 216
8 DSD 6,4ff; 6,16ff; 3,3ff; DSH 2,7. Vgl. Joseph. *bell.* 2,8,5; Kuhn 509ff; Fritsch 122ff; Ploeg 163ff; Allegro 100f; Bertholet 136; Cross 1955, 968; Howlett 147; Lietzmann (1953) Bd. 1, 23f; K. Schubert 88ff
9 Schöllig 20. Vgl. a. Diekamp Bd. 3, 76
10 Vgl. Joh 3,22ff mit 4,2
11 Diekamp Bd. 3, 64
12 Mk 7,6f; Mt 9,13; Lk 6,1ff; 14,1 ff; Mk 2,33ff; Mt 12,1ff; 9,14; 11,19; 15,9; Lk 6,46. Mt 7,21; Mk 7,15; Mt 15,11; Lk 5,34; 11,37ff; Mk 2,19. C. Schneider (1954) Bd. 1, 42f; Lohmeyer (1942) passim, bes. 83; Bultmann (1949) 81; Heiler (1923) 433; Leipoldt (1957) 178; ders. (1927) 17ff; Braun Bd. 2, 43ff
13 Göpfert 30
14 Mt 28,19
15 Vgl. bei Ackermann (1952) 121f; Dibelius (1933) 285; Bultmann (1957) 310; Lietzmann Bd. 1, 55; Meyer Bd. 1, 15,92; Bousset (1921) 231; Heitmüller 2ff; Werner (1957) 70; Lohmeyer (1951) 29; E. Klostermann (1927) 232; Bornkamm (1952) 157ff; Jeremias; Schweitzer 228, Anm. 1; Harnack (1924) 140; Weinel 202; Graß 30f; Schweizer 585, Anm. 57
16 Martial 5,24; C. Schneider (1954) Bd. 1, 401ff
17 Ackermann (1961) 73
18 2Kor 3,17
19 Mt 15,24; 10,5; 10,23. Vgl. a. Munck (1954) 250ff; ders. (1956) 22ff
20 Just. *Tryph.* 86; Cypr. *ep.* 63,8f; Werner (1941) 506ff. Dort weitere Quellenhinweise
21 Schlink 665
22 Gröber 597f
23 Apg 2,38; 8,16; 10,48; 19,5; 1Kor 1,13; Gal 3,27; Röm 6,3. Bousset (1921) 227ff
24 Vgl. 1Kor 1,14; 16 mit 1,17
25 Röm 6,3; Gal 3,27; 1Kor 12,13. Dazu Fries Bd. 4, 179
26 Nilsson Bd. 2, 664
27 Bousset (1921) 140
28 Brors 483

29 Zit. bei Heilmann Bd. 4, 245ff
30 Firm. Mat. *de err.* 22,1
31 Vgl. a. Kol 2,12f
32 C. Schneider (1954) Bd. 1, 210; W. Bauer (1925) 49f
33 Gal 3,27; Röm 13,14
34 Apul. *metam.* 11,24. Vgl. a. Leipoldt (1936) 16f, 68; ders. (1923) 52ff; C. Schneider (1954) Bd. 1, 211f; Bd. 2, 169; Dibelius (1951) 95; Schoeps (1959) 111f; Lietzmann (1933) 67
35 Just. *apol.* 1,61. Knopf (1905) 285; Heitmüller 36f; Müller Bd. 1, 208
36 Vgl. bes. C. Schneider (1954) Bd. 2, 105; 200ff; Heitmüller passim
37 Cumont (1923) 144 Anm. 2
38 C. Schneider (1954) Bd. 2, 105, 164, 220ff
39 Gaßner Bd. 2, 796
40 Gaßner/Schüch ([12]1902) 656ff
41 Ebd.
42 Ebd.
43 Ebd.
44 Ebd.
45 Mk 7,32ff
46 Joh 9,6f
47 Rathgeber 474
48 Zit. ebd.
49 Ebd.
50 Ebd.
51 Gaßner/Schüch ([12]1902) 659
52 Ebd.
53 Ebd.
54 Heitmüller 7f; C. Schneider (1970) 549
55 Gaßner Bd. 2, 47ff
56 Ebd.
57 Ebd.
58 Schöllig 1958, 21
59 Göpfert Bd. 3, 33
60 Gaßner Bd. 2, 49f
61 Göpfert Bd. 3, 34f
62 Mutz 1920, 13
63 Ebd. 17
64 Ebd. 13f
65 Gaßner Bd. 2, 50
66 Göpfert Bd. 3, 38
67 Mutz 20f
68 Ebd.
69 Göpfert Bd. 3, 39
70 Ebd.

71 F. Klostermann/Rahner/Schild Bd. 4, 563
72 C. Schneider (1970) 549
73 Apul. *metam.* 11,15. Vgl. dazu Mt 11,29
74 Eurip. *Bacch.* 73ff; Leipoldt (1931) 57ff
75 Aristoph. *ran.* 886f. Scheffer 54f, 64ff; Wilamowitz-Moellendorf 480ff, 48 Anm. 2; C. Schneider (1954) Bd. 1, 9; Tièche 140f
76 Bammel 118ff
77 Tert. *bapt.* 4. Werner (1941) 444
78 Tert. *bapt.* 5
79 C. Schneider (1970) 549
80 Zit. bei Deschner (1971) 105
81 Tert. *apol.* 47
82 Vgl. hierzu Deschner (1986 [2]), 121ff
83 Just. *apol.* 1,60. Vgl. a. Theophil. *ad Autol.* 1,14; 3,17; Tert. *apol.* 19,47; Min. Felix. *dial. Oct.* 34,5; Firm. Mat. *err.* 18,1; 21,1; 22,1
84 Just. *apol.* 1,62
85 Leipoldt (1957) 186ff; 162; ders. (1939) 46,162
86 Vgl. *Bibliothek der Kirchenväter,* Bd. 12, 130, Anm. 2
87 August. *serm.* 241,1. Vgl. a. August. *civ. Dei* 8,10ff; *de doctrina christ.* 2,40
88 Raschke (1954) 344. Vgl. a. Harnack (1924) Bd. 1, 254, Anm. 1; Heiler (1937) 113
89 Deschner (1971) 115ff
90 Deschner (1962) 217ff, 230ff
91 Diekamp Bd. 3, 80
92 Stiefvater (1961) 109
93 Rathgeber 475
94 Ebd. 475 u. Diekamp Bd. 3, 77
95 Z. B. Orig. *ep. ad Rom.* 5,9
96 Hippol. K. O. 46
97 Tert. *bapt.* 18
98 Greg. Naz. *or.* 40,17,28
99 Ebd.
100 Conc. Trid. Sess. 5 de pecc. origin. et Sess. 7 de Baptismo. *Der Römische Katechismus nach dem Beschlusse des Konzils von Trient für die Pfarrer* auf Befehl des Papstes Pius V. herausgegeben, Bd. 1, 1905, 141. S. a. Rathgeber 475
101 Luther, Weimarer Ausgabe 26,167,32; Deschner (1971) 117f
102 Zit. bei Schraepler 22
103 Deschner (1971) 129
104 Kahl zit. ebd.
105 Ebd. vgl. a. Deschner (1974) 69ff, bes. 76f
106 Kahl (1963) 250ff
107 Ebd.
108 Diekamp Bd. 3, 79
109 Eine deutsche Ausgabe erschien 1976 in der Schweiz.

110 Vgl. bei Deschner (1971) 135
111 Heiler (1961) 262
112 Harnack (1924) Bd. 1, 247f, 139; ders. (1922) 110f
113 Wyneken 181
114 Bammel passim; Werner (1957) 116f; Heiler (1961) 262; ders. (1973) 32
115 Werner (1957) 116f. Vgl. Zehren 189f, 203f; Bammel 77,91
116 Zit. nach Seck (1921) 129f
117 Bammel 65
118 Wyneken 182
119 Eurip. Fragm. 27,2
120 Firm. Mat. *err.* 18. Vgl. Clem. Al. *protr.* 2,15
121 Heiler (1961) 248
122 W. Bauer (1925) 96
123 Plut. *Is. e. Os.* 35; Tat. *or.* 8. Leipoldt (1931) 6ff, 50f; ders. (1933) 3f; Leisegang (1922) 41
124 Joh 15,1f; 16,20ff. Vgl. Joh 15,5; Did 9,2. Grill 107; Fiebig (1926) 23f
125 Eurip. *Bacch.* 142; Pausanias 6,26,2. Dazu Wilamowitz-Moellendorf 68, Anm. 5; Dibelius (1933) 99; W. Otto 90ff; Bouset (1921) 62; Greßmann (1923) 22f. Zahlreiche Quellenhinweise auf Berichte von Weinwundern des Dionysos bei W. Bauer (1925) 44
126 Eurip. *Bacch.* 300f. C. Schneider (1954) Bd. 2, 172ff; W. Bauer (1925) 96; Leipoldt (1923) 41; ders. (1931) 39,49; Nilsson Bd. 1, 144; Zehren 190. Der Philologe Tièche spricht von einer »wilden Kommunion«, 142
127 Raschke (1954) 95,97ff, 190f, 218f. Vgl. a. die Abbildung bei Zehren 298: Dionysos-Feier auf einem attischen Vasenbild: Dionysos am Pfahl.
128 Brückner 24; Heiler (1961) 252; Preisker 153
129 Cumont (1910) 138. H. D. Betz 14; Rothes 400
130 H. D. Betz 14. Zum Ganzen: Dölger
131 Just. *apol.* 1,66; Tert. *praescr. haer.* 40. Hyde 66; Schütze 64ff; Bertholet 315,415; Cumont (1910) 124, 142ff, 151f; Bammel 92
132 *Rigveda* 8.48,3. Heiler (1961) 250
133 Cumont (1910) 143ff
134 Braun Bd. 2, 67, Anm. 1
135 1Kor 11,24ff
136 Mk 9,1; 1,15; 13,30; Mt 4,17; 10,7; 10,23; 16,28. Lk 11,51
137 Heiler (1923) 3. Eine ausführliche Übersicht bietet Holmström. Vgl. a. Werner (1941) 36ff; ders. (1955) Bd. 1, 104; Buri 98ff; Cullmann (1958) 1ff; Grässer 3,74f, 216; Heiler (1937) 37; ders. (1923) 21ff; F. Hauck 161; Loewenich 22; Bornkamm (1956) 185, Anm. 40; Weinel 42; Bultmann (1949) 102; Schweitzer 60. Zum eschatologischen Irrtum Jesu vgl. a.

Soden Bd. 1, 63; Braun Bd. 2, 19,49; Scheops (1954) 77; Tillich Bd. 2, 143; Jaspers 22; Schlatter 347; Wilamowitz-Moellendorf Bd. 2, 529; Nestle 517; Blüher 118; Zbinden 34. Nach manchen Theologen, wie Schweitzer, Werner, Buri u. a., war die Naherwartung des Weltendes von Anfang an sogar das eigentliche Motiv des öffentlichen Auftretens Jesu.
138 1Kor 10,16; 11,24; Apg 2,42; 2,46; 6,1f; 20,7; 27,35
139 Ausführlich: Deschner (1962) 168ff bes. 178f
140 Ebd. 181ff
141 Bultmann (1941) 360; ders. (1948) 405f; Werner (1941) 486f
142 1Kor 11,21
143 1Kor 11,21ff. Leipoldt (1952) 133; Lohmeyer (1937) 285f
144 1Kor 11,23. Benz (1952) 116ff; Ricciotti 261, 264f
145 1Kor 10,1ff. Mit Bez. auf Ex 16,14f u. 17,6f
146 Heiler (1961) 263
147 C. Schneider (1954) Bd. 1, 70f
148 Greßmann (1929) 414
149 1Kor 10,20f. Belege für die Mysterienreligionen bei Behm Bd. 2, 34f
150 1Kor 11,27; 11,29. Schütze 71
151 Vgl. 1Kor 10,16f. Bammel 99f, 104ff
152 Vgl. C. Schneider (1954) Bd. 2, 172ff
153 1Kor 11,23f. Vgl. etwa Just. *Tryph.* 117,3. Leipoldt 1936, 16,68. Lietzmann (1926) 251
154 Lietzmann ebd. 180. Vgl. a. 177, 219ff, bes. 227
155 Firm. Mat. *err.* 18,2ff
156 Zit. bei Bousset (1921) 138. Vgl. a. Reitzenstein 106. Dazu bes. auch Joh 11,25
157 Seeberg Bd. 1, 168. Vgl. a. Berkhof 116f
158 1Kor 1,26; 7,21; Did 10,1. Leipoldt (1952) 133f; Ricciotti 368; Werner (1941) 448; Lietzmann (1926) 230ff; Knopf (1930) 373; Bultmann (1948) 148f
159 Ign. *ad Eph.* 20.2
160 Just. *apol.* 1,67. Loofs Bd. 1, 165; Lietzmann (1953) Bd. 2, 121
161 Heussi (1957) 75
162 W. Bauer (1909) 166; *Acta Pauli et Thecl.* 25; Ps. Clem. *hom.* 14,1. Schoeps (1950) 261; Werner (1941) 457
163 Irenäus bei Oecumenius zu 1 Petr. Werner (1941) 447ff, 464f; ders. (1942) 368f; Heiler (1923) 400ff; Buchberger Bd. 10, 255
164 Luther, Weimarer Ausgabe, 1833ff, 2,752,24
165 Schübel 93
166 Deschner (1971) 150f
167 Rodriguez 400f
168 Gaßner (1869) Bd. 2, 800
169 F. Klostermann/Rahner/Schild 277
170 Rodriguez 405

171 Ebd. 405f
172 Ebd. 406
173 Ambr. *de myst.* c. 9
174 Rodriguez 406f
175 Ebd. 407
176 Ebd.
177 Ebd. 407f
178 Ebd. 409
179 Ebd. 409f
180 Ebd. 410f
181 Ebd.
182 *Wochenzeitung* (Zürich) v. 16. 11. 1984, *die tageszeitung* (Berlin) v. 24. 11. 1984. Auch alle folgenden Auszüge finden sich hier.
183 A. Holz zit. nach Rarisch in: Deschner (1986 [1]) 426
184 Vgl. ebd. 418ff
185 Göpfert Bd. 3, 61ff
186 Ebd. 65
187 Ebd. 63f
188 Ebd. 65
189 Ebd. 65f
190 Ebd. 63
191 Schöllig 60f
192 Ebd. Aus dem Vorwort zu den ersten Auflagen
193 Ebd. 61
194 Vgl. *Bad Tölz-Wolfratshausener Nachrichten.* Lokalteil d. *Süddeutschen Zeitung* für den Landkreis v. 24. 10. 1978
195 Ebd.
196 Gaßner (1969) Bd. 2, 820
197 Tondi 320
198 Stiefvater (1979) 20
199 Ebd. (1948, 101.–120. Tausend, 1963) 2
200 Ebd. (^{3}1979) 2
201 Vgl. Deschner (1985) 81
202 Doß 78
203 Zit. bei Deschner (1971) 154
204 Ebd. 154f
205 Steinleitner 70f,118
206 Ebd. 119f; C. Schneider (1954) Bd. 2, 194f; Leipoldt (1927) 35
207 Joh 20,22f
208 Diekamp Bd. 3, 253
209 Mund 20
210 Diekamp Bd. 3, 252
211 Mt 18,15ff; Lk 15
212 Mt 5,21ff
213 Lk 17,7ff. Vgl. a. Mt 5,48; 7,17, 20,1ff. Mk 10,13ff. Lk 15,11ff;

17,7 ff; 18,9ff. Dazu Knopf (1930) 271; Bornkamm (1959) Bd. 2, 69ff; Braun 2,41, Anm. 1
214 Tert. *anima* 2
215 Greg. Naz. *or.* 17,11. Vgl. a. *or.* 1911
216 Eph 6,8; 1Kor 15,19; 32,58; 3,8; 9,25; Kol 3,24; Arist. *apol.* 15,6; Athenag. *res. mort.* 19. leg. 12,28; Ign. *Polyk.* 1,3; 2,3; Mart. Carp. 40; Mart. Apoll. 29; 2Clem 1,1f; 11,5f. Did 4,7. Orig. *Cels.* 6,26; Tert. *anima* 2; Cyrill. v. Jerus. *cat.* 18,1
217 Hebr 6,4ff; 10,26ff
218 Athan. *ad Serap.* 1,22.27. Vgl. a. die Ausrede ebd. 4,13
219 1Kor 5,9ff; 5,1ff
220 1Joh 5,16. Werner (1941) 663. Vgl. a. 1Clem 60,1; Did 14,1
221 Herm. *vis.* 2,24f; *sim.* 8,11. Harnack (1922) 56, Anm. 1
222 Hippol. *ref.* 9,12; Tert. *pud.* 1ff. C. Schneider (1954) Bd. 1, 561
223 Hippol. *ref.* 9,12,24f
224 Ebd. Vgl. a. Cypr. *ep.* 67
225 Tert. *pud.* 1; *monog.* 1,2,12,14; *ieiun.* 1
226 Erhard 72; Haller Bd. 1, 32, 458
227 Stieglitz Bd. 2, Teil 8A, 66f
228 Vgl. Deschner (1977) 174ff
229 O. Betz 42ff
230 Ebd.
231 Klostermann/Rahner/Schild 73f
232 Haugg 3
233 O. Betz 5f
234 Renninger 217
235 Haugg 227
236 Nietzsche, »Die fromme Beppa« in: »Lieder des Prinzen Vogelfrei«
237 Scherzl 41
238 *Poen. Eccl. Germ.* 120
239 Ebd. 122ff. Vgl. zu dem ganzen Komplex der Sexualität: Deschner (1974 [2]) passim, bes. 321ff
240 Scherzl 31
241 Ebd.
242 Reich 169
243 Boehmer 21
244 Lichtenberg 406
245 Luther, Erlanger Ausgabe, 1826–1886 26,281; 50,248
246 Orig. *Cels.* 2
247 Rippel 460
248 Doß 119
249 Ebd. 119ff
250 Clem. Rom. *ad cor.* 57
251 Zit. nach Deschner (1971) 155

252 Zit. nach Heilmann Bd. 4, 82ff
253 Schmitz (1898) 39; Poschmann (1928) 285
254 Klug 302
255 August. *serm.* Vgl. a. Regino von Prüm Bd. 1, 327
256 Syn. v. Agde c.15. Vgl. a. Regino von Prüm Bd. 1, 294
257 Hellinger 82f
258 Ebd.
259 Ebd.
260 Schmitz (1883) 125
261 Ebd.
262 Leo I. *ep.* 168,2
263 Hellinger 81
264 Schmitz (1883) 150f; vgl. a. 113. Poschmann (1930) 15ff, 47; ders. (1928) 24,166; James 214; Grupp Bd. 1, 296f
265 Hellinger 69f
266 Syn. Nantes (658) c. 18
267 *Poenit. Valic.* I,13; *Poenit. Valic.* II,9; *Poenit. Casin.* 9; *Poenit. Merseburgense* 160
268 *Poenit. Valic.* I,4f
269 *Poenit. Arundel* 12
270 *Poenit. des Codes Parisiens* Nr. 3800. Ähnlich: Syn. Elvira c. 5; Syn. Worms c. 39. Vgl. a. *Poenit. Valic.* III bei Schmitz (1883) 783; s. a. ebd. 107
271 Hellinger 77
272 *Poenit. Valic.* I,7
273 Syn. Mainz (847) c.21. Vgl. a. *Poenit. Casino* 55; *Poenit. Cumm.* 3,23
274 *Poenit. Valic.* I,24
275 Schmitz (1883) 356
276 Poschmann (1930) 134
277 Kober (1867) 589f
278 4. Syn. Toledo c. 46. Dazu K. D. Schmidt 1939, 303
279 Ebd. c. 45. Nach K. D. Schmidt ebd.
280 Ebd. c. 8. Nach K. D. Schmidt ebd.
281 H. v. Schubert Bd. 1, 102
282 Ebd.
283 Syn. Chalons (813) c. 40; Syn. Rom. c. 14. Weitere Hinweise bei Kober (1867) 74ff
284 Grupp Bd. 1, 275
285 Schmitz (1898) 50, 65
286 Walther von der Vogelweide *Sprüche. Lieder. Der Leich.* Hg. v. Paul Stapf, Berlin/Darmstadt 1963.
287 Rost 234
288 can. 911. Beringer Bd. 1, 1915f. Leist 221f
289 Beringer Bd. 1, 27
290 H. v. Schubert 683

291 Simson Bd. 2, 22
292 Paulus Bd. 3, 195
293 Deschner (1971) 160
294 Ebd.
295 Paulus Bd. 3, 448
296 Ebd. Bd. 2, 238; Bd. 3, 434
297 A. Hauck Bd. 5, 368; Neuss 318
298 Paulus Bd. 3, 457
299 Ebd. 450f
300 Ebd.
301 Gontard 354
302 Paulus Bd. 3, 481f
303 Ebd. 454ff
304 Ebd. Bd 2, 61ff
305 J. Bauer 120
306 Ebd.
307 Paulus Bd. 2, 172ff
308 Little 98f
309 Paulus Bd. 3, 395
310 Ebd. 377
311 Ebd. 378f
312 Ebd. 380
313 Hoensbroech 91
314 Paulus Bd. 2, 22f
315 Ebd. Bd. 3, 431
316 Ebd. Bd. 3, 234ff, 276ff, 296
317 Hoensbroech 91
318 Ebd. 276f
319 Ebd. 478
320 Ebd. 472
321 Ebd. 474ff
322 Vgl. Deschner (1974 [2]) 101, 189, 371
323 Paulus Bd. 3, 474ff
324 Ebd.
325 Ebd. Bd. 1, 156f
326 Ebd. 160ff
327 Ebd. Bd. 3, 233
328 Ebd. 272f
329 Zit. nach Leist 223
330 Ritter 77
331 Pölnitz Bd. 1, 151
332 Ebd. 264
333 Paulus Bd. 3, 471
334 Ebd. 458
335 Kober (1862) 345
336 Rost 236

337 *Act. S. Sed.* XXXVI, 435 Ind. 9; ebd. XLI 293 Ind. 9; Beringer Bd. 1, 163
338 Leist 217f
339 Ebd. 218f
340 Ebd. 228
341 Ebd. 220
342 Ebd. 221
343 Ebd. 217ff
344 Ebd. 220
345 Jone, 637

Das Dogma der päpstlichen Unfehlbarkeit, S. 177–220

1 Nietzsche (1882) I, 29
2 C. Schneider (1954) Bd. 2, 237
3 Mt 19,28; Lk 22,30 werden von der kritischen Theologie nicht als echte Jesusworte betrachtet, sondern als Gemeindebildungen. Zur Bez. auf die zwölf Stämme vgl. a. Apk 21,12ff; Barn 8,3; Epiph. *haer.* 30,13. Ferner Weiß 34; Bultmann (1948) 38; Bornkamm (1956) 135; Linton 176
4 Vgl. Mk 3,13ff; Mt 10,1ff; Lk 6,12ff. Vgl. Apg 1,13. Auch Paulus hat andere als die »Zwölf« als »Apostel« bezeichnet. 2Kor 8,23; Phil 2,25; 1Kor 15,5ff. Vgl. a. Saß (1939) 97ff u. Apg 14,4; 14,14
5 Apg 1,23ff. Wagenmann 12, 194f; C. Schneider (1954) Bd. 2, 238; Weiß 35; Bultmann (1948) 443, 446; Saß (1951) 236ff
6 Brosch 112ff; Greeven 16ff,28f
7 Tit 1,7; 1Tim 3,5; Cypr. *ep.* 59,5. Lietzmann (1953) Bd. 1, 204, 149 mit Bez. auf Did 15,2. Vgl. a. Seeberg, Bd. 1, 223
8 Albertz Bd. 1, 37f
9 Vgl. Deschner (1962) 172f, 180
10 Lietzmann (1953) Bd. 2, 50
11 Ebd. 53f; 1Clem 44,3; 54,2; 57,1f; Apg 20,28 u. dazu 20,17; Herm. *sim.* 9,27,2; 1Petr 5,2; Ign. *Philad.* 2,1; Polyc. *ad Phil.* 6,1. Dazu Knopf (1905) 186ff, bes. 194f
12 Vgl. die Einwände bei Haller Bd. 1, 445ff
13 1Clem 40,5; 44,3. Seeberg Bd. 1, 238f
14 Ign. *Eph.* 6,1; 7,1; *Smyrn.* 4,1; 8,2. W. Bauer (1934)
15 Ign. *Magn.* 7,1; *Philad.* 7,2; *Smyrn.* 9,1
16 Ign. *Eph.* 4,1f; 5,1ff; 6,1f; *Magn.* 6,1; 7,1f; 13,1f; *Trall.* 2,1f; Philad. 2,1; 3,1ff; 7,1f; Symrn. 8,1f; Polyc. 6,1; Trall. 6,1f
17 Harnack (1913) 73
18 Hipp. K. O. 31
19 C. Schneider (1954) Bd. 2, 247
20 Hippo. *ref.* 9,11,1ff; 9,12,9; 9,12,24; Herodian 1,16,4; Cass. D. 72,4,6f. Vita C. 8,6. C. Schneider (1954) Bd. 1, 561; Haller Bd. 1, 28ff; Caspar Bd. 1, 25ff; Kraft 279ff; Klauser (o. J.) Bd. 3, 264; Gülzow 146ff, 157ff, 168ff

21 Euseb. *h. e.* 6,46,6ff. Haller Bd. 1, 29f, 33f, 355f; *dtv Lexikon der Antike,* Bd. 2, 121; Kraft 390

22 August. *c. litt. Pet.* 2,202; *de unico bapt.* 27; Caspar Bd. 1, 99ff; Haller Bd. 1, 54, 362f; Seppelt/Schwaiger 20f

23 Rufin. *h. e.* 10.23; Sozom. *h. e.* 4,11; Theodor. *h. e.* 2,17; Socr. *h. e.* 2,37; Caspar Bd. 1, 188f; Haller Bd. 1, 59f; Stein 235f

24 Ammian. Marcell. 27.3,11ff; *Coll. Avell.* 1; Seeck (1930) Bd. 5, 71ff; Haller Bd. 1, 60; Caspar Bd. 1, 197f; Lietzmann (1953) Bd. 4, 41f; Lorenz 1970,33f

25 *Theologische Literaturzeitung* (1959), 4, 289; Wikenhauser 285

26 Kupisch Bd. 1, 86; Campenhausen (1951) 248; Mirbt 6ff; 52; Heiler (1941) 191

27 *Catalogus Liberianus,* MGH Auct. ant. IX; Iren. *advers. haer.* 3,3,1ff. Obwohl auch in unserer Zeit Katholiken behaupten, Petri Aufenthalt in Rom werde »von der gesamten Forschung, auch von allen nichtkatholischen Gelehrten, heute anerkannt«, Schuchert 104, bestreitet dies eine Reihe von Historikern und Theologen sogar energisch, z. B.: Dannenbauer (1932) 239ff; Heussi (1955) passim; ders. (1959) 359ff; ders. (1939) 596ff; ders. (1949 [1]) 82f; ders. (1949) [2]) 301f; ders. (1952) 5, 67f; ders. (1952/53) 63ff; ders. (1956/57) 147ff; ders. ebd. 571ff; ders. (1958) 240ff; ders. (1936); ders. (1937); ders. (1939); W. Bauer (1916) 270ff; Haller Bd. 1 14ff, 345ff; Robinson 255ff; Smaltz 212ff; Hyde 1946, 265ff. Weitere frühere Bestreiter eines Aufenthalts Petri in Rom nennt Bauer bei Hennecke 1924, 118. Zum Apostelgrab, zur römischen Bischofsliste: A. M. Schneider 745; Klauser (1956) 55f; Schaefer 459ff; Altendorf 731ff; Holz 13; A. M. Schneider 321ff; Campenhausen (1951) 248; Mirbt 6ff, 52; Heiler 1941, 191. Vgl. selbst den Katholiken Bardenhewer (1910) 565

28 Vgl. hierzu Deschner (1986 [2]) 351ff

29 Anast. I. *ep.* 1. Haller (1936) Bd. 1, 8ff, 443ff; Caspar Bd. 1, 154; Dannenbauer (1959) Bd. 1, 239ff; Bertholet 412; W. Bauer (1916) 270ff; Robinson 225ff; Smaltz 212ff; Hyde 265ff; Hennecke 118; Koch (1930). Ausführliche Übersicht: Deschner (1962) 243ff

30 Conc. Nic. can. 6. Gams Bd. 1, 460, 433, 443, 440, 427. Heiler (1961) 378

31 Benz (1975) 157 fügt diesen Gründen noch die Führerstellung des römischen Bischofs hinzu, die er in disziplinarischen, theologischen und liturgischen Fragen innerhalb der lateinischen Kirche einnahm.

32 Zit. bei Koch (1930) 179; vgl. bes. auch 32ff, 154ff. Ferner Händler 363

33 Mt 16,18

34 Deschner (1962) 213ff

35 Tert. *pud.* 21
36 Chadwick 278
37 Bernhart 23
38 Vgl. die zusammenfassende sprachgeschichtliche Entwicklung bei Deschner (1962) 250
39 Cypr. *ep.* 69ff. Koch (1930) 32ff, 154ff, 179; ders. (1910) passim; Feine Bd. 1, 56; Händler 363; Fries Bd. 3, 281
40 Deschner (1986 [2]) 399ff
41 Just. *Tryph.* 100,4; 106,3; Aug. *ep.* 36,9; Cyrill. Alex. *ep.* 17,3. Mirbt, Quellen Nr. 606,462; Caspar Bd. 1, 338ff; Haller Bd. 1, 86f; Heiler (1941) 41ff; ders. (1923) 288f; ders. (1937) 55ff; Händler 363f
42 Haller Bd. 1, 102
43 Hasler Bd. 1, 201
44 Schraner 11
45 Ebd. Mit Berufung (außer den im Text bereits genannten Stellen) auch auf: Mt 18,18; 28,20. Lk 22,31f. Joh 14,16.26; 16,13f
46 Ebd. 12ff
47 Lenhart 295ff
48 Ebd. 303f
49 Ebd. 297
50 Ebd. 308
51 Mansi 52,958 A.
52 Hasler Bd. 1, 208f
53 Ebd. 226
54 Lenhart 309
55 Ebd. 311
56 Vgl. Cypr. *ep.* 69–75 und Euseb. *h. e.* 7,2ff. Haller Bd. 1, 37f
57 Lenhart 311f
58 August. *serm.* 131,10,10 (Migne L. P. 38,729)
59 Palanque 30; Brown 298f. Ausführlicher zu Pelagius: Deschner (1986 [2]) 492ff
60 August. *ep.* 188,3,13
61 *De gest. Pel.* 26,51
62 August. *ep.* 175ff; Conf. 2,4,9ff; *de gest. Pel.* 1,3. Grundlegend zum Problem: Groß Bd. 1, 50, 259ff, 375. Vgl. ferner Haller, Bd. 1, 92ff; Caspar Bd. 1, 327ff; Stein 412f; Nigg 144; Campenhausen (1960) 204ff; Marrou (1958) 44f; Lachmann 15f; Brown 298ff; 309ff. S. a. Schopenhauers treffsicheren Spott über die Prädestination, Bd. 5, 318
63 Deschner (1986 [2]) 469ff
64 Innoz. I. *ep.* 29ff; August. *ep.* 181ff; *Coll. Avell.* 41. Haller Bd. 1, 94ff; Caspar Bd. 1, 332ff
65 Lorenz 65
66 Zosim. *ep.* »*Postquam*« 1 (L. P. 45,1721); *ep.* »*Magnum pondus*« 4f (L. P. 45,1720) Spr. 10,19. Mansi 4,350; Bury Bd. 1, 361

67 August. *ep.* 191,194,201; Zosim. *ep.* 2f; *Coll. Avell.* 45f; Prosper Tiro *De gratia dei et libero arbitrio contra collatorem* 21,2; Possidius *Vita S. Augustini* 18; *Cod. Theod.* 16,2,46f. Caspar Bd. 1, 329ff, 350ff, 383f, 387f; Haller Bd. 1, 94ff. *dtv Lexikon* Bd. 4, 43f; Stein 412f; Kraft 438ff; Nigg (1949) 144; Holl Bd. 3, 90f
68 August. *de bapt. contra Donat.* Lenhart 313f
69 Mansi 52,817 D.
70 Hasler Bd. 1, 235f
71 Mansi 52,966 AB
72 Hippol. *ref.* 9,11,1; vgl. auch 9,12
73 Leo I. *ep.* 7; *serm.* 16,34,42 u. a.; Prosper *Chron.* ad a 843 MGH Auct. ant. 9,479. Caspar Bd. 1, 432ff; Kawerau 51; Prinz 15f
74 Leo I. *ep.* 4. Haller Bd. 1, 118; Daniel-Rops 130. Chadwick 286
75 Leo I. *ep.* 65,1. Auch »corona vestra« wird er apostrophiert. Haller Bd. 1, 120f
76 Leo I. *serm.* 3,4; ep. 14,11. 55ff. Caspar Bd. 1, 427ff, 457. Vogt 488f; Klinkenberg 17f, 43ff, 106, überschätzt aber S. 112 Leos Bedeutung
77 Leo I. *ep.* 104f, 156, 162, 165. Stockmeier 76ff, 130ff, 138ff
78 Seppelt/Schwaiger 53ff; Caspar Bd. 2, 442; Kornemann Bd. 2, 434; Diesner 71; *dtv Lexikon* Bd. 2, 25
79 *Lib. pont.* ed. Duchesne, 297. Kornemann Bd. 2, 434
80 Prokop. Bell. Got. 3,33ff; L. Hartmann 324ff
81 Mansi 9,104f,181; 413,457; Kornemann Bd. 2, 434; Bullough 171; L. Hartmann Bd. 1, 386ff; Seppelt/Schwaiger 55f; Poppe in Deschner (1970) 116ff; Gontard 144; Diesner 71; Baus/Ewig 2. Hlbbd., 33
82 Caspar Bd. 2, 671; Haller Bd. 1, 272; Seppelt/Schwaiger 64
83 Diesner 77; L. Hartmann Bd. 2, 199f, 203f, 214ff; Kornemann Bd. 2, 457ff; Palanque 36f; Mango 106f; Buchner 152; Baynes Bd. 2, 287ff
84 Kreuzer passim. Der Briefwechsel des Patriarchen Sergios mit Honorius I. ist abgedruckt und erörtert S. 12ff. Haller Bd. 1,233; Kornemann Bd. 2, 461f; Seppelt/Schwaiger 65f; Coler Bd. 2,17; Buchner 152f; L. Hartmann 217f; Cartellieri Bd. 1, 108
85 Mansi 11,195ff; Kreuzer 76ff, bes. 89ff; L. Hartmann Bd. 2, 259f; Caspar Bd. 2, 602ff; vgl. 532f; Haller Bd. 1, 246f; Seppelt/Schwaiger 69; Palanque 38; Buchner 153
86 Mansi 11,553ff; Kreuzer 89f
87 Mansi 11,733
88 Kreuzer 101
89 *Liber Diurnus* Nr. 84; Haller Bd. 1, 247ff; Schubert Bd. 1, 239; L. Hartmann Bd. 2, 160f; Caspar Bd. 2, 608; Kühner 45; Seppelt/Schwaiger 69; Buchner 153; Küng 20f
90 Vgl. die Zusammenstellung bei Lenhart 316ff. Auch die Beschönigung etwa bei Algermissen 160

91 Lenhart 327f
92 Ebd. 328f
93 Ebd. 330
94 Conc. Trident. 11,226ff; Jedin (1963) 39ff; Hasler Bd. 1, 10,243; Buchberger Bd. 10, 379; Galling Bd. 3, 749
95 Hasler Bd. 1, 10f
96 Ebd. 13
97 Ebd. 15ff; 27f
98 Ebd. 29
99 Ebd. 31
100 Ebd. 36
101 Ebd.
102 Gregorovius 472ff
103 Ivánka/Tyciak/Wiertz 262f
104 Hasler Bd. 1, 125ff, 135ff
105 Ebd. 143ff
106 Kraus 513
107 Gregorovius 472ff
108 Hasler Bd. 1, 149
109 Quirinius 221; Friedrich 302f
110 Hasler Bd. 1, 148
111 Ebd.
112 Ebd. 39
113 Ebd. 148
114 Ebd. 151
115 Ebd. 37f
116 Ebd. 40. Vgl. a. Jedin (1971) Bd. 6, 777,779
117 Hasler Bd. 1, 40ff
118 Ebd. 40ff. 53ff
119 Ebd. 59ff
120 Heiler (1941) 336ff. Zur Reaktion im deutschen Katholizismus: Schmidt-Volkmar 23ff, 77ff; Hasler Bd. 1, 65ff
121 Hasler Bd. 1, 72
122 Ebd. 72ff, 99ff
123 Ebd. Bd.2, 402
124 Seybold 103f
125 Butler 439f
126 Lawlor Bd. 7, 496
127 Schraner 61
128 Mansi 52,1324; Butler 437. Zu Ketteler vgl. auch Schatz 256ff, 298ff. Vor allem aber Rivinius 1976 passim
129 Hasler Bd. 2, 405f; Schraner 62; Schatz 380ff
130 Schraner 63f
131 Hasler Bd. 2, 453ff; Schatz 323ff
132 Hasler Bd. 2, 457f; Schatz 314ff
133 Hasler Bd. 2, 458

134 Jedin (1971) Bd. 4, 792ff
135 Buchberger Bd. 10, 378. Vgl. a. Algermissen 159f
136 Ebd. 381f. Vgl. a. Algermissen 161
137 König 897
138 Ivánka/Tyciak/Wiertz 185; Winter Bd. 2, 275f
139 Schraner 76
140 Höfer/Rahner Bd. 10, 487
141 Seybold 121f. Vgl. a. Höfer/Rahner Bd. 10, 484f
142 Küng 14f. Für Küngs Standpunkt grundlegend: *Unfehlbar? Eine Anfrage.* [5]1975. Dazu vgl. etwa Schiwy
143 Mynarek 279
144 Ebd. 281
145 Ebd. 282
146 Ebd. 282f

Literaturverzeichnis

Abegg, Emil *Der Messiasglaube in Indien und Iran.* Berlin 1928

Ackermann, Heinrich *Jesus, Seine Botschaft und deren Aufgabe im Abendland.* 1952, Pähl b. Weilheim/Obb. ²1967

– *Entstellung und Klärung der Botschaft Jesu.* Pähl b. Weilheim/Obb. 1961

Adam, Karl *Der Christus des Glaubens. Vorlesungen über die kirchliche Christologie.* Düsseldorf 1954

Albertz, Martin *Die Botschaft des Neuen Testaments.* Berlin 1952

Algermissen, Konrad *Konfessionskunde.* Hannover 1952

Allegro, John M. *Die Botschaft vom Toten Meer. Das Geheimnis der Schriftrollen.* Tb: Frankfurt a. M. 1957

Altaner, Berthold/Alfred Stuiber *Patrologie. Leben, Schriften und Lehre der Kirchenwüter.* Freiburg ⁹1981

Altendorf, N. D. »Die römischen Apostelgräber«, in: *Theologische Literaturzeitung* (Okt. 1959)

Aufhauser, Johannes B. *Buddha und Jesus in ihren Paralleltexten.* Bonn 1926

Bacon, Benjamin W. *The Fourth Gospel in Research and Debate.* New Haven 1909

Bammel, Fritz *Das Heilige Mahl im Glauben der Völker. Eine religionsphänomenologische Untersuchung.* Gütersloh 1950

Bardenhewer, Otto *Patrologie.* Freiburg i. Br. ³1910

– (Hg.) *Bibliothek der Kirchenväter.* München 1911

Barnikol, Ernst *Mensch und Messias.* 1932

Bauer, Johann B. *Rechtsverhältnisse der katalanischen Klöster.*

Bauer, Walter *Das Leben Jesu im Zeitalter der neutestamentlichen Apokryphen.* Tübingen 1909

– »Die Legende von dem Martyrium des Petrus in Rom«, in: *Wiener Studien* 38 (1916)

– *Das Johannesevangelium.* Tübingen ²1925

– *Rechtgläubigkeit und Ketzerei im ältesten Christentum.* Tübingen 1934

Baur, Ferdinand Ch. »Die Christuspartei in der korinthischen Gemeinde. Der Gegensatz des paulinischen und petrinischen Christentums«, in: *Tübinger Zeitschrift für Theologie* (1838)

Baus, Karl/Eugen Ewig *Die Reichskirche nach Konstantin dem Großen.* 1975

Baynes, Norman H. »The Successors of Justinian«, in: Henry M. Gwatkin *The Cambridge Medieval History,* Cambridge 1976

Becker, Karl »David Friedrich Strauß«, in: Karlheinz Deschner 1986 (1)

Behm, Johannes *Theologisches Wörterbuch.* O. J.

Benz, Ernst *Paulus als Visionär. Eine vergleichende Untersuchung*

der Visionsberichte des Paulus in der Apostelgeschichte und in den Paulinischen Briefen. Wiesbaden 1952
– *Beschreibung des Christentums. Eine historische Phänomenologie.* München 1975
Beringer, Franz S. J. *Die Ablässe, ihr Wesen und Gebrauch.* Paderborn [14]1915
Berkhof, Hendrik *Kirche und Kaiser.* Zollikon-Zürich 1947
Bernhart, Joseph *Der Vatikan als Weltmacht. Geschichte und Gestalt des Papsttums.* Leipzig [19–23]1951
Bertholet, Alfred/Hans von Campenhausen (Hg.) *Wörterbuch der Religionen.* Stuttgart 1952
Bertram, Georg *Die Himmelfahrt Jesu vom Kreuz aus und der Glaube an seine Auferstehung.* 1927
Betz, Hans D. *Lukian von Samosata und das Neue Testament. Religionsgeschichtliche und paränetische Parallelen – ein Beitrag zum Corpus Hellenistikum Novi Testamenti.* Mainz 1957
Betz, Otto (Hg.) *Beichte im Zwielicht. Überlegungen zur bußsakramentalen Erziehung.* München [2]1967
Bibel s. *Die Bibel ...*
Bieler, Ludwig *Das Bild des »göttlichen Menschen« in Spätantike und Frühchristentum.* 1935
Bietenhard, Hans *Das tausendjährige Reich. Eine biblisch-theologische Studie.* Basel 1955
Blüher, Hans *Die Aristie des Jesus von Nazareth. Philosophische Grundlegung der Lehre und der Erscheinung Christi.* Prien 1921
Böhlig, H. *Die Geisteskultur von Tarsus im augusteischen Zeitalter mit Beurteilung der Paulinischen Schriften.* 1913
Böhmer, Heinrich *Studien zur Kirchengeschichte.* Neudruck München 1974
Borchardt, Georg »Percy Bysshe Shelley«, in: Karlheinz Deschner 1986 (1)
Bornkamm, Günther *Das Ende des Gesetzes. Paulus-Studien.* München 1952
– *Jesus von Nazareth.* Stuttgart 1956
– *Gesammelte Aufsätze.* München 1959
Bousset, Wilhelm *Religion des Judentums im späthellenistischen Zeitalter.* Tübingen [2]1906
– *Jesus der Herr.* 1913
– *Kyrios Christos. Geschichte des Christusglaubens bis Irenäus.* Göttingen [2]1921, Nachdruck der 2. veränd. Ausg., Göttingen 1967
– *Jesus.* 1922
Braun, Herbert *Spätjüdisch-häretischer und frühchristlicher Radikalismus. Jesus von Nazareth und die essenische Qumran-Sekte.* Tübingen 1957, [2]1969
Brors, Franz X. *Klipp und klar. Apologetisches Taschenlexikon für jedermann.* [3]1922
Brosch *Charismen und Ämter in der Urkirche.* Bonn 1951

Brown, P. *Augustinus von Hippo*. 1973

Brückner, Martin *Der sterbende und auferstehende Gottheiland in den orientalischen Religionen und ihr Verhältnis zum Christentum*. 1920

Buchberger, Michael (Hg.) *Lexikon für Theologie und Kirche*. Freiburg 1930–1938

Buchner, Rudolf »Germanentum und Papsttum von Chlodwig bis Pippin«, in: F. Valjavec (Hg.) *Frühes Mittelalter*. 1956

Bullough, Donald »Italien unter den Germanen. Die Königreiche der Ostgoten und Langobarden«, in: David T. Rice (Hg.) *Morgen des Abendlandes*. München/Zürich 1965

Bultmann, Rudolf *Das Evangelium des Johannes*. Göttingen 1941

– *Theologie des Neuen Testaments*. Tübingen 1948, durchges. u. erg. v. Otto Merk, Tübingen [9]1984

– *Das Urchristentum im Rahmen der antiken Religionen*. Zürich 1949, [4]1976

– *Die Geschichte der synoptischen Tradition*. Göttingen [3]1957, [9]1979

– *Geschichte und Eschatologie*. Tübingen 1958

Buonaiuti, Ernesto *Geschichte des Christentums*. Bern 1948

Buri, Fritz »Das Problem der ausgebliebenen Parusie«, in: *Schweizer Theol. Umschau* 5/6 (1946)

Bury, John B. *History of the later Roman Empire. From the death of Theodosius I. to the death of Justinian*. New York 1958

Butler, Cuthbert *Das I. Vatikanische Konzil*. München [2]1961

Campenhausen, Hans von »Lehrerweihen und Bischofsweihen im 2. Jahrhundert«, in: *In memoriam E. Lohmeyer*. 1951

– *Der Ablauf der Osterereignisse und das leere Grab*. (Sitzungsbericht der Heidelberger Akademie der Wissenschaft, Phil.-hist. Klasse) [4]1952, Heidelberg 1977

Carmichael, Joel *Leben und Tod des Jesus von Nazareth*. München 1965, Tb: Frankfurt a. M. 1968

Cartellieri, Alexander *Weltgeschichte als Machtgeschichte, 382–911. Die Welt der Reichsgründungen*. München 1927

Caspar, Erich *Geschichte des Papsttums von den Anfängen bis zur Höhe der Weltherrschaft*. Tübingen 1930

Chadwick, Henry *Die Kirche in der antiken Welt*. Berlin/New York 1972

Charlesworth, Martin P. »Some Observation on Ruler-Cult«, in: *Harvard Theolog. Review* 28 (1935)

Cold, Eberhard *Christus oder Was ist Auferstehung*. Kronshagen 1969

Coler, C. (Hg.) *Ullstein Weltgeschichte*. O. J.

Conzelmann, Hans *Die Mitte der Zeit. Studien zur Theologie des Lukas*. Tübingen 1954, unveränd. Nachdruck der verb. u. erg. Aufl., Tübingen [6]1977

Cross, Frank M. »The Scrolls and the New Testament«, in: *Christian Century* (v. 24. 8. 1955)

Cullmann, Oskar »Die Pluralität der Evangelien als theologisches Problem«, in: *Theologische Literaturzeitung* (1945)
– »Parusieverzögerung und Urchristentum. Der gegenwärtige Stand der Diskussion«, in: *Theologische Literaturzeitung* (Januar 1958)
Cumont, Franz *Die orientalischen Religionen im römischen Heidentum.* Leipzig 1910
– *Die Mysterien des Mithras.* Leipzig ³1923
Dalmann, Gustaf H. *Jesus – Jeschua.* ²1922
Daniel-Rops, Henry *Die Kirche im Frühmittelalter.* München 1953
Dannenbauer, H. »Die römische Petruslegende«, in: *Historische Zeitschrift* 146 (1932)
Deschner, Karlheinz *Abermals krähte der Hahn. Eine kritische Kirchengeschichte von den Anfängen bis zu Pius XII.* Stuttgart 1962, Neuausg. Tb: Reinbek bei Hamburg 1972, Neuausg. Düsseldorf und Wien 1980, 1986
– *Mit Gott und den Faschisten. Der Vatikan im Bunde mit Mussolini, Franco, Hitler und Pavelić.* Stuttgart 1965
– (Hg.) *Jesusbilder in theologischer Sicht.* München 1966
– (Hg.) *Das Christentum im Urteil seiner Gegner.* Bd. 1: Wiesbaden 1969, Bd. 2: Wiesbaden 1971, überarbeitete Neuausgabe in einem Bd. Ismaning bei München 1986 (1)
– *Kirche und Krieg.* Stuttgart 1970
– (Hg.) *Der manipulierte Glaube. Eine Kritik der christlichen Dogmen.* Unter Mitarbeit v. Klaus Ahlheim und Hans Erich Lampl. München 1971
– *Kirche des Un-Heils. Argumente, um Konsequenzen zu ziehen.* München 1974 (1)
– *Das Kreuz mit der Kirche.* Düsseldorf u. Wien 1974 (2), Tb: München 1977
– (Hg.) *Warum ich Christ, Atheist, Agnostiker bin.* Köln 1977
– »Michael Schmaus – einer statt vieler«, in: Karl Corino *Intellektuelle im Bann des Nationalsozialismus.* Hamburg 1980
– *Nur Lebendiges schwimmt gegen den Strom. Aphorismen.* Basel 1985
– *Kriminalgeschichte des Christentums.* Reinbek bei Hamburg 1986 (2)
Dibelius, Martin *Die Formgeschichte des Evangeliums.* ²1933, Tübingen ⁶1971
– *Die Botschaft von Jesus Christus. Die alte Überlieferung der Gemeinde in Geschichte, Sprüchen und Reden.* Tübingen 1935
– *Jesus.* Berlin ²1947, ⁴1966
– *Paulus.* Hg. u. zu Ende geführt v. Werner Kümmel, Berlin 1951, verb. ⁴1970
– *Botschaft und Geschichte. Gesammelte Aufsätze.* Tübingen 1953
Die Bibel oder die ganze Heilige Schrift des Alten und Neuen Testa-

ments. Nach der deutschen Übersetzung Martin Luthers. Stuttgart 1970

Diekamp, Franz *Katholische Dogmatik nach den Grundsätzen des heiligen Thomas.* 1912–1914, $^{8/9}$1938, neu hg. v. Klaudius Jüssen. Münster $^{11-13}$1958–1962

Diesner, Hans Joachim *Der Untergang der römischen Herrschaft in Nordafrika.* Weimar 1964

Dölger, Franz *Ichthys, das Fischsymbol in frühchristlicher Zeit als Kürzung des Namen Jesu.* 1922 ff

Doß, Anna von *Gedanken und Ratschläge, gebildeten Jünglingen zur Beherzigung.* ^{18}1909

Drews, Arthur *Die Christusmythe.* 1911, ^{2}1924

dtv Lexikon der Antike, Religion, Mythologie. München 1970 f

Durant, Will *Caesar und Christus. Eine Kulturgeschichte Roms und des Christentums. Von den Anfängen bis zum Jahre 325 n. Chr.* 1945

Eisler, Robert »Das Rätsel des Johannesevangeliums«, in: *Eranos-Jahrbuch* 3 (1935)

Elliger, Karl *Studien zum Habakuk-Kommentar vom Toten Meer.* Tübingen 1953

Erhard, A. *Die Kirche der Märtyrer.* 1932

Faure, Alexander »Der Sohn und das Evangelium«, in: *Theologische Blätter* 9 (1937)

Feine, Hans E. *Kirchliche Rechtsgeschichte I. Die katholische Kirche.* Weimar ^{3}1955

Fiebig, Paul *Jüdische Wundergeschichten des neutestamentlichen Zeitalters.* Tübingen 1911

– *Die Umwelt des Neuen Testaments.* Göttingen 1926

Frick, Robert *Die Geschichte des Reich-Gottes-Gedankens in der alten Kirche bis zu Origenes und Augustin.* Gießen 1928

Friedrich J. *Tagebuch. Während des Vaticanischen Concils geführt.* ^{2}1873

Fries, Heinrich (Hg.) *Handbuch theologischer Grundbegriffe.* München 1962, Tb: München 1970

Fritsch, Charles T. *The Qumram-Community. Its History and Scrolls.* New York 1956

Fromm, Erich *Das Christusdogma und andere Essays.* München 1965, überarb. v. Rainer Funk Stuttgart 1981, Tb: München 1984

Galling, K. von (Hg.) *Die Religion von Geschichte und Gegenwart. Handwörterbuch für Theologie und Religionswissenschaft.* Tübingen 1959

Gams, Pius B. *Series episcoporum ecclesiae catholicae quotquot innotuerunt a beato Petro apostolo.* Graz 1873

Gaßner, Andreas/Ignaz Schüch *Handbuch der Pastoraltheologie.* 1869. Neu hg. v. V. Grimmich. Verb u. verm. ^{12}1902

Geffcken, Johannes *Der Ausgang des griechisch-römischen Heidentums.* Leipzig 1920
Glasenapp, Helmuth von *Die nichtchristlichen Religionen.* Frankfurt a. M. 1957
– *Glaube und Ritus der Hochreligionen in vergleichender Übersicht.* Frankfurt a. M. 1960
Goguel, Maurice *Das Leben Jesu.* 1934
Goldmann, O. *unser glaube: betrug oder wahrheit.* ²1964
Gontard, Friedrich *Die Päpste. Regenten zwischen Himmel und Hölle.* Wien, München 1959
Göpfert, Franz A. *Moraltheologie.* Paderborn ⁸1921
Graß, Hans *Ostergeschehen und Osterberichte.* Göttingen 1956, ²1962
Grässer, Erich *Das Problem der Parusieverzögerung in den synoptischen Evangelien und in der Apostelgeschichte.* Berlin 1957
Greßmann, Hugo *Tod und Auferstehung des Osiris nach Festbräuchen und Umzügen.* Leipzig 1923
– *Der Messias.* Göttingen 1929
Greeven H. »Propheten, Lehrer, Vorsteher bei Paulus«, in: *Zeitschrift für das neutestamentl. Wissen* 1–2 (1952/53)
Gregorovius, Ferdinand *Römische Tagebücher.* 1892
Grill, J. *Untersuchungen zur Entstehung des vierten Evangeliums.* 1923
Grimm, Werner *Die Ethik Jesu.* 1917
Grobel, Kendrick *Formgeschichte und synoptische Quellenanalyse.* Göttingen 1937
Gröber, Konrad *Handbuch der religiösen Gegenwartsfragen.* 1937
Groß, J. *Entstehungsgeschichte des Erbsündendogmas. Von der Bibel bis Augustinus.* 1960
Grundmann, Walter »Das Problem des hellenistischen Christentums innerhalb der Jerusalemer Urgemeinde«, in: *Zeitschrift für die neutestamentliche Wissenschaft,* 38 (1939)
Grupp, G. *Kulturgeschichte des Mittelalters.* Paderborn 1907–1925
Guardini, Romano *Das Bild von Jesus dem Christus im Neuen Testament.* 1936. Tb: Freiburg ²1981
Gülzow, H. *Christentum und Sklaverei in den ersten drei Jahrhunderten.* 1969
Güntert, Hermann *Der arische Weltkönig und Heiland.* Halle 1923
Halbfaß, Wilhelm »Denis Diderot«, in: Karlheinz Deschner 1986(1)
– »Porphyrios«, ebd.
Haller, Johannes *Das Papsttum. Idee und Wirklichkeit.* Stuttgart/Berlin ²1936
Händler »Die drei größten nordafrikanischen Kirchenväter über Mt 16,18–19«, in: *Theologische Literaturzeitung* 5/6 (1956)
Harnack, Adolf von *Das Wesen des Christentums.* O. J.
– *Judentum und Judenchristentum in Justins Dialog mit Trypho.* 1913(1)

– *Das Leben Cyprians von Pontius* Leipzig 1913 (2)
– *Lehrbuch der Dogmengeschichte.* Tübingen [7]1922
– *Sitzungsbericht der Preußischen Akademie der Wissenschaft.* Phil.-hist. Kl., 1923
– *Mission und Ausbreitung des Christentums in den ersten drei Jahrhunderten.* Leipzig [4]1924, Nachdruck Osnabrück 1966
Hartmann, Eduard von *Das Christentum des neuen Testaments.* 1905
Hartmann, Ludo Moritz *Geschichte Italiens im Mittelalter.* 1897
Hasler, August B. *Pius IX. (1846–1878). Päpstliche Unfehlbarkeit und 1. Vatikanisches Konzil. Dogmatisierung und Durchsetzung einer Idee.* Stuttgart 1977
Hauck, Albert *Kirchengeschichte Deutschlands.* Leipzig 1920
Hauck, Friedrich *Das Evangelium des Markus.* Leipzig 1931
Haugg, Donatus *Beichten – Eine Last oder ein Glück? Das Ostergeschenk des Heilandes und die Tiefen der Seele.* 1931
Heiler, Friedrich *Der Katholizismus. Seine Idee und seine Erscheinung.* München 1923
– *Urkirche und Ostkirche.* Basel 1937
– *Altkirchliche Autonomie und päpstlicher Zentralismus.* 1941
– *Erscheinungsformen und Wesen der Religion.* Suttgart 1961, verb. [2]1979
Heilmann, Alfons (Hg.) *Texte der Kirchenväter.* München 1975
Heitmüller, W. *Taufe und Abendmahl im Urchristentum.* Tübingen 1911
Hellinger, W. »Die Pfarrvisitation nach Regino von Prüm«, in: *Zeitschrift der Savigny-Stiftung für Rechtsgeschichte.* Kan. Abtl. (1962/63)
Helmbold, Heinrich *Die vorsynoptischen Evangelien.* Stuttgart 1953
Hennecke, Edgar *Neutestamentliche Apokryphen in deutscher Überlieferung.* Tübingen [2]1924
Herzog, Reinhard »Die Wunderheilungen von Epidaurus. Ein Beitrag zur Geschichte der Medizin und der Religion«, in: *Philologus,* Supplementband 22, H. 3 (1931)
Heussi, Karl *Kompendium der Kirchengeschichte.* Tübingen 1907–1909, [11]1957, [16]1981
– *War Petrus in Rom?* 1936
– *Petrus, wirklich römischer Märtyrer?* 1937
– »Eine französische Stimme zur römischen Petrustradition«, in:

Die christliche Welt (1939)
– *Neues zur Petrusfrage.* 1939
– *Die römische Petrustradition in kritischer Sicht.* Tübingen 1941
– »Das Grab des Petrus«, in: *Deutsches Pfarrblatt* (1949) (1)
– »›Papst‹ Anencletus I. und die memoria Petri auf dem Vatikan«, ebd. (2)

– »Galater 2 und der Lebensausgang der jerusalemischen Urapostel«, in: *Theologische Literaturzeitung* (1952)
– »Ist die sogenannte römische Petrustradition bereits im Lukasevangelium und schon kurz nach dem Jahre 70 bezeugt?« in: *Wissenschaftliche Zeitschrift der Friedrich-Schiller-Universität Jena (1952/53)*
– »Die Entstehung der römischen Petrustradition«, in: *Wissenschaftliche Zeitschrift der Friedrich-Schiller-Universität Jena* (1952/53)
– »Petrus und die beiden Jakobus in Gal 1–2«, ebd. (1956/57)
– »Drei vermeintliche Beweise für das Kommen des Petrus nach Rom«, in: *Historische Zeitschrift* (1958)
– *Theologische Literaturzeitung 5 (1959)*
Hirsch, Emanuel Studien zum vierten Evangelium. Tübingen 1936
– *Frühgeschichte des Evangeliums.* Tübingen 1941
Hoensbroech, Paul von *Das Papsttum in seiner sozial-kulturellen Wirksamkeit.* 1905
Höfer, Josef/Karl Rahner (Hg.) *Lexikon für Theologie und Kirche.* Freiburg 1965
Holl, Karl *Gesammelte Aufsätze zur Kirchengeschichte.* Tübingen 1928
Holmström, Folke *Das eschatologische Denken in der Theologie der Gegenwart.* Gütersloh 1936
Holz, H. H. »Die neue Legende von Petri Grab und Reliquien. Kritische Bemerkungen zu den Ausgrabungen unter der Peterskirche«, in: *Deutsche Woche* 52/1957
Hoskyns, Edwyn C./F. Noel Davey *Das Rätsel des Neuen Testaments.* Stuttgart 1938
Howard, F. *The Fourth Gospel in Recent Criticism and Interpretation.* Ed. rev. by C. K.Barrett 1955
Howlett, O. *The Essenes and Christianity. An Interpretation of the Dead Sea Scrolls.* 1957
Hyde, Walter W. *Paganism to Christianity in the Roman Empire.* London 1946
Ivánka, Endre von/Julius Tyciak/Paul Wiertz (Hg.) *Handbuch der Ostkirchenkunde.* Düsseldorf 1971
James, Edwin O. *Das Priestertum. Wesen und Funktion. Eine vergleichende und anthropologische Studie.* Wiesbaden 1957
Jaspers, Karl *Die Atombombe und die Zukunft des Menschen.* 1958, München ^{7}1983
Jedin, Hubert *Der Abschluß des Trienter Konzils 1562/63.* Münster 1963
– (Hg.) *Handbuch der Kirchengeschichte.* Freiburg 1971
Jeremias, Joachim *Jesu Verheißung an die Völker.* Stuttgart 1956
Jone, P. Heribert *Katholische Moraltheologie.* Paderborn 1930
Jülicher, Adolf *Einleitung in das Neue Testament.* Tübingen ^{7}1931

Kahl, Joachim »Erziehung ohne Religion«, in: Gerhard Szczesny (Hg.) *Jahrbuch für kritische Aufklärung.* Club Voltaire IV, München 1963
– »Der Mißbrauch der Säuglingstaufe«, in: *ratio humana* 1/3 (1970), zitiert nach Karlheinz Deschner 1971
Karnetzki, Manfred »Textgeschichten als Überlieferungsgeschichten«, in: *Zeitschrift f. neutestamentliche Wissenschaft* (1956)
Käsemann, Ernst *Leib und Leib Christi.* Tübingen 1933
Kawerau, Peter *Geschichte der alten Kirche.* Marburg 1967
Kirfel, Willibald *Die dreiköpfige Gottheit.* Bonn 1948
Klauser, Theodor *Die römische Petrustradition im Licht der neuen Ausgrabungen unter der Peterskirche.* 1956
– u. a. (Hg.) *Reallexikon für Antike und Christentum.* Stuttgart o. J.
Klausner, Joseph *Von Jesus zu Paulus.* Jerusalem 1950
Klinkenberg, Hans M. »Das Papsttum und Reichskirche bei Leo d. Gr.«, in: *Zeitschrift der Savigny-Stiftung für Rechtsgeschichte.* Kan. Abt. (1952)
Klostermann, Erich *Das Matthäusevangelium.* Tübingen ^{2}1927
– *Das Lukasevangelium.* ^{2}1929
– *Das Markusevangelium.* Tübingen ^{4}1950
Klostermann, Ferdinand/Karl Rahner/Hansjörg Schild (Hg.) *Handbuch der Pastoraltheologie. Lexikon der Pastoraltheologie.* 1972
Klug, Ignaz *Der katholische Glaube in seinen grundlegenden Wahrheiten.* Hg. v. P. Titus Hübenthal, Paderborn 1958
Knopf, Rudolf *Das nachapostolische Zeitalter.* 1905
– *Einführung in das neue Testament.* Gießen ^{3}1930
Kober, F. *Die Suspension der Kirchendiener nach den Grundsätzen des canonischen Rechts dargestellt.* 1862
– *Die Deposition und Degradation, nach den Grundsätzen des kirchlichen Rechts historisch-dogmatisch dargestellt.* 1867
Koch, Hugo *Cyprian und der römische Primat.* Leipzig 1910
– *Cathedra Petri. Neue Untersuchungen über die Anfänge der Primatslehre.* 1930
König, Franz *Religionswissenschaftliches Wörterbuch. Die Grundbegriffe.* Freiburg 1956
Kornemann, E. *Weltgeschichte des Mittelmeer-Raumes. Von Philipp II. von Makedonien bis Muhammed.* Hg. v. Hermann Bengtson. München 1949
Kraft, Heinrich *Kirchenväterlexikon.* München 1966
Kraus, Franz X. *Tagebücher.* Köln 1957
Krause, Gerhard *»Theologische Fragwürdigkeiten«,* in: Zeitschrift für katholische Theologie 5, 75ff (1981)
Kreuzer, Georg *Die Honoriusfrage im Mittelalter und in der Neuzeit.* Stuttgart 1975
Kroll, Josef *Gott und Hölle.* Leipzig/Berlin 1932

Kümmel, Werner G. »Der Glaube im Neuen Testament, seine katholische und reformatorische Deutung«, in: *Theologische Blätter* 10 (1937)
Kuhn, Karl G. »Über den ursprünglichen Sinn des Abendmahls und sein Verhältnis zu den Gemeinschaftsmahlen der Sektenschrift«, in: *Evangelische Theologie* 11/12 (1951)
Kühner, Hans *Lexikon der Päpste. Von Petrus bis Paul VI.* Zürich/Stuttgart 1956
Küng, Hans »Zum Geleit. Der neue Stand der Unfehlbarkeitsdebatte«, in: August B. Hasler *Wie der Papst unfehlbar wurde. Macht und Ohnmacht eines Dogmas.* München/Zürich 1979
Kupisch, Karl *Kirchengeschichte.* Stuttgart 1973
Lachmann, O. F. (Hg.) *Die Bekenntnisse des heiligen Augustinus.* O. J.
Lawlor, F. X. *New Catholic Encyclopedia.* 1967
Leipoldt, Johannes *Geschichte des neutestamentlichen Kanons.* 1907
– *Sterbende und auferstehende Götter.* 1923
– *Das Gotteserlebnis Jesu im Lichte der vergleichenden Religionsgeschichte.* Leipzig 1927
– *Dionysos.* Leipzig 1931
– *Antisemitismus in der alten Welt.* Leipzig 1933
– *Jesus und Paulus, Jesus oder Paulus.* Leipzig 1936
– *Katholische Volksfrömmigkeit.* Dresden/Leipzig 1939
– *Der soziale Gedanke in der altchristlichen Kirche.* Leipzig 1952
–/Siegfried Morenz *Heilige Schriften. Betrachtungen zur Religionsgeschichte der antiken Mittelmeerwelt.* Leipzig 1953
– *Von Epidaurus bis Lourdes.* Leipzig 1957
Leisegang, Hans *Denkformen.* Berlin 1928
– *Pneuma Hagion. Der Ursprung des Geistesbegriffes der synoptischen Evangelien aus der griechischen Mystik.* Leipzig 1922
Leist, F. *Der Gefangene des Vatikans. Strukturen päpstlicher Herrschaft.* 1971
Lenhart, L. »Das Franz-Brentano-Gutachten über die Päpstliche Infallibilität«, in: *Archiv für mittelrheinische Kirchengeschichte.* 7 (1955)
Lessing, Gotthold Ephraim *Die Erziehung des Menschengeschlechts.* 1780
Lessing, Theodor *Europa und Asien oder Der Mensch und das Wandellose.* Hannover 1923
Lichtenberg, Georg Christoph *Sudelbücher.* Hg. v. Franz H. Mautner, Frankfurt a. M. 1984
Lietzmann, Hans *Messe und Herrenmahl.* 1926
– *An die Römer.* ^{4}1933
– *Geschichte der alten Kirche.* Berlin ^{4}1953, Neuauflage Berlin $^{4/5}$1975

Linden, Jakob *Die Wahrheit der katholischen Religion. Grundlehren und Unterscheidungslehren dargestellt für die heranwachsende Jugend und das katholische Volk.* ^{5}1924
Linton, Olof *Das Problem der Urkirche und der neuen Forschung.* Uppsala 1932
Loewenich, Walther von *Die Geschichte der Kirche.* ^{3}1948
Lohmeyer, Ernst *Kyrios Jesus,* Sitzungsbericht der Heidelberger Akademie der Wissenschaft, Phil.-hist. Kl., 4. Abh. 1928
– *Galiläa und Jerusalem.* 1936
– »Das urchristliche Abendmahl«, in: *Theologische Rundschau* 3/4/5 (1937)
– *Kultus und Evangelium.* Göttingen 1942
– *Gottesknecht und Davidssohn.* Göttingen 1945
– *»Mir ist gegeben alle Gewalt«. Eine Exegese von Mt 28, 16–20.* Hg. v. Werner Schmauch, 1951
Loofs, Friedrich *Leitfaden zum Studium der Dogmengeschichte.* Tübingen ^{5}1951, erg. ^{7}1968
Lorenz, R. *Das vierte bis sechste Jahrhundert (Westen).* 1970
Lucius, Ernst *Die Anfänge des Heiligenkults in der Christlichen Kirche.* Tübingen 1904, Nachdruck Frankfurt a. M. 1966
Luther, Martin *Die ganze Heilige Schrift.* Wittenberg 1545, Neudruck hg. v. H. Volz, 1974
Mango, Cyril »Erbe des römischen Weltreichs. Konstantinopel von Justinian bis Theophilus«, in: David T. Rice (Hg.) *Morgen des Abendlandes.* München/Zürich 1965
Mansi, Johannes D. *Sacrorum Consiliorum Nova et Amplissima Collectio.* Nachdr. Augsburg, Paris, Arnheim, Leipzig 1901–1927, Linz 1960/62
Marrou, Henri *Augustinus in Selbstzeugnissen und Bilddokumenten.* 1958
Marxen, W. *Der Evangelist Markus. Studien zur Redaktionsgeschichte des Evangeliums.* 1956
Mauthner, F. *Gottlose Mystik.* O. J.
Meinertz, Max *Theologie des Neuen Testaments.* Bonn 1950
Mensching, Gustav *Leben und Legende der Religionsstifter.* München 1955
– *Das Wunder im Glauben und Aberglauben der Völker.* Leiden 1957
Meyer, Eduard *Ursprung und Anfänge des Christentums.* Stuttgart $^{4/5}$1921
Mirbt, C. *Quellen zur Geschichte des Papsttums und des römischen Katholizismus.* Tübingen ^{4}1924
Montefiore, Claude G. *The Synoptic Gospels.* New York ^{2}1927
Müller, Karl *Kirchengeschichte.* Tübingen 1929
Munck, Johannes *Paulus und die Heilsgeschichte.* Kopenhagen 1954

– »Christus und Israel. Eine Auslegung von Röm. 9–11«, in: *Aarskrift for Aarhus Universitet* 28 (1956)
Mund, Klaus *Christusfragen. Ein katholisches Kurzlexikon.* Köln 1939
Mutz, Franz X. *Die Verwaltung der heiligen Sakramente.* Freiburg i. Br. ^{4}1920
Mynarek, Hubert *Herren und Knechte der Kirche.* 1973
Nestle, Wilhelm *Die Krisis des Christentums. Ihre Ursachen, ihr Werden und ihre Bedeutung.* Stuttgart 1947, Neudruck Aalen 1969
Neumann, K. J. *Kaiser Julians Bücher gegen die Christen.* 1880
Neuss, Wilhelm *Die Kirche des Mittelalters.* Bonn 1946
Nielsen, Ditlef *Der geschichtliche Jesus.* München 1928
Nietzsche, Friedrich *Morgenröte.* 1881
– *Die fröhliche Wissenschaft.* 1882
– *Der Antichrist.* 1895
– *Der Wille zur Macht. Studien und Fragmente.* 1909
– »Lieder des Prinzen Vogelfrei«, in: *Die fröhliche Wissenschaft*
Nigg, Walter *Das Buch der Ketzer.* 1949, ^{6}1981
– *Das ewige Reich. Geschichte einer Hoffnung.* Erlenbach/Zürich ^{2}1954
Nilsson, Martin P. *Die Geschichte der griechischen Religion.* München 1950, ^{2}1955–1961
Norden, Eduard *Die Geburt des Kindes.* Leipzig 1924
Otto, Rudolf *Reich Gottes und Menschensohn.* München 1934
– *Das Heilige. Über das Irrationale in der Idee des Göttlichen und sein Verhältnis zum Rationalen.* München 1947
Otto, Walther F. *Dionysos. Mythos und Kultur.* Frankfurt a. M. ^{4}1980
Overbeck, Franz C. *Christentum und Kultur. Gedanken und Anmerkungen zur modernen Theologie.* Basel 1919
Palanque, Jean-Rémy *Die Kirche in der Völkerwanderung.* Aschaffenburg 1960
Paulus, Nikolaus *Geschichte des Ablasses im Mittelalter vom Ursprunge bis zur Mitte des 14. Jahrhunderts.* Paderborn 1922/23
Percy, Ernst *Die Botschaft Jesu. Eine traditionskritische und exegetische Untersuchung.* Lund 1953
Perels, Otto *Die Wunderüberlieferung der Synoptiker in ihrem Verhältnis zur Wortüberlieferung.* Stuttgart/Berlin 1934
Pfannmüller, G. *Jesus im Urteil der Jahrhunderte.* ^{2}1939
Pfister, F. *Der Reliquienkult im Altertum.* 2 Bde. 1909/1912, Nachdruck Berlin 1974
– »Herakles und Christus«, in: *Archiv für Religionswissenschaft* Bd. 34 (1937)
Ploeg, Johannes van der »The Meals of the Essenes«, in: *Journal of Semitic Studies* 2 (1957)

Pölnitz, Götz von *Jakob Fugger. Kaiser, Kirche und Kapital in der oberdeutschen Renaissance.* Tübingen 1949/1951
Poppe, K. H. »Vom Toleranzedikt zum Kirchenstaat«, in: Karlheinz Deschner, 1970
Poschmann, Bernhard *Die abendländische Kirchenbuße im Ausgang des christlichen Altertums.* München 1928
– *Die abendländische Kirchenbuße im frühen Mittelalter.* Breslau 1930
Preisker, Herbert *Neutestamentliche Zeitgeschichte.* Berlin 1937
Prinz, F. »Die bischöfliche Stadtherrschaft im Frankreich vom 5. bis zum 7. Jahrhundert«, in: *Historische Zeitschrift* (1973)
Pzillas, F. *Die Lebenskräfte des Christentums.* 1960
Quirinius *Römische Briefe vom Conzil.* 1870
Rarisch, Klaus M. »Arno Holz«, in: Karlheinz Deschner, 1986 (1)
Raschke, Hermann *Das Christusmysterium.* 1954
– »Der ungeschichtliche Jesus«, in: Karlheinz Deschner, 1966
Rathgeber, Alfons M. *Wissen Sie Bescheid? Antwort auf religiöse und weltanschauliche Fragen unserer Zeit.* Augsburg [13]1962
Reich, Wilhelm *Die Entdeckung Orgons. Die Funktion des Orgasmus. Sexualökonomische Grundprobleme der biologischen Energie.* Frankfurt a. M. 1972
Reitzenstein, Richard *Hellenistische Wundererzählungen.* 1906
Renninger J. B. *Pastoraltheologie.* Hg. v. Franz A. Göpfert, 1893
Riccotti, G. *Paulus.* 1950
Ringgren, Helmer/Åke V. Ström *Die Religionen der Völker. Grundriß der allgemeinen Religionsgeschichte.* Stuttgart 1959
Rippel, G. *Die Schönheit der katholischen Kirche.* Neubearb. u. hg. v. H.Himioben, 1911
Ritter, Gerhard *Die Neugestaltung Deutschlands und Europas im 16. Jahrhundert. Die kirchlichen und staatlichen Wandlungen im Zeitalter der Reformation und der Glaubenskämpfe.* Berlin 1950
Rivinius, Karl J. *Bischof Wilhelm Emanuel von Ketteler und die Infallibilität des Papstes. Ein Beitrag zur Unfehlbarkeitsdiskussion auf dem Ersten Vatikanischen Konzil.* Frankfurt a. M. 1976
Robinson, D. F. » ›Where and when did Peter die‹ «, in: *Journal of Biblical Literature* (1952)
Rodriguez, Alfons *Übung der christlichen Vollkommenheit.* Neubearb. v. M. Schmidt, 1933
Rost, Hans *Die katholische Kirche, die Führerin der Menschheit.* Westheim b. Augsburg 1949
Rothes, Walter »Heidnisches in altchristlicher Kunst und Symbolik«, in: *Beiträge zur Geschichte des christlichen Altertums und der Byzantinischen Literatur* 1922
Saß, Gerhard *Apostelamt und Kirche. Eine theologisch-exegetische Untersuchung des paulinischen Apostelbegriffs.* München 1939

– »Die Apostel in der Didache«, in: *In memoriam E. Lohmeyer.* 1951
Schaefer, E. »Das Petrusgrab und die neuen Grabungen unter St. Peter in Rom«, in: *Evangelische Theologie* 10 (1951)
Schatz, Klaus *Kirchenbild und päpstliche Unfehlbarkeit bei den deutschsprachigen Minoritätsbischöfen auf dem I. Vaticanum.* Rom 1975
Scheffer, Thassilo von *Hellenische Mysterien und Orakel.* Stuttgart 1940
Scherzl, Simon *Selige Buße. Über das Bußsakrament mit besonderer Berücksichtigung der Lebensbeichte.* Donauwörth 1963
Schiwy, Günther *Zur Ideologie der Unfehlbarkeitsdiskussion. Eine semiotische Strukturanalyse zu Texten von Hans Küng und der römischen Glaubenskongregation.* Düsseldorf 1975
Schlatter, Adolf *Das christliche Dogma.* Stuttgart 1911
Schlier, Heinrich *Christus und die Kirche im Epheserbrief.* Münster 1930
– »Die Kirche nach dem Brief an die Epheser«, in: *Die Zeit der Kirche* 1956
Schlingenslepen, H. *Die Wunder des Neuen Testaments. Wege und Abwege ihrer Deutung bis zur Mitte des 5. Jahrhunderts.* 1933
Schlink, E. »Die Lehre von der Taufe«, in: *Leiturgia* 5 (1969)
Schmaus, Michael *Katholische Dogmatik.* 1938
Schmidt, K. D. *Die Bekehrung der Ostgermanen zum Christentum. Der ostgermanische Arianismus.* 1939
Schmidt, L. »Das Neue Testament der Lutherbibel in der Fassung von 1975«, in: *Zeitschrift für katholische Theologie* 77 (1980)
Schmidt-Volkmar, Erich *Der Kulturkampf in Deutschland 1871–1890.* Göttingen 1962
Schmitz, Hermann J. *Die Bußbücher und die Bußdisciplin der Kirche. Nach handschriftlichen Quellen dargestellt.* Düsseldorf 1883
– *Die Bußbücher und das kanonische Bußverfahren. Nach handschriftlichen Quellen dargestellt.* 1898
Schneider, Alfons M. *Theologische Literaturzeitung* 1951
– »Das Petrusgrab im Vatikan«, ebd. 77/1952
Schneider, Carl *Geistesgeschichte des antiken Christentums.* 1954
– *Geistesgeschichte der christlichen Antike.* (Gekürzte Sonderausgabe von C. Schneider [1954]) München 1970
Schoeps, Hans Joachim *Aus frühchristlicher Zeit. Religionsgeschichtliche Untersuchungen.* Tübingen 1950
– *Zeitschrift für Religion und Geistesgeschichte* 1951
– *Die großen Religionsstifter und ihre Lehren.* München ^{3}1954
– *Paulus. Die Theologie des Apostels im Lichte der jüdischen Religionsgeschichte.* Tübingen 1959
– *Studien zur unbekannten Religions- und Geistesgeschichte.* Göttingen 1963

Schöllig, Otto *Die Verwaltung der heiligen Sakramente unter pastoralen Gesichtspunkten*. Hg. v. E. Holzapfel, [5]1958

Schopenhauer, Arthur *Sämtliche Werke. Genaue Text-Ausgabe mit den letzten Zusätzen*. Hg. v. M. Köhler, o. J.

Schraepler, Horst W. *Die rechtliche Behandlung der Täufer in der deutschen Schweiz, Südwestdeutschland und Hessen 1525–1618*. Köln 1957

Schraner, Anton *Unfehlbare Päpste?* 1974

Schübel, Albrecht *300 Jahre evangelische Soldatenseelsorge*. München 1964

Schubert, Hans von *Geschichte der christlichen Kirche im Frühmittelalter*. Tübingen 1917

Schubert, Kurt *Die Gemeinde vom Toten Meer. Ihre Entstehung und ihre Lehren*. München 1958.

Schuchert, A. *Kirchengeschichte*. 1958

Schütze, Alfred *Mithras – Mysterien und Urchristentum*. Stuttgart 1937, erw. [3]1972

Schwartz, Eduard *Über den Tod der Söhne Zebedaei. Ein Beitrag zur Geschichte des Johannesevangeliums*. 1904

Schweinitz, Hellmut von *Buddhismus und Christentum*. Basel/München 1955

Schweitzer, Albert *Die Mystik des Apostels Paulus*. Tübingen 1930, Neuauflage Tübingen 1981

Schweizer, Eduard »Das Herrenmahl im Neuen Testament«, in: *Theologische Literaturzeitung* 10 (1954)

Seeberg, Reinhold *Grundriß der Dogmengeschichte*. Leipzig 1910

Seeck, Otto »Untersuchungen zur Geschichte des Nicänischen Konzils«, in: *Zeitschrift für Kirchengeschichte* 17 (1897)

– *Entwicklungsgeschichte des Christentums*. Stuttgart 1921

– *Geschichte des Untergangs der antiken Welt*. Stuttgart 1930

Seppelt, Franz X./Georg Schwaiger *Geschichte der Päpste. Von den Anfängen bis zur Gegenwart*. München 1964

Seybold, Michael »Unfehlbarkeit des Papstes – Unfehlbarkeit der Kirche«, in: G. Denzler (Hg.) *Das Papsttum in der Diskussion*. 1974

Shaw, George Bernhard *Die Aussichten des Christentums*. Frankfurt a. M. 1925

Simson, B. *Jahrbücher des fränkischen Reiches unter Karl dem Großen*. 1883

Smaltz »Did Peter die in Jerusalem?« in: *Journal of Biblical Literature* 1952

Soden, Heiko von *Urchristentum und Geschichte*. Hg. v. Hans von Campenhausen, Tübingen 1956

Staerk, W. *Die Erlösererwartung in den östlichen Religionen. Untersuchungen zu den Ausdrucksformen der biblischen Christologie*. (Soter II) Stuttgart/Berlin 1938

Stein, S. *Vom römischen zum byzantinischen Staate. (284–476 n. Chr.)* 1928
Steinleitner, Franz *Die Beichte im Zusammenhang mit der sakralen Rechtspflege in der Antike. Ein Beitrag zur näheren Kenntnis kleinasiatisch-orientalischer Kulte der Kaiserzeit.* 1913
Stiefvater, Alois *Was ist wahr? Schlag-Wörter-Buch für katholische Christen.* 1961
– *Schlag auf Schlag.* ³1979
Stieglitz, H. *Ausgeführte Katechesen über die katholische Gnadenlehre.* 1922
Stockmeier, P. *Leo I. des Großen Beurteilung der kaiserlichen Religionspolitik.* München 1959
Taubes, Jakob *Studien zu Geschichte und System der abendländischen Eschatologie.* Bern 1947
Taylor, Vincent (Hg.) *The Gospel according to St. Marc. The Greek Text with Introduction, Notes and Indexes.* London/New York 1953
Telfer, William »The Fourth Century Greek Fathers as Exegetes«, in: *Harvard Theological Review* 2 (1957)
Theologische Literaturzeitung 4/1959
Tièche, Eduard »Die Griechen«, in: *Mensch und Gottheit in den Religionen. Kulturhistorische Vorlesungen.* 1942
Tillich, Paul *Systematische Theologie.* Stuttgart 1958
Toldo, P. »Leben und Wunder der Heiligen im Mittelalter«, in: *Studien zur vergleichenden Literaturgeschichte* Bd. 5, H. 3 (1905)
Tondi, Alighiero *Die Jesuiten. Bekenntnisse und Erinnerungen* Berlin 1961
Trede, Th. *Wunderglaube im Heidentum und in der alten Kirche.* 1901
Trillhaas, Wolfgang *Das apostolische Glaubensbekenntnis. Geschichte – Text – Auslegung.* Witten/Ruhr 1953
Vogel, Th. *Goethes Selbstzeugnisse.* 1903
Vogt, Joseph *Der Niedergang Roms. Metamorphose der antiken Kultur.* Zürich 1965
Wagenmann, Julius »Die Stellung des Apostels Paulus neben den Zwölf in den ersten zwei Jahrhunderten«, in: *Zeitschrift für die neutestamentliche Wissenschaft,* Beiheft 3 (1926)
Walther von der Vogelweide *Sprüche. Lieder. Der Leich.* Hg. v. Paul Stapf, Berlin/Darmstadt 1963
Wechßler, Eduard *Hellas im Evangelium.* Berlin 1936
Weinel, Heinrich *Biblische Theologie des Neuen Testaments.* Tübingen ⁴1928
Weinreich, Otto »Antikes Gottmenschentum«, in: *Jahrbücher für Wissenschaft und Jugendbildung* 6 (1926)
Weiß, J. *Das Urchristentum.* 1917
Wendland, Johannes *Handbuch für Sozial-Ethik.* Tübingen 1916

Werner, Martin *Der Einfluß paulinischer Theologie im Markusevangelium. Eine Studie zur neutestamentlichen Theologie.* Gießen 1923
– *Die Entstehung des christlichen Dogmas, problemgeschichtlich dargestellt.* Leipzig 1941, Tübingen ²1954
– »Der Frühkatholizismus«, in: *Mensch und Gottheit in den Religionen.* 1942
– *Der protestantische Weg des Glaubens.* Tübingen 1955, 1963
– *Glaube und Aberglaube. Aufsätze und Vorträge.* Bern/Stuttgart 1957
Wernle, Paul *Jesus.* Tübingen 1917
Wetter, Gillis P. *»Der Sohn Gottes.« Eine Untersuchung über den Charakter und die Tendenz des Johannes-Evangeliums.* Göttingen 1916
Wibbing, Siegfried *Die Tugend- und Lasterkataloge im Neuen Testament und ihre Traditionsgeschichte unter besonderer Berücksichtigung der Qumran-Texte.* Berlin 1959
Widengren, Geo *Stand und Aufgaben der iranischen Religionsgeschichte.* 1955
Wikenhauser, Alfred *Einleitung in das Neue Testament.* Freiburg ²1956
Wilamowitz-Moellendorf, Ulrich von *Der Glaube der Hellenen.* Berlin 1931, Neudruck Darmstadt 1959
Wildberger, Hans »Die ›Sektenrolle‹ vom Toten Meer«, in: *Evangelische Theologie* 1/2 (1953)
Windisch, Hans *Paulus und Christus.* 1934
– »Der vierte Evangelist und Johannes«, in: *Theologische Blätter* 7/8 (1937)
Winter, Eduard *Rußland und das Papsttum.* Berlin 1961
Wyneken, Gustav *Abschied vom Christentum.* München 1963
Zbinden, Emil A. »Zum Verhältnis des Arbeiters zur Religion und Kirche«, in: *Schweizer Theolog. Umschau* 2 (1946)
Zehren, Erich *Der gehenkte Gott. Zur Archäologie der Kultur.* Berlin 1959
Zobel, Moritz *Gottes Gesalbter.* 1938
Zwettler, Alexander *Auf diesem Fels. Das Fundament des katholischen Glaubens.* Innsbruck 1952

Register